U0681165

万川
reflections

一
步
万
里
阔

Mothercoin:
The Stories of Immigrant Nannies

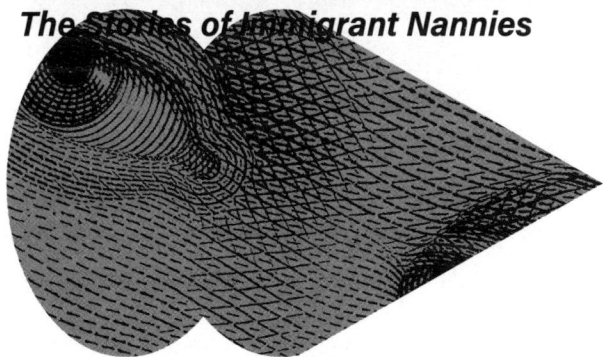

Elizabeth Cummins Muñoz

母亲的选择

看不见的移民保姆与女性工作

[美]
伊丽莎白·卡明斯·穆尼奥斯

———

著

———

邵逸

———

译

中国工人出版社

献给索菲娅、卢卡斯和阿梅莉。

深情缅怀埃玛·韦弗，

是您的教导让我知晓这份工作中的尊严。

聆听中蕴含着智慧。

——路易斯·阿尔韦托·乌雷亚

《地下美国：无证生活的叙述》前言

目 录

C O N T E N T S

引言

公园长凳

一名母亲值多少钱？

拉斐特公园是一个小游乐场，其所在的休斯敦街区因家庭友好空间和二层灰泥面砖房而著名。在公园中央，一棵橡树的枝叶遮盖着游乐设施——一个旧秋千、一个用堆叠的原木围起的沙池、一座多年来楼梯已经被一级级向上爬的运动鞋、凉鞋和脚丫磨凹的玩具屋。[1]生机勃勃的橡树笼罩着那片区域。它比楼梯、嘎吱作响的秋千或旁边安静的城市街道都要古老，是孩子们的守护者，为他们遮挡休斯敦夏日令人窒息的热浪或1月午后的寒风。一个老旧的方形铁凳环绕着树干最粗的地方，因高温、烈日或当天的工作而感到疲惫的看护者可以背靠橡树粗糙的树皮，看着孩子们玩耍。

几年前的一个1月，在一个微凉的午后，我在这个凳子上坐在一名我称为萨拉[2]的女子身边，请她向我讲述她的生活。25岁的萨拉肩扛沉重的岁月。小时候，在萨尔瓦多，她和妹妹们目睹母亲向北移民，在得克萨斯州的私宅中工作。14岁那年，她也离开了村庄、学校，抛却少女身份，走上了同一条道路。十多年来，她在这座城市打扫住宅、照顾孩子、遛狗。她错过了自己孩子的学校庆典和课后作业课，在漫长的夏日追逐脸颊红扑扑的金发宝宝，从浴室的地上捡起短裤和泳衣，而她自己的孩子则被托给他人照顾（可能是心不在焉的邻居或态度不明的姨妈），一直在等自己的妈妈。萨拉买了房子，把孩子们送进了好学校，多年来一直接济老家的外祖父母和妹妹们。她自问自己母亲的选择是否正确，她觉得答案是否定的。那个选择造成了太多痛苦，但是……如果不那样选择，怎么会有房子、教育和希望。

聊了两个小时之后，我们的孩子开始哭闹、呼喊我们。随着太阳沉入一排野生女贞树之后，脸颊皲裂，敞着上衣、脱掉毛衣丢在地上的孩子们开始感受到凉意。萨拉的儿子和女儿钻进一辆旧越野车，我的孩子则上了一辆破旧的迷你厢型车，我们各自回家，回去面对脏盘子、账单和脏衣服，以及从早到晚一直萦绕我们的希望、恐惧和不安。我的内心完全被一个问题占据：一名母亲值多少钱？

这个问题涉及深刻而复杂的真相。比如一个社会对待母亲语言上和行动上的差距，比如我们的文化教给孩子们的价值被不均地赋予不同的人群——特权阶级和穷人、白人和有色人种、男性和女性——这些孩子长大后，又制造同样的文化价值体系。有些关于母亲价值的真相深藏在她自己心中，在那里，社会的话语和行动，以及文化的价值导向与只有她自己领悟的真相相遇。在这个世界与女性的相遇之地，自我意识产生。尽管我当时不知道，但我那天在拉斐特公园邀请萨拉向我讲述她的人生时，她讲述的故事表达了她的自我意识。萨拉的叙述绘制了一幅这样的女性肖像：作为充满关爱的保姆、无私的母亲和有尊严的劳动者，她矛盾、疲惫、骄傲，因她的种种良好意图所受到的限制而焦头烂额。

从我开始请像萨拉这样的女性讲述她们的故事到现在，已经十多年过去了。我聆听并阅读了很多很多的故事，每一个都像讲述它的女性一样独特，但所有都与复杂的价值问题紧密相关——涉及母职（motherhood）、家政工作和移民政策。尽管女性各不相同，但她们讲述的故事体现了共同的主题。她们都必须在有限的选项中作出选择并独自承担作决定的后果。背负着这种选择带来的后果度日时，她们都会接触到一些普遍的经验——有色人种女性都会学到应该把谁的需求放在第一位，移民都会学到移民身份状态可能导致违背基本人道的待遇。在类似拉斐特公园周围的二层灰泥建筑的住宅内的私人空间中，每一位女性都必须在一个缺乏监管的行业的阴影中应对文化、语言、亲密和生计。这个行业正是以有偿照护工作独特的脆弱性为特征。这些共同的主题汇聚在一起，讲述了移民保姆在这个国家的故事。

母职货币化

像萨拉和她的母亲这样的女性是家政和照护人员国际移民的广泛现象的一部分，这种现象在不断加剧的全球不平等和北方世界对家政服务的需求增长的刺激下，自 20 世纪末开始增长。[3]清洁工和照护者从贫穷地区移动到富裕地区，导致其留在南方世界的家人深刻感受到物理上和情感上的缺席。在国境以北，有专人为富裕地区的孩子在他们整洁的家中洗澡、换尿布并提供照顾。而这些孩子的父母每天工作时间越来越长，并时常因这样的日常分离而苦恼。

在这一切之中，这些女性在全球化、移民、我们对在家的好妈妈和离开的坏妈妈作出的评判交界处开创生活。母亲的价值与这些评判有关。当爱被拔高，劳动得到补偿时，为报酬进行母职实践（mothering）变得十分复杂。因为即便照护养育的工作在一个几乎隐形的行业的灰色经济中已经成了有价值的货币，对于这些女性和她们的雇主来说，文化上关于母职的理想仍旧根植于充满关爱的在场，将经济自利排除在外。在我们普遍的想象中，母亲似乎总是在场——不倦地关爱，持续地牺牲，奋力地保护，把家务和家庭饮食都打理得像刚铺好的床上一丝不皱的床单那样，完美又不起眼。

移民保姆所扮演的角色有助于这种理想的实现，但这是要付出代价的。她作出的决定受到她面对的种种现实状况的限制，这些状况包括：地区不平等因全球主义和旨在控制不平等却适得其反的新自由主义政策而加剧，错综复杂的移民制度拒绝考虑"隐没在全球化暗面的女性"[4]的现实，以及美国的生育和育儿政策蓄意忽略生育的社会和经济价值。这些破碎的系统被关于移民和"女性的工作"的意识形态上的劝哄之词滋长，被不断到来的移民女性维系，这些女性被告知她们要为自己作出的选择——为迫使她们向北走的绝望、为她们无法满足孩子的需求、为影响她们的服务的情感纠葛——而负责。

母职货币化将其引发的不可避免的冲突划为个人选择的后果，让女性相信只要她足够好或作出不同的选择，她就有能力保护自己和她爱的孩子不被她有限的选择伤害，从而造成真正的道德伤害。我花了很长时间才明白母职货币化最深层的不公，在于其对女性自我意识构成的威胁。多年的研究和采访、阅读和反思之后，我终于学会了聆听这些女性讲述的故事。

沙池边

一开始我并没有打算写这本书。它始于工作日清晨游乐场里的对话。我和年幼的孩子一起过去，带着婴儿车或三轮车，手里拿着妈咪包或野餐篮，坐在沙池边的公园长凳上。我最大的两个孩子遗传了他们父亲的长相，在公园里的保姆的眼中，我伸手抱他们的时候，他们栗色的头发、深色的皮肤和我浅色的手臂一定形成了鲜明的对比。尽管我是祖先来自欧洲的休斯敦本地人，我学习西班牙语多年，说得很流利，而且总是对我的孩子们说西语。在游乐场对看起来像西班牙语裔的孩子说西班牙语，而我却是个美国人，保姆们很难不对我们产生好奇。在我把一个孩子抱起来放进秋千、递给另一个一把铲子时，她们很难不偷偷看我们，也很难抵抗走近一点、直接对我微笑然后开始对话的冲动。她们开始问："这是你的孩子吗？"

随着时间的推移，我们对彼此越发熟悉，一个个问题被回答，一个个故事被讲述，我们之间有了交情。渐渐地，这些女性与我在一起更加自在，她们敞开心胸，与我分享她们的抱怨与挫败：

夫人不希望小姑娘们在公园弄脏衣服，你能相信吗？

他们像鹰一样紧盯我的工作小时数。

如果孩子摔倒了，她就大喊大叫。我要说，孩子总是会摔倒的！

有时，她们会分享更亲密的细节：

他想辍学，我能怎么办？

是的，我女儿还在墨西哥，我已经 7 年没见过她了。

我一直认为我会回家，但现在我不知道了。

在这些总是以西语进行的对话中，我总是她们好奇的对象，一名同情的聆听者，但从不是她们中的一员。我成了家庭保洁员和保姆推荐网络中的重要一环，就如何应对复杂的公共学校系统为她们提供信息，倾听她们的抱怨和担忧，我还是有能力触及公园树脂塑胶围栏之外的世界的见证人。[5]

早晨，我去公园。下午和晚上，我在一所本地大学教西班牙语课程，并上研究生研讨课。我有事的时候，就雇用和公园里那些女性类似的钟点工保姆。凌晨，我抱着孩子摇晃哄睡，喂奶，阅读拉丁美洲和美国西班牙语文学方面的资料。我学习了这些女性家乡的历史，了解了图书和电影中出现的文化传统，找到了被压抑已久的原住民和乡村声音的些许痕迹。我在埃莱娜·波尼亚托夫斯卡和其他人的作品中遇到了见证文学的传统，这种属于社会参与艺术的体裁寻求放大社会边缘群体的声音。我读了约翰·贝弗利关于里戈韦塔·曼朱的作品。我读了加亚特里·斯皮瓦克，她让我确信尽管被支配群体可能发声，但我永远没有为她们发声的立场。[6]

我早晨继续去公园，保姆们的故事在我的心头萦绕并影响了我的体验——作为母亲，教师和充满误解的公共话语的见证人。政治家对边境隔离墙的误解。女性主义者对家庭生活的误解。原声摘要[①]和情景喜剧对母亲和移民的职责的误解。我想，如果他们像我这样了解这些女性的故事，对话也许会有所不同。我们所有人可能会更接近真相。因此，在和保姆们交谈时，我开始尝试问一个问题："如果录音，你愿意聊聊吗？"有些人拒绝了。但很多人都同意了。

这本书中的女性与我之间错综复杂的关系，使我追求中立的理想变得困难，但这种理想本身也并不简单。确实，对于为我的熟人工作的女性，我永远无法中立，永远是她们在权利不平等和极度脆弱的关系中依赖的雇主的代理人。然而，认为那些在公园里带着年幼的孩子，有着好奇的眼睛的陌生人会不认为我是她们的雇主的代理人（无论我是否认识她们的雇主），也是愚

---

① sound-bite，媒体节目中引用的演讲或其他音频的简短段落。如无说明，本书脚注均为译者注。

蠢的。我这样的女性有护照，有银行账户，在儿科医生的办公室有 35 美元的自付额。[①] 我有做律师的朋友，我的肤色让我不会吃闭门羹并能得到信任，我发出的声音能够超越绿树包围的公园和红砖砌成的门槛，超越边境和高墙。我必须承认这些女性的故事是她们针对我所呈现的叙事所选择呈现的叙事，而这本书所展现的版本不过是我对这些叙事的理解。真相逃不过修改和转述。这至多是一种美丽的暴力。

美丽的暴力

　　从很多角度看，这部收录故事和观察的作品是一种叙事的暴力。扰乱和强迫的暴力贯穿移民的故事——女性离开或被丢下，有人失去家园，边境笼罩在可怕的阴影中。施暴者时常是无面目的——豆子的价格、失去一种生活方式、小镇流言的羞辱力量、飓风、政治承诺。其余时候压迫者是可辨的——边防人员，生气的女主人，孩子曾经玩耍的街道上的帮派成员，眼神冷酷、手握橡皮图章的社工。社会阶级、性别和种族像划破人际关系的利刃，又像束缚人的锁链，影响劳动者和妻子、移民和母亲的声音，限制受访者的表达。

---

① 　有自付额意味着作者有支付部分医疗费用的医疗保险。

对话后，我会拿起利刃，进行文本转录、翻译和选择。为了将对话呈现为清晰连贯的段落所采取的一切必要手段，是为了实现某种文本之美而被施加的一种暴力。

在本书中，我尽最大努力忠实呈现这些女性的故事。尽管对她们经历的大背景的解释是以广泛研究为坚实基础的，但她们讲述的事件是讲述者的表达和我的理解的产物。每个故事的主要内容基于一次关键采访——在特定的时间和地点进行的、决定讲述本质的采访。公园长凳和客厅沙发不同，就像今天的某人和上周的她不同，与我在一起时的她和与其他人在一起时的她也不同。所有对话都被完整地转录为西班牙语文本，这项任务由我与一名同事共同完成。我有多年专业和学术翻译经验，翻译了本书中出现的所有对话片段。在对每个故事进行节选时，我更倾向于选择叙事而不是解释，总是尽量尊重故事的完整性，并避免将故事片段作为事先确定的论点的论据进行呈现。

不带偏见地收集和呈现个人历史是一项挑战，我不知道自己有没有做到。在这一过程中，我发现转述中蕴含的权力、译者的意愿和编辑的利刃一样不可避免，真相比核验过的事实更微妙，也更强大。我也在这些故事象征的文本暴力和叙事暴力中发现了意外的美：照护工作是美的，因为它是爱；个人叙事是美的，因为它赋予了力量；聆听是美的，因为它能带来对一个人人性的充分了解。

在这本书中，随着一个又一个章节的开始和结束，三名女性的故事逐渐展开。在拉斐特公园里坐在我身边的，是来自萨尔瓦多的年轻母亲萨拉。来自墨西哥乡村小镇的祖母罗莎，她一生照管成员分布于美墨边境两侧的大家庭。还有来自萨尔瓦多的年轻女性帕蒂，她作为留守儿童和移民保姆的经历，让她渴望用一种爱的语言去命名交易逻辑所造成的创伤。

在第一部分"抛硬币"中，我们和这些女性在她们的故乡碰面，追溯她们到达美国之前的人生。第二部分"硬币的另一面"详述了她们在这个国家做保姆和家政人员的工作经历，和她们自己的母亲身份引发的冲突。第三部分"价值命题"探查这些女性自己的理解中所体现的母职货币化的固有矛盾。多个章节包括其他移民保姆的故事，共同构建了截然不同的女性们应对相似的大环境中的选择的故事。

在书中，我用几个关键名词书写"母职"（motherhood）。提到"母亲"（mother）这一社会角色时，我指的是承担一个孩子全部养育责任的女性。[7] 使用"母职实践"（mothering）一词时，我指的是回应母亲和孩子之间形成的情感联结，以及文化和社会中流传的母职理想的一种实践或一系列行动。[8] 在这些母职实践中，我用"母职工作"（mothering work）代指照顾无法自理的孩子的必要日常劳动。在移民保姆的案例中，正是这种母职工作被提取为一种有偿劳动，尽管提取的界限很不分明。

爱、劳动以及母职理想之间的界限像索诺兰边境^①一样不清晰，像南得克萨斯的灌木丛一样刺人。

书写移民——离开的移民，到达的移民——语言被意识形态所浸透，标签导致鸿沟和割裂。非法移民（illegal）带有有害的道德暗示；外来移民（alien）否认人性；秘密移民（clandestine）暗示可疑；无证移民（undocumented）时常是不准确的，"无"放在任何词汇之前都是一种取消和抹除。这本书中女性多选择"*con o sin papeles*"的说法，即"有文件或没有文件"。无法引用她们的话语时，我用"未经授权的移民"一词——并非罪犯或异类，而是受制于一种特定的权力。

最后我要对代词的伦理进行一点说明。在本书中，我使用了第一人称复数——我们、我们的——以向在这段叙事中位置乍看不明显的读者发出呼吁。事实上，我们在这个故事中都有自己的角色，母职货币化的故事所涉及的远不止一名劳工或她的雇主。它超越婴儿车、公园、门廊纱门构成的世界，展现这些女性对广泛的公共问题的个人解决办法，将政治与个人生活相结合。一方面，忽视生育价值和实质的社会结构的需求驱动全球经济。另一方面，意识形态言论通过中伤移民为"异类"并抬高不可能的母职理想来平复焦虑。

---

① 墨西哥索诺兰州和美国西南部各州之间的边境。

只要我们告诉自己这是别人的故事，移民保姆和她们的孩子就永远身处阴影之中，肩负这些不可持续的系统的重负。在她们讲述的故事中，你会听到的。

第一部分

抛硬币

多年来，我告诉她，我仿佛在围着一个巨人转圈，盯着他放在地上的脚。但是现在，我开始仰头，仿佛终于看清了是什么在破坏。

前边境巡逻员

弗朗西斯科·坎图[1]

序曲

有一根线把拉斐特公园中不起眼的长凳和墨西哥、中美洲以及其他地方的偏远村庄和街区联系在一起。这根细线被需求和绝望以及同时制造匮乏和富足的区域经济绷得很紧。线的一头是南方世界的贫穷和不稳定。另一头是北方世界忙碌的职场人士，他们需要照顾孩子、洗衣服和做饭。随着时间的推移，这根线被织进经济、政治和社会交互作用的复杂挂毯之中，这幅挂毯覆盖这里到那里的空间，并定义萨拉和她的母亲所面对的限制和可能性。一根针穿越时间和空间不断编织，种种人生也随之展开，其中不乏不得不面对的艰难选择和危险旅程。北方世界吸引移民，南方世界则将他们推离。

在南方世界的贫穷地区，20世纪后半叶广泛的全球经济重组加剧了已有的不平等，让最易受伤害的人群为物质生存挣扎。[2]随着各国努力参与全球经济竞争，它们积累了越来越多的债务，并制定了偏向出口导向型产业和社会紧缩的经济政策。自给农业和小规模地方农业让位于大规模农业和快速工业化；出口加工区催生了几乎或完全没有劳工保护并获得大量地方减免税政策的加工出口工厂；国家资金从社会服务领域——教育、住房、医疗保健——被挪用。

随着经济吃紧，基础设施崩溃，社区变得容易受到恶意和不幸的伤害。在当地政客和执法部门历来腐败的背景下，跨国犯罪组织在墨西哥和中美洲得势，导致该地区暴力加剧，地方帮派壮大。[3]与此同时，中美洲和加勒比地区的天气事件加剧了人们的绝望。飓风和地震造成数千人死亡，并严重破坏脆弱的经济。干旱和洪涝灾害威胁粮食安全，让这些地方难以支撑其人口。旨在缓解压力的美国移民政策受制于变化的政治意愿。[4]

这些强大的推动因素产生于根深蒂固的父权文化，尤其是农村社区，这样的文化让很多女性和女孩处于被虐待的危险之中，并让所有女性受制于有限的权力和被压迫的羞辱。在很多这样的社群中，被丈夫抛弃早已司空见惯，移民后信件和汇款越来越少的父亲让情况进一步恶化。无论是否被抛弃，父权制中女性在社会中的位置是明确的：她们应该抚养、安慰、指引和服务家庭。当男性抛弃他们的家庭，当赚取工资的工作遥不可及而母亲必须弥补社会结构的失败时，女性几乎没有选择。南方挤压，北方吸引。

在北方世界，社会和经济变革导致对移民女性能够提供的服务的高需求。在 20 世纪末的广泛人口变化中，来自中产和上层阶级的女性越来越多地进入职业劳动力队伍，导致她们的家和孩子需要有人打理和照顾。与此同时，随着全球化加大富裕和贫穷地区之间的差距，新国际城市的职业阶级发展出了新的生活方式，支持这种生活方式的是富有活力的服务业。人们得以雇用他人管理个人事务——从女佣和保姆到代购物者和代遛狗者。[5]对于很多来自南方世界的女性来说，随着选择的减少和养家责任的增加，北方高薪、可得的工作机会成为她们的主要希望。

在中美洲和墨西哥，来访和返回的移民讲述的故事燃起了希望。留在家乡的人想都不敢想的工资，安全的街道，口袋里有钱、走路带风的闺密。婶婶在休斯敦，朋友在洛杉矶，远方表亲在北卡罗来纳州，旅途结束后你会有一张可以休息的沙发。太阳升起，被留在身后的一切牵挂都隐没，你会有可利用的雇主介绍网络。两周内你就可以给家里所有人汇钱。想象一下。只需穿越边境。对于有关系、现金和能打开正确的门的社会资本的人来说，移民的重心在于未来。对于其他人来说，头等大事是穿越本身，是穿越极不友好的边境的危险旅程。

她们被推离，被吸引，欠下债务。道最后一声别离，硬币被抛向空中。

第一章

祖 国

我们依赖她。

吃穿用度全都靠她一个人。

萨拉

萨拉

8 岁的萨拉站在她的两个妹妹身边，仔细听她们的母亲宣布她的决定："我要走了。我要去 3 年，攒够装自来水的钱就回来。"萨拉是年纪最大的孩子，比两个妹妹更能理解这对他们的家庭意味着什么。这不是她们的父母第一次离家寻找工作。之前这就让他们付出了惨痛的代价。20 多年后，萨拉在一个温和的 1 月午后坐在我身边，把一缕深色头发别到耳后，睁大双眼用抑扬顿挫的嗓音开始讲述她的故事。

"我来自圣米格尔地区一个非常穷的地方，在中美洲最大的火山——查帕拉斯蒂克火山的山脚下。我们的家庭非常穷，穷到没有电。我老家没有汽车，无论干什么都是走路。去最近的镇子要走两个半小时。"

20 世纪 90 年代初，萨拉的父母最早离开他们的小村时，那里仍旧因此前悲惨的 10 年而伤痕累累。一场残酷的内战蹂躏人民和土地，导致这个国家的基础设施被毁、政治冲突得不到化解，很大一部分人口自我流放到安全并有经济机会的美国。

"我父亲是游击队员。他落下了残疾。在战争中失去了一只手。战后，整个国家，我们的村子……战争对我们的影响很大。这一切，我的妈妈和爸爸离家，是在战后。但即便如此，整个国家都变了。"

尽管萨拉可能没有战争的记忆，但萨尔瓦多内战造成的后果与她的移民故事联系紧密。20 世纪 80 年代肆虐的暴力——美国训练的军事独裁政权与起义游击队之间的对抗——造成了大规模的移民流出，移民向北逃离引发了拒绝为难民提供政治庇护的意识形态操纵。[1]因此，一代萨尔瓦多和危地马拉战争难民变成了"非法外来移民"，过着无法合法就业、没有社会支持的公民生活。

从一代人到下一代人，某种因果长链逐渐展开。有些后果是不可预见的，如洛杉矶街头出现的帮派"野蛮萨尔瓦多人"和"18 街黑帮"以及他们被驱逐出境的"战友"后来组建的跨国犯罪网络。[2]其他后果，如世代相传的贫穷和对健康的负面影响，是可预见的，正如到达北方却发现新家并不欢迎自己的 14 岁女孩的幻灭。

8 岁时，萨拉可能不理解驱动祖国饱受战争蹂躏的过去的意识形态，或助长其充满暴力的现在的多米诺骨牌般的多种跨国因素，但她感觉到她父亲失去的手和她在萨尔瓦多的农村亲历的贫穷之间有某种联系在发挥作用。

"我母亲移民到这个国家之前，我们没有自来水。我们用的是雨水。我们会放一个容器在外面收集雨水。有时我们一周都没法洗澡，要一直等到再次下雨。没有东西吃的时候，我们狩猎鬣蜥。我们吃它们，还有兔子；有时我们出去寻找玉米。就是其他经济条件更好的人收割玉米时，我们去捡掉在地上的。我们非常穷，连买校服的几个硬币都没有。我的外祖母会把一条大裙子改成三条小裙子。"

"我妈妈看到了这种贫穷，一天她得到一个机会，所以她说：'我要去。我要离开我的女儿们，我会很快回来。给我妈妈装上自来水我就回来。'所以我妈妈来到这里，来改变我们的生活。"

和狩猎鬣蜥、收集邻居家残留的收成一样，移民是一个家庭的生存策略，萨拉的父母不止一次采取这种策略。[3] 第一次移民他们只是去了危地马拉。那是第一次告别。

萨拉的父母在危地马拉的制造业找到了工作，工资足够定期给等待的孩子和她们的外祖父母汇钱。但6个月的分离给这个家庭留下了不可磨灭的印记，将移民永远和失去联系在一起。

"我的妹妹生病发烧，一直不好转，"萨拉解释道，"我妈妈回来时，想带她去看病。他们一直没弄清是什么病。生病一年之后，我的妹妹去世了。那时她只有4岁。她是因为太悲伤了才去世的。"说到最后，萨拉的声音很低，她把手静静地放在膝盖上，就像那个刚刚知道分离的悲伤可能致命的6岁小女孩。

在他们的小村，生存问题仍在继续。食物、自来水、希望。对于萨拉的家庭来说，维持生计意味着让孩子的内心充满悲伤的远距离分离。所以她们的父亲收拾行囊，带着他破碎的心和残疾的手再次北上去美国找工作。被他留在家乡的家庭又多了一个新生女宝宝。3年后，萨拉的父亲让萨拉的母亲去他那里时，萨拉知道她有责任保护妹妹们。"我是最大的。我要照顾我的两个妹妹。"

这是第二次告别。

"3年，"她的母亲承诺，"3年，我就回来。"

萨拉的父母向北移民，在美国非正规的服务经济中碰运气时，她和她的妹妹们面临了很多发展中国家中常见的情况：家庭生活被距离限定。她们成为跨国家庭的留守儿童，他们的故事暴露了全球化社会交易的另一面：在自由流动的资本和闪电般迅捷的信息的无形网络之下，实实在在的人在具体的地点工作，在全球化的世界中重建社群和家庭基础设施。

这是全球化巨大经济和信息网络的另一面。但是在这些留守儿童看来，这种相互联系被距离掩盖。几乎没有什么对萨拉和她的妹妹们重要的事物从一个地区流动到另一个地区。对于这些留守女孩们来说，重重障碍就像她们等待的信和她们想象的沙漠一样真实。一切都体现在她们听到和她们选择讲述的故事中。

1993 年，萨拉的母亲安娜第一次去美国，在萨拉的故事中，她母亲的旅程是一名萨尔瓦多郊狼①安排的，郊狼保证她可以坐飞机去。[4]

"她遇到一个说她不用走路，可以坐飞机去的郊狼。所以她去了墨西哥，即将在马塔莫罗斯穿越边境时，她为了不被移民官员抓住而摔断了手。她的手断了，所有人都在跑，所以她被大部队丢在了那里。她在沙漠中迷路了，差点脱水挨饿而死。直到一个也在沙漠里的人发现并帮助了她。他说他会回来找她，然后晚上回来了并帮助她穿越边境。她最终到达了加利福尼亚州。"

按照萨拉的说法，整个旅程持续了 3 个月。但是马塔莫罗斯实际上并不是沙漠。位于墨西哥塔毛利帕斯的这一都市片区与邻近的布朗斯维尔共同构成大型亚热带

---

① *coyote*，指受雇协助未经授权的移民进入美国的收费向导。

都市中心，北接里奥格兰德的肥沃耕地。边境巡逻员不在边境南侧追赶潜在移民，而"边境天使"和"人道边境"等慈悲的天使们会分发水并提供医疗帮助，但不会帮助任何人穿越边境。[5] 如果这一切都发生在南得克萨斯（萨拉的母亲可能在那里），里奥格兰德行动就应该还没有生效，该行动将满怀希望的潜在移民从戒备森严的城市入境点逼进满是带刺的树枝和仙人掌的树丛。如果真的是在沙漠里，她最可能是被雇来的向导指引到那里去的，这些向导知道要避开埃尔帕索和诺加莱斯戒备开始变严的大路，那里的全天候监控把移民们赶进沙漠。[6]

无论萨拉的母亲是否在南得克萨斯或其西侧某处经历希望与绝望，细节对被她留在老家的孩子们来说并不重要。反正安娜肯定差点死掉，送水的天使肯定以某种方式让她安全到达。在萨拉对她母亲穿越的记忆中，重要的是被她编织进家庭跨国分离故事中的真相：她母亲的旅程漫长而艰难，令她险些送命。坏人丢下她，好人在她最需要的时候帮助了她，最终她到达了得克萨斯州，这一切像梦一样。

回到查帕拉斯蒂克火山的阴影下，生活对 8 岁的萨拉和她 6 岁、2 岁的两个妹妹来说一点也不梦幻。她们由外祖父母照顾，一家人在萨拉父母每月汇回的钱款补贴下尽量好好生活。他们在国境的两侧齐心协力想办法维持生计。

"我们依赖她。"数十年后萨拉在得克萨斯州的蓝天下对我说,"吃穿用度全都靠她一个人。"

她,萨拉说道。尽管她的父亲肯定也与她的母亲并肩工作,但萨拉只记得女性养家——母亲在家中从事的母职实践的一种延伸。即便多年后用成年人的心智回顾,萨拉眼中的过去仍旧是母亲们的故事。

"当你不在某人身边长大时,"她思考道,"你爱她,但和在她身边不同。我喜欢我的妈妈,我想见她,但我只能在照片上看到她。我们也说不上话,因为那时电话还不那么普及。只有信。要等一个月才能收到对方的消息。"

在持续了萨拉整个少女时代的分离中,三姐妹与妈妈的关系通过照片和写好几周后才能送达的信件维系。在他们这样的跨国家庭中,信件、探亲、电话和照片维系着家庭的实质和理想,关系和忠诚超越距离而延续。但"母亲"和"女儿"之类的角色有了新的内涵。[7]过去,母亲的工作、爱、想要保护和供养的冲动杂糅在日常的照护行为中,如今,她无法再承担这些责任。20世纪90年代初,萨拉接触不到电话、屏幕和关于美国生活的影像,她只能通过基于纸上贫瘠语言的幼稚想象和不断变化的承诺去理解"母亲"和"北方"的概念。

"我只去3年,我的孩子们。只要给外婆装上自来水就回来。"

"我明年去看你们,我保证。"

"明年圣诞节。圣诞节我回去。"

"明年，孩子们，明年。"

"她再也没有回来过。"萨拉告诉我，她的黑眼睛平静而坚定。她尖声强调"再也没有"，说完之后紧闭嘴唇，不再言语。她用可爱的圆脸对着我，直视我的眼睛，等待她的故事造成的戏剧效果。"这是真的。"她的停顿强调道。

萨拉的母亲再也没有回萨尔瓦多生活，在安娜最后一次作为缺席的母亲回来和第一次作为怀旧的移民返回之间的漫长年岁里，姐妹们放弃了拥有完整、在一起生活的家庭的梦想。萨拉和她最大的妹妹未来也会在远离她们的萨尔瓦多小村的北方讨生活。到那时，她们都逐渐接受有些承诺许下就是注定要被打破的。

关于父母移民的情况，姐妹们有很多不理解的地方——为什么妈妈和爸爸不在家乡找工作，和她们在一起；为什么她们要忍受这种导致一个小女孩死于悲伤的缺席？但最大的谜团是她们与母亲之间距离的性质。

"我们一致认为妈妈在骗我们，"萨拉告诉我，"我们以为她不想来看我们。在萨尔瓦多，今天去首都，明天就能回到家，我们以为去美国也是这样。我们当时真的是这样想的。"

对于萨拉和她的妹妹们来说，父母的旅程是短途旅行，而非远行。因此当安娜在电话那头用疲惫的嗓音向她们说"明年圣诞节，孩子们，我保证"时，姐妹们以为母亲距离她们不过一天的路程，她们想知道什么——如果圣诞节或是她们还不够的话——才能让她回来。

那段思念的时光过去很多年之后，萨拉会从不同的视角看待她童年的这段经历。在得克萨斯州休斯敦一间朴素的公寓里，在她自己的两个孩子身边，她会反思她曾经历的贫困，并原谅她母亲痛苦的选择。我和萨拉在2010年冬天的一个早晨见面时，她已经学会了从两个视角评判她母亲的选择。

她的妹妹马里韦尔对此却没有谅解。"萨尔瓦多之类的国家的人丢下他们的孩子去美国就是这样的下场。"萨拉解释道，"他们很痛苦，因为有的孩子永远不原谅他们。"

罗莎

"我不知道我们是不是被上帝遗忘了，"罗莎哀叹道，"糟糕的天气让玉米地干涸，根本无地可种。"她摇了摇头，然后低头看她平放在桌子上的手——古铜色的皮肤覆盖着粗大的关节和长长的手指，一只手指上戴着一枚金戒指。此刻上午的工作已经结束，还不到去接孩子放学的时间，我们利用这段宝贵的空闲面对面地坐在我家的餐桌两边交谈。我3岁的女儿在隔壁的房间玩，她的歌声和游戏声时不时穿插进罗莎所讲述的40年来在国境两侧承担母亲的职责、付出母爱的故事。

"我父母是农民。"她解释道，"当时我们有土地，但现在已经没有了。我母亲也已经不在世了。"

尽管她的父母在普埃布拉肥沃的中墨西哥山谷的田地中耕作了一辈子，但是在罗莎出生后的那几年里，农场经营者开始拥有大型机械，并受雇于总部离这里很远的公司，他们的生活方式因为气候和行业所发生的变化而不复存在。[8] 20世纪70年代，罗莎在普埃布拉独自带着5个年幼的孩子，她的丈夫在洛杉矶赚美国工资。罗莎环视她父母的农场———些简陋的住宅和只能保证自给自足或在周日市集上卖点收成的小块农田，意识到一种生活方式已经不复存在了。

但罗莎不会为无法改变的事情哭泣，她永远不会。她觉得自己是幸运的——有关心她和孩子的、可以依靠的丈夫，她开始想尽办法抚养她的孩子并苦中作乐。她清楚有的人没有这么幸运。罗莎肯定地告诉我，他们那里的很多男人浪费了他们在美国的机会。她看得太多了。

"我知道很多人来这里喝酒、追逐女人。他们最终一事无成。另外，还有一些人抛弃了自己的妻子。他们把妻子、孩子全都丢在老家，妻子只能想办法重新成家。"

罗莎的丈夫阿图罗一直忠诚，而这就是她所想要的一切了。她一边笑一边解释，明亮的绿色眼睛周围是深蓝色的眼线和网状的细纹。"男人毕竟不是圣人。没必要要求他们成为圣人，只要他不忘了你就行了。"

罗莎的丈夫从未忘记。情况允许的时候，他给家里打钱，而她付房租、买食物、专注于养育孩子。他手头紧的时候，她就自己想办法。阿图罗首次移民时，有漫长的 3 个月没有给家里寄钱。但是罗莎撑过去了，像她总是能做到的那样。她在自己租来的一小块地上养鸡，做任何能找到的工作，帮更富足的邻居洗衣服。

"我帮邻居洗衣服、熨衣服。切特拉是一个大城镇，有赚得多的工程师，我为那些人工作。只要你想，就能找到过下去的办法。只要对自己说'马上就要没饭吃了'，你就一定会想办法找出路。"

但无论她如何努力工作，那些工作都不足以让人真正有盼头。尽管一家人一般总有豆子和玉米饼吃，并有栖身之地，他们在墨西哥的收入永远无法让他们有所作为，无法让他们吃上好的饭菜。

"罗莎，"我问她，"你离开家乡来这里之前，孩子们会挨饿吗？"

"他们没有挨饿，不会，因为总有豆子吃，最基础的——豆子、辣椒和玉米饼能够保证。但他们吃得不好。"

我想起萨拉对她童年贫困的描述，她以同样的方式提起饥饿。"他们会说'吃油'，加了油的意思。因为如果你吃油就意味着你有一点钱。我们很久才能吃一次放油的食物。我母亲为了让我们吃得好而离开了我们。"

尽管所处的地点和时代都相去甚远，萨拉和罗莎对饥饿和希望的讲述是相似的。在罗莎和很多像她一样的人讲述的贫困故事中，罗莎和她的孩子们经历的这种贫穷不是缺乏基本的食物和住所，而是希望的贫乏。如果一个人健康、努力工作并非常幸运，他或许能过得下去——在院子里捡母鸡下的蛋，帮邻居洗衣服。但要想生活有起色，仅仅能活下去就还不够。人需要一个足够安全和可预测的，能够设定目标并达成目标的世界，才能怀着有所成就的希望。这事关教育、干净的衣服和街道上的秩序，孩子对未来的梦想和藏在床垫下的现金的持久价值。

但是仅凭希望无法让晚餐有着落，罗莎和孩子们有时甚至连豆子和玉米饼都吃不上。在没有丈夫汇款的 3 个月里，她必须努力才能让她的孩子们有地方住，吃饱穿暖。"我丈夫没有寄钱回来的那 3 个月——只要想，还是能找到过下去的办法。有办法，但不多，真的不多。"

好在罗莎并非孤军奋战。一位在镇上卖食物和零食的年长女邻居对她很照顾。这名勤勉的女子在当地市场卖卷饼，有固定的收入。即便如今已经 60 多岁，罗莎仍旧记得邻居大姐做的酥脆的厚玉米饼、油炸玉米粉和加香料的酿辣椒的味道，又咸又浓又辣，里面放的油是萨拉和她的家人几年才能吃一次的量。

　　卷饼老板对她的年轻邻居照顾有加。"白姑娘。"她这样叫罗莎，因为罗莎的眼睛是绿色的，皮肤比她的混血[①]邻居们更白。卷饼老板对她说："来烤这些花生。"自此罗莎开始了街头小贩的学徒生涯，她在邻居大姐身边，在热的金属架上烤种子和坚果。作为回报，她会得到销售收入的一部分。到了晚上，大姐经常再次叫她："白姑娘！我有剩的卷饼。你要吗？"罗莎把手举在身前，掌心向上弯曲，"这么大的盘子，里面装满她给我的厚玉米饼，我会给我的孩子们吃。"

　　但是罗莎与卷饼老板一起工作占据了她养育孩子的时间。额外的洗衣熨烫以及烤种子与在家做饭和打扫冲突，孩子们个个都需要照顾和喂养。在罗莎的世界里，母亲未完成的工作变成了最大的女儿的责任，因此一个 10 岁不到的孩子要烧豆子、擦鼻涕和编辫子。

　　"为什么是我？"罗莎的女儿会问。"为什么我要做这些？"罗莎知道答案，尽管她无法向女儿解释。因为这是我们的本分，她会不得不这么解释，身为女人，她知道灶台和家里的工作是女人的工作。这是一直以来她被教导的，她亲身体验接受这种教导的时间已经久到让她不再质疑这一切。因此，当她的女儿（尚未接受女孩应该服侍他人的教导）问"为什么是我"的时候，除

---

① Mestizo，尤指西班牙人和美洲原住民的后代。

了直接说因为这是我们的本分，罗莎还能给出什么解释呢？

"最大的孩子往往吃的苦最多，"罗莎悲伤地说道，她脸上的笑容被遗憾取代，"在每个方面都是这样，伊丽莎白，每个方面。"

最终，罗莎的丈夫阿图罗想办法恢复了每月汇款，重新成为养家者。"我不希望你以后再工作了，"他对罗莎说，"你就集中精力带孩子，我会给你寄钱的。"罗莎高兴地同意了，阿图罗再次担起了养家的责任，就像他一直以来所做的那样。他的每月汇款准时到来，很稳定，够买食物和付房租——但一点剩余都没有。他回家的时候，除了身上的衣服不会带任何东西回来。他的银行账户和包里一分钱也没有。

"他在那里的时候，不停地工作。他给我寄钱。我付房租，我们吃得很好。我们不缺什么。他对孩子很好，对我也是。他工作的时候我从不为钱操心，但他回家的时候身上总是一点钱都没有。"

罗莎考虑了一下整体情况，她的丈夫、家人，以及他们要如何才能全都有所成就，她意识到如果她的丈夫独自打拼，永远都只能赚到刚好够用的钱。

"你去还有什么意义？"她质问道，"我是说，你给我们汇钱的时候我确实从来不至于缺钱，但这没有用！"讲述这段往事时，她的嗓音又高又尖，30年前在阿图罗面前时她一定也是这样的。后来，她的态度越发坚决，宣布道："就这么说定了。我和你一起回去。"

阿图罗反对，捍卫他养家者的角色，但最终罗莎的逻辑获胜了。她对我说："很少有男人能够一个人赚大钱。"

作为一名留守妻子，罗莎努力在她的大家庭中按照她对母职的理解扮演这个角色。她用亲身照顾和她所能求来的所有零工维持她的家庭，通过管理她丈夫在北方的收入潜力，让家庭成员们踏上有希望的道路。选择跟随阿图罗去洛杉矶是符合逻辑的下一步，是她这类人的务实之举：她认为自己有责任让一家人一起过下去，而且越过越好。她和孩子们相隔万里属于一种常见的模式，即墨西哥向美国移民的漫长历史中产生的移民和家庭分离的文化。对于罗莎和大量像她一样的墨西哥母亲们来说，移民意味着家庭的地理扩张。

同年，罗莎出发去洛杉矶和阿图罗会合。告别时，她留下一串大大小小的孩子，他们分别是 10 岁、8 岁、6 岁、4 岁和 2 岁。他们会和罗莎的父母一起在农场上生活，这片小小的社区远离城市，城里的学校一周才上一次课，在这里，每个人都靠在北方打拼的家人供养。此后 3 年，罗莎的孩子们没怎么上学，但被深深地爱着，他们吃豆子、玉米饼和用他们父母的工资买的油炸零食。3 年中，他们一直在等待父母回来，期待他们带回李维斯、耐克和塞满口袋的美元——这些钱足够让他们全家都有所作为。他们从未想象过当他们的母亲永久性地回到他们身边时，她还会带回什么。

帕蒂

"我 5 岁时，父亲抛弃了我们。所以母亲不得不移民。"

在她很有格调的客厅里，帕蒂坐在我对面颜色淡雅的沙发上，柔声说着内省审慎的话语。她用与她那双杏眼和松散地束在脖子下部的红褐色头发一样优雅的嗓音，详细解释她每一次受伤的逻辑，然而她的身体讲述了一个不同的、充满缺席与失去的故事。

"是合理的，"她分析道，"不能靠爱生活。只靠爱是活不下去的。"

31 岁的帕蒂早已远离最早被抛弃的经历和她成长的萨尔瓦多小镇。帕蒂生于战火纷飞的 1980 年，当年罗梅罗大主教在祭坛上被枪击，4 名女信徒被国民警卫队奸杀。帕蒂的人生始于一个充斥着暴力和厌女症的社会。[9] 对于罗梅罗和玛利诺外方传教会的修女们等反抗者来说，它意味着残酷镇压。对于像帕蒂这样的孩子来说，它导致父亲的逃离和母亲的艰难抉择。

帕蒂的父亲离开后，在萎靡的就业环境中养家的工作落到了她的母亲玛丽亚肩头。整整一年，玛丽亚都努力赚钱养活这个年轻的家庭。在家附近，她的选择很有限。当时，在他们所在的小镇圣地亚哥诺努阿尔科，多数工作机会是跟农业相关的——种植丝兰、玉米和咖啡，但小农场正在衰落。国家将经济战略转向了出口行业，加工出口工厂在距离帕蒂所在的小镇不远的地方开始涌现。

这些工厂出口以北美市场为目标的玩具和服饰，它们依赖外国资本、外国原料和拿着低工资组装、打包商品并将商品运回外国市场的本地人，这些工厂带来的经济收益极为有限，几乎只有不断更替的劳工所获得的仅够维生的工资——多数劳工是年轻女性，很多是单亲母亲，她们容易压制，好看，愿意只挣男性同事68%的工资。她们的身体和生育被无处不在的性骚扰和定期的妊娠检测所控制；绝望和大量的替代劳工让她们无法发声。[10]

在有限的选择面前，帕蒂的母亲玛丽亚选择了将移民作为家庭生存战略。帕蒂6岁时就已经因为看得太多而明白了两个重要的真相：一是在她出生的地方，男人会离开，留下女人和孩子受苦；二是五口之家仅靠爱是无法生存的。

"我小的时候很早熟。我以为我明白。这么做是必要的，是合理的。家里没有父亲。她既当爸又当妈，独自承担一切。我们需要食物，我妈妈为我们提供食物。她让我们知道这一点。我妈妈从来不忽视我们。"

帕蒂从未怀疑过她母亲对孩子的爱，尽管她此后逐渐明白缺席的后果，但她坚称她从未感到过被忽视。玛丽亚每个月都给孩子们寄钱和信，从不间断，她深深的爱意展现在信纸上，在电汇至本地信用社的浅绿色可隆[①]中。这种爱的语言跨越距离、国境，消解了帕蒂的迷茫，也让她感到矛盾：她相信她母亲的爱，但她和她的兄弟姐妹在一个又一个亲戚家之间辗转时，她渴望缺失的疼爱。

"开始，我和一个舅舅一起住，他是我妈妈的兄弟，然后是一个姨妈。后来她结婚了，所以我们被交给另一个姨妈。我的姨妈们都很年轻，有点不负责任，所以后来我们去和我的祖母住了。但一切都不同了。"她用满载情绪的沉重嗓音重复道："一切都不同了。"

就连只有短短 6 年记忆的帕蒂都明白一切都改变了。他们不仅失去了拥抱和亲吻；还要学习现实生活技能，比如如何管理他们的母亲辛苦赚来的钱。"我们负责自己的花销，对于 8 岁或 10 岁的小女孩来说，负责任地花钱很难。"

最终他们撑过去了。尽管月底的时候他们兜里没钱，但他们在祖父母家可以去果园和菜园，肥沃的火山土壤收成很好。"我们有水果，和我祖父母种的食物，所以能过得下去。但是，不，一点也不轻松。我们所有

---

① 萨尔瓦多货币。

母亲的选择：看不见的移民保姆与女性工作

人都过得很辛苦。我们是三个女孩和一个男孩，没有人能负起领导家庭的责任。"

帕蒂的母亲无法对孩子言传身教，无法为他们提供保护——帕蒂正是从种种缺失中认识到她母亲在家庭中扮演的角色。这一切都是全球经济、定义母亲角色的广泛文化力量和美国的边境执法方式所塑造的选择格局给个人带来的后果。

帕蒂的母亲玛丽亚每次回家探亲后，都要穿越差点吞噬安娜的诡秘边境才能返回北方。玛丽亚总共穿越了4次：她在帕蒂6岁、8岁和10岁时各穿越了一次，最终在帕蒂的15岁成人礼①后再次离开——那一次她在老家待了一年。到那时，玛丽亚的孩子们已经从幼儿长成了少年、少女，而边境穿越变得更加棘手。那是1995年，正值20世纪90年代的边境设防时期，边境已经加装了数英里长的军用级别的灯和感应器，还有带刺铁丝、金属墙和穿过灌木、沙漠的铁丝网。随着边境防卫越来越严，郊狼的收费越来越高，玛丽亚知道她可能再也回不去了。

帕蒂20岁时，她的母亲承认了现实。"我没法再回去了。"她对帕蒂说。

当时，最大的两个孩子已经去休斯敦加入他们的母

① Quinceañera，拉丁文化中的重要庆祝活动，通常是女孩满15岁时举行的生日庆典，象征着她的成年和社会地位的转变。

亲了。帕蒂需要的时间比其他人更长一些。她移民的决定是逐渐形成的——她走在圣地亚哥诺努阿尔科的街头时，心中的孤独感慢慢增长。她的内心被孤独逐渐渗透并长期占据，她渴望能够拂去痛苦的安抚。她不会想到她等待的拥抱会来自皮肤白皙、眼神清澈的美国孩子。

随着帕蒂和其他人望向北方，驱动母职货币化的两股力量汇聚在了一起——将移民作为一种特定的女性幸存策略的做法和强大到足以让移民主张成为希望的唯一面貌的移民文化。20世纪下半叶非常明显的转变是被称为"移民女性化"的现象，女性大规模从南方向北方的流动反映了独特的价值主张。[11] 对于全球市场，女性贡献了给架子除尘、搂抱婴儿、在睡前帮孩子塞好被子的温柔双手。对于送走她们的社群，她们肩负着对留下的家人的长期责任。

不像在她们之前离开的父亲、舅舅和祖父，这些女性将她们的家庭角色——母亲、姐妹、女儿、姨妈——牢牢地放在心上。她们的移民往往是一家人为家庭作出的选择——支持被留下的家人，加入已经移民的家人。此举变成了一种集体生存策略，在缺乏支持家庭的基本结构的社会中，女性选择移民以应对重建家庭生活的独特女性负担。[12]

移民北方的策略变成了一种"信仰之跃"，一种文化孕育的、承诺更美好的未来的叙事的一部分，先前已经移民北方的几代人一直在助长这种叙事，让人以为只要移民就能有所作为、吃得好、给全家人带来希望。对于萨拉、罗莎和帕蒂等人来说，这个承诺让她们走过几百英里的公路、铁路、海岸线和灌木丛。在路上，她们熟悉的故乡生活后退为她们讲述的往事，而等待她们的未来会在分割土地的那条线的另一侧展开。

第二章

穿越边境

我穿越了 3 次。就像那首歌里唱的："当了 3 次
'湿背'。"

罗莎

萨拉

"我想去那边，你那边。"

母亲已经离开 6 年了，14 岁的萨拉在萨尔瓦多乡下
的小村决定，她过够了妈妈不在的日子。那是 1999 年，
那时电话在一定程度上填补了两人之间的沉默，所以
安娜回答时，萨拉至少能够听见母亲的声音了。她说：
"你还是个孩子。路途太危险了。"

但最终她母亲同意了，萨拉挂断电话时，她作为留
守儿童所感到的渴求得到了一定的满足。正是这种渴求
让她下定决心，让她的心中充满对未来的想象。14 岁

的她介于女孩和女人之间，仍旧足够年轻，相信她的每一个决定都有回头路。

那通电话后不久，萨拉与外祖父母和妹妹们拥抱告别，在她妈妈的密友的陪伴下启程前往得克萨斯州。两人花了一个月才达到美国，在得克萨斯州布朗斯维尔穿越墨西哥边境。一路上，她们形影不离，从未忘记指引她们的力量——她们相信移民带来的希望，并信任郊狼的技能。缴纳每人3000美元的费用后，女子们在收费向导的指引下穿过后者熟悉的秘密通道。每到边境，她们就被交给另一个人——一个萨尔瓦多人把她们带到危地马拉，然后一个危地马拉人把她们领到墨西哥，接着一个墨西哥人把她们送到里奥格兰德。每次移交，除了希望和信任，她们一无所有。

让萨拉坚持下来的希望和信任源自流传甚广的移民故事。多年来，类似的社群一直在将其成员送往北方，寻求工作和安定，塑造了一种助长这种信任的叙事。穿越类似荒漠地带的漫漫长路，在黑夜的掩护下盲目地奔跑，无处不在的强奸、抢劫、死亡的威胁，但总有——希望。压倒一切的希望。因为未来移民听到的故事都是成功者讲述的，他们汇钱回家，探亲时带着礼物、逸事和女主人衣柜里塞不下的旧衣服。

对向导的信任更加复杂。郊狼如果要带领想移民的人穿越边境直至通过最后的检查点，就要对移民路线沿线的犯罪和贿赂情况有细致的了解，并熟悉1900英里长的边境沿线的不成文的规矩。这些向导根植于移民社群，时常是雇用他们的旅行者的亲戚或家庭朋友，非常依赖与其客户的互信和熟络，但这种信任因 20 世纪晚期移民过程风险增大、暴力加剧而变得紧张。[1]

为应对来自墨西哥的移民的明显增多，20 世纪八九十年代的改革措施导致美墨边境的改变：得克萨斯州、加利福尼亚州和亚利桑那州的高流量入境点配备了人数是以前的 4 倍的边防人员，并安装了 24 小时高科技监控。1986 年的《移民改革和控制法》将用于边境安全的资金增加了数十亿美元，[2] 从而实现一系列充当虚拟墙的"行动"——从埃尔帕索的"坚守边境行动"，到圣迭戈的"守门人行动"、诺加莱斯的"保卫行动"和南得克萨斯的"里奥格兰德行动"。[3] 结果，传统入境点无法通过，希望移民的人转向穿过干旱土地和恶劣地形的、更加极端的路线，这让郊狼的服务变得不可或缺，且比原来昂贵得多。

同时，墨西哥加剧的帮派暴力和该地区出现的跨国犯罪组织，导致移民需要向犯罪组织和沿途腐败的执法官员支付贿赂和人头费，郊狼的收费因此翻倍。[4] 如此犯罪猖獗的环境向移民和郊狼的关系中引入了复杂的等级制度和危险的犯罪因素，到萨拉 1999 年跟随母亲的脚步踏上移民之路时，对熟人向导的信任已经减弱。

"我的同伴也丢下了我，"萨拉说道，联系她母亲类似的经历，"我落到了移民官员的手里。他们把我带走，允许我过来这里 3 个月，不能再长了。因为我是未成年人，我的父母在这里，他们不能把我扔回去。我必须去跟我的父母一起生活，所以他们给了我 3 个月的许可。"

尽管有风险，信任也在减弱，萨拉知道孩子不能被"扔回去"，她一定要被送到安全的地方——等待的家长身边。2018 年，同样的情况下，孩子需要按照政策与他们的父母分开，被关在笼子和帐篷区里。意识形态发生了巨大的改变。[5]

改变的前提是与移民带来希望一样强大的文化叙事：违法、欺骗、道德上有缺陷的犯罪移民的故事。几十年来的言论一直将偷渡者与威胁他们的人口贩子和走私者涂成同样的阴暗色调，犯罪移民的形象使家庭分离等非人性政策成为可能。[6]它被异类——贫穷、皮肤黑、陌生——的威胁助长，不过跳过了那些因为护照上的签证过期而非法居留的人。[7]很快萨拉就会感到它造成的尖锐刺痛，但当她在移民部门等待被认领时，希望才是最重要的。

然而，来到国境另一侧之后，她的故事开始变得令人困惑。"到这里以后，我不喜欢。"萨拉直接地说并看着我停顿了一下，"我想念我的妹妹们，我的外婆。我以为去美国的旅程是去了还可以回去的。我告诉我的妹妹们：'毕竟是旅行嘛！'我从没想象过有多远。我害怕小妹妹去世的事情会重演。"

"我想念我的外婆。我想和她在一起，我很难过。我想，'我太糟糕了。'"她停顿了一下，回忆道。在她的故事中，她是一个直面无法回头的选择的年轻女孩。"我爱我的母亲，我想和她在一起——我对她的了解都来自照片。但当你不在某人身边长大时……"她看向别处，仿佛在组织语言，然后说，"你爱她，但和在她身边不同。"

与希望和信任一样，母亲的概念在萨拉的新生活中也变得混乱。很快，她朝思暮想的妈妈——过去的她存在于照片之中，给她们汇钱，向她们承诺——会变成萨拉在休斯敦私人家庭帮佣和保姆的工作世界里的导师。在缺席的另一面，萨拉会明白母职的货币价值。

罗莎

罗莎的丈夫在洛杉矶工作的 3 年里，她能够以某种方式应对分隔他们的距离。但是到了她与丈夫同行，将她的 5 个孩子留在身后时，距离的性质发生了改变。

"那很难，"她低声说。"最小的两岁。"

艰难，但并不是错的。因为对于罗莎来说，当时，做母亲不仅意味着陪伴家人，还意味着尽量支撑家庭。所以她把孩子交给了父母，留在了土地干涸的农场上，她和阿图罗启程向北，然后向西，前往天使之城。1980

年，当罗莎和阿图罗到达马塔莫罗斯时，那时的边境还不是十多年后的军事化防线。但是成功穿越仍旧需要狡猾和对边境运作方式的熟悉，为此罗莎和阿图罗愿意付费。他们花 800 美元雇了一名郊狼，后者制订了一个帮他们偷偷通过的计划。

"我丈夫和我用车入境，穿越边境时藏在汽车引擎盖下。"

"引擎？你们是怎么——？"

"就这样，躺着，"她迅速示意了一下位置，对我的不解几乎不耐烦，"腿缩起来。"

"你们在里面待了多长时间？"

"大约 10 分钟。只是过桥的时候。"

在那 10 分钟里，罗莎的家庭平衡改变了，她将学会带着妻子和母亲的身份反复穿越在未来的 12 年中分隔她的家庭的边境。在那段时间，她又两次穿越同一边境。罗莎一家总共花了十多年的时间，依靠大赦、婚姻、坚持和运气，才在边境的一侧团圆。即便那时，大家庭的亲戚会继续打电话来，落叶归根的梦想会让罗莎继续想念南方。这是因为，萨拉从移民故事中学到的是，移民是走向美好生活的有限旅程，但罗莎的家庭经历的是另一种移民故事。在这个故事中，移民同样象征着希望，并许诺丰厚的工资、舒适的生活和有所作为的机会，但类似罗莎一家的墨西哥家庭面对的边境是相对灵活的。

在从墨西哥向美国移民的漫长历史中，边境像潮涨潮落一样时而开放，时而关闭。1848年，美国南部边界跳过墨西哥人的土地和后背，从特哈斯移到加利福尼亚州之后，直到20世纪20年代，墨西哥劳工一直通过正式的雇佣机构和第一次世界大战的客工计划被公开招揽。风向在大萧条期间发生了改变，当时美国就业率的急剧下降导致墨西哥人被大规模和无差别地驱逐出境。第二次世界大战期间，美国男子离开工厂和农场，风向又变得对外来劳工有利。为应对战时劳动力短缺，美国政府建立了长期的"布拉塞罗计划"，为此与墨西哥政府达成的协议使移民工作在20多年中正规化。

作为美国和墨西哥之间的《墨西哥农场劳工协议》的一部分，"布拉塞罗计划"从1942年持续到1964年，通过客工合同向数以百万计的墨西哥男子开放边境，这种合同授权他们进入美国不受约束地承担季节性农活。流入的移民时常超越法律的限制，导致移民数量超过计划需求，并影响了一代人对在北方工作的未来的看法。社会程序和关系围绕很多布拉塞罗劳工在这里创造的生活发展起来。期待形成，渴望增长，移民的文化叙事的强大力量被目击者对北方生活的描述所强化。新移民学习了这种方式。20世纪60年代，美国对农场工人的需求下降，布拉塞罗劳工解散，但他们在这里创造的生活并未消失。

20 世纪 80 年代，罗莎和阿图罗反复穿越边境时，繁荣的美国经济和墨西哥越发严重的不稳定导致相对宽松的边境在此后的年份中会最终再次关闭。[8] 一直以来，女性留在原地，照顾家庭，用她们的丈夫寄或带回家的钱养大新一代的劳工和新一代的持家者。某种程度上，这些留守妻子世代在为美国经济服务——为其生育并照顾不断轮替的劳动力。

直到后来边境的漏洞逐渐收紧，酷热、饥渴和棍棒变得更加难耐时，这些外来劳工的家庭变成了移民的留守家庭——餐桌上空出一张椅子，坐在长凳上祈祷的人少了一个。有些人的回应是跟随她们的丈夫，重新安置整个家庭，利用正在壮大的服务业和 1986 年的《移民改革和控制法》提供的大赦——尽管高筑壁垒以阻止未来未经授权的移民，但也为 260 万名未经授权的移民提供了通往入籍的路径。结果是 20 世纪末从墨西哥到美国的移民活动发生了大规模转变，季节性的男性劳工被全家取代，女性在墨西哥移民中的占比不断上升。[9]

在不断变化的政策和实践格局中，罗莎带着她对家庭的理解 3 次穿越边境。第一次，她跟随阿图罗来到洛杉矶。第二次是夫妻再度分离时，她到北方来看望他。第三次，她和她的孩子永久穿过边境，扎根得克萨斯州。在几次穿越中，罗莎对诡秘的边境的语言，以及其关于对错、利益和权力的不成文规则有了细致的了解。在第二次穿越时，她和她已经成年的侄子一起到达了马塔莫罗斯。两人一路上很顺利，给他们领路的郊狼对边境状况十分熟悉，包括道路检查点、河床低点和腐败官员的口袋深度。

"那些所谓的警察，他们最坏，"罗莎告诉我，她的脸庞因厌恶而缩皱，"一伙儿小偷。"她像驱赶肮脏的害虫一样迅速挥了一下手。"大人物是最坏的骗子。"[10]

"他们为难你们了吗？"我问道。

"是的！"

是晚上的事情，她告诉我，当时他们刚吃完晚餐。郊狼解释他们晚些时候会从一个相对安全的地方穿越。他先用阿图罗在另一侧已经预付的钱请他们吃晚餐。那家餐厅很不错，"非常好，很漂亮"。在那里吃饭应该能消除他人认为他们有非法意图的怀疑。三人走路离开餐厅时，与一名当地的司法警察对上了眼。[11]罗莎进入角色，用对话描述那次相遇。

"你们在这里做什么？"他问道。

"就是散步，"罗莎回答道，"怎么，我们不能散步吗？"她挑起眉毛，一脸不服，抑扬顿挫的语气饱含不屑。"我们在墨西哥。"她缓慢地清楚地吐出这个词，因为即便在那个非此非彼的空间，人与边境的相对位置也非常重要。罗莎这样的人清楚地知道这一点。马塔莫罗斯街头的所有人都是如此——不仅是靠边境的严酷现实谋生的郊狼，还有同样以自己的方式以边境为生的墨西哥警察，他也清楚这一点。

"不，"警察说，"你们要去另一边。我能看出来。"

向导此时开始介入，坚持他们编造的真相："你看，这是我的妻子和我的弟弟。我们刚吃完饭——"

"我们只是在散步。"罗莎抗议道。

"你们要去警察局。"警察坚持。郊狼继续说，警察继续听，但双方都没有尝试说服对方。他们表达的意思和他们交换的话语没有什么关系。

因此，当我问"墨西哥官员会抓移民吗"，讪笑在罗莎脸上一闪而过，她把双臂抱在胸前。"不好意思，伊丽莎白，"她说道，"但他们就是一群骗子。"她发出了几声大声的长笑，把元音拖长："他们是很——坏——很——坏——的人。"

坏人是穿制服的人。

"我知道你想要什么，"罗莎对他说，"你想要钱。"他说："是的，你懂的，不是吗？"那个老骗子是这么说的。她告诉他："但你不能把我们怎么样。我们在墨西哥，我们是墨西哥人！你想怎么样？"她停顿了一下，仍旧抱着双臂，背靠我家餐桌另一侧的一张高背木椅的椅背。"所以，"她继续说道，"是想要钱！"

"他们把我们带进一个房间 —— 我不骗你。"一个小房间，这个词组暗示着闭门的殴打和折磨——该地区大部分地方警察和军方腐败的表现。进入小房间就是一种威胁。

"你明白了，"那个司法警察回答道，"现在我们在同一个频道上了。"

就像在街上的对话一样，这个游戏的所有玩家都清楚小房间的潜规则。一切都是为了贿赂，没有人再伪装了。罗莎的向导专业而有预见性地将大钱安全地藏了起来，留了 100 美元左右专门应对这种情况。他拿出钱，警察收到他的贿赂之后，改变了策略。"如果你们都想穿越边境，"他说，"我们可以帮你们去另一边。"

"不是吧！"这是我对罗莎故事中的这个转折的反应。

"是的！"她喊道，"同一个人，同一个。"

偷渡的事情是大生意，穿越越危险，警察和郊狼之类的非法参与者赚的钱就越多。过去罗莎反复穿越边境时，那里没有现在这么复杂。认识路的郊狼是亲近的熟人，可能和你来自同一个村镇，甚至可能就是你的表亲。那天，罗莎信任她的向导，所以他们拒绝了司法警察的提议，继续执行计划。在一座更加安全的房屋待了几个小时之后，他们在多重掩护——黑暗、躲避、改道——下成功穿越。她解释她的侄子穿越时悬在他们为此专门购置的卡车的巨大空油箱的上方。

"但那难道不是有毒的吗？"

"是的，"她耸耸肩然后继续描述，告诉我她乘坐了一辆轿车，抱着一个婴儿，假装是婴儿的妈妈。

"那真的妈妈在哪里？"

"她不在那里，她要把婴儿送去另一边她姐姐那里……他们认识郊狼，他是靠谱的联系人。"

罗莎确定地告诉我，现在不会这么容易了。她在新闻里都看到了。"今天就有新闻说，他们绑架了一个孩子，郊狼干的。"她告诉我。罗莎和我都清楚地知道，在 21 世纪初，"郊狼"的意义不再是带有非法色彩的"熟人"，而是变得凶恶得多。边境越紧张，风险就越高。现在，很少有人单独去，而送孩子去则需要资本——一名移民母亲在另一侧可能要几个月才能赚到。"如果有人把孩子送过来，那是因为他们有钱，"罗莎补充道，"他们要付两倍的价钱。"郊狼知道这一点。

最终，罗莎成功穿越。这一次和另外几次都成功了。变成过去时之后，这些磨难成了在餐桌边讲述的故事，充满戏剧性和幽默元素。"我 3 次穿越都成功了，没有任何问题。"她轻笑道，像赶苍蝇一样挥了挥手。"我穿越了 3 次，"她重复道，沙哑地笑了笑，"就像那首歌里唱的：当了 3 次'湿背'。"

"Tres veces mojado"的意思是"当了 3 次'湿背'"，这是北方猛虎乐队 1998 年发布的一首边境民谣。这首歌采取墨西哥可利多民谣的经典形式——一种人民的歌谣，像罗莎不屑地挑战腐败的警察一样反抗不公。在这首可利多民谣中，猛虎们歌唱了一名萨尔瓦多移民的故事，他 3 次成为"湿背"，与 3 处不同的边境的暴力和不公作斗争——从萨尔瓦多到危地马拉，从危地马拉到墨西哥，以及最终进入美国。和罗莎的讲述一样，民谣中的多次穿越承载着一种集体反抗精神，北方猛虎乐队和他们的听众对此很熟悉，他们有被强加边界和被剥夺土地的漫长区域历史。[12]

正如传统可利多民谣中道德上矛盾的穿越者和蛇头，当代移民群体中的"湿背"和郊狼同样被与反抗相关联，让美墨边境的道德格局变得复杂。对于罗莎和北方猛虎乐队，穿越边境和郊狼文化源于同样的历史文化发展，即伴随变化的政治和经济格局，在墨西哥以及后来的中美洲的流出社群中形成了非法移民的多重内涵。在这种意义上，郊狼和移民在充满希望的叙事中被预设为扮演英雄的角色，这在流出社群的文化中根深蒂固。"我已苦尽甘来 / 我把我的歌献给'湿背'们。"[13]

因此，当罗莎对她遭遇的严重问题——贿赂、汽车引擎、没有母亲的婴儿和空油箱——一笑而过时，影响她的是传统，认为非法移民的风险和道德是一个多面问题，比原声摘要和政治演讲微妙得多。在这个道德方面十分复杂的边境空间，违法者可能是英雄，蛇头可能是值得信任的老乡，家庭未来的希望是正当化一切手段的目的。

玛格达莱娜

玛格达莱娜是一名年轻的萨尔瓦多女性，她有着棕色的眼睛、高高的颧骨和一个凸显道德在边境模棱两可的故事。我和她在我邻居的家中见面，她一边处理几筐要洗的衣服，一边向我讲述了她的人生。与此同时，我的孩子们和他们的玩伴一起疯跑，在刚刚吸过尘的地毯上打闹。玛格达莱娜用强有力的声音发表犀利的观点，勾勒了一个充斥着权力、性和叙事解读的复杂性的故事。

和萨拉一样，玛格达莱娜在查帕拉斯蒂克火山的山脚下长大。在位于萨尔瓦多圣米格尔一个被她称为圣胡安博斯科的小村，年少的玛格达莱娜眺望着圣米格尔的都市地平线。19岁时，她在那座城市附近的一家加工出口工厂工作，全职缝衣服，每周赚36美元。

"在那里，你赚的钱只够买豆子，"她告诉我，"但剩下的钱连一盘肉都买不起，你知道吗？那里没有工作。要我说，这就是90%的移民决定到美国来的原因。剩下的10%是因为有亲戚在这里，但90%都是为了工作，为他们在老家的家人创造更好的生活。"

玛格达莱娜看到了很多她的同胞来来回回，知道在美国可以赚到能让人吃得起好东西的钱。因此，听说一个本地郊狼，她的一个远房表亲，第二天要带一个团去北方时，玛格达莱娜直接去他的房子敲门。

"那个，"她对他说，"我想去。"

"你确定吗？"

"我确定。"

"那好吧，如果你确定，我们去和你父亲谈谈。"

他们出发去她的住处，两个小时之内，她作了决定。

"我甚至连一套换洗衣服都没带，"她告诉我，"牙刷都没拿。我什么都没带，因为没有时间。"

"你能稍微描述一下那段经历吗？"我问她，"来这里的路上感觉如何？"

"嗯，"她语速很快，手和身体一直在工作，"其他人说起过可怕的经历，但我的很不错。"她紧张地微笑了一下，脸颊浮现一点血色。她朝我的方向瞥了一眼，然后迅速继续低头看衣服，讲述她的故事时，她一直看着那里。

她讲述了旅途上的不适和挑战，不确定性和恐惧，以及 12 个人挤在一辆只能容纳几个乘客的巴士的卧铺车厢里，屏住呼吸在危地马拉—墨西哥边境等待。"很累。你会很紧张，每次墨西哥士兵拦停巴士，你甚至不能伸展身体，因为那会发出声音。问题是他们那天会不会碰巧去看卧铺车厢。"

"所以是运气问题。"

"运气问题，没错。"

运气让玛格达莱娜和她的同伴们穿过墨西哥南部和

中部，一路向北到伊达尔戈，然后穿越美墨边境进入玛格达莱娜所说的荒漠——可能就是其他人也曾穿越过的同一片灌丛地。在那里她和同伴们安静地走了4个小时后，他们的运气耗尽了。[14]

"我们一边走一边躲藏，那是下午两点左右。荒漠上到处是移民官员，有直升机、汽车、马等，他们在那里看见了我们。他们说：'站住！就停在那里，不许跑！'那么，你不得不停下。然后你会被他们带走，坐车被送到一个集中点，在那里他们会决定是把你送回祖国，还是让你留在这里。如果你付钱或者他们给你3个月的临时许可，就可以留下。你应该去法院，出示文件，然后法官会决定你是否必须返回祖国。"

"但很多人不去，"玛格达莱娜补充道，"他们改掉地址，然后被自动标为待驱逐出境。但是只要不犯重罪，就不会有问题。"玛格达莱娜相信之前的移民告诉她的故事，决定赌运气。这是移民希望的运作机制，成功的故事一定比失败的多。[15] 但是失败的故事在这些移民文化中也有一席之地：它们教导未来移民失败的代价可能是惨重的——像南得克萨斯夏天的酷热或漆黑的河中水流一样压抑和暴力。玛格达莱娜听过这些故事。我也听过。

比如那个关于死在荒漠里的移民的故事。路易斯·阿尔韦托·乌雷亚讲述了这个故事。2001年5月，26人从墨西哥内陆的小镇出发，在郊狼的保护下，怀着信仰和希望向北移动，进入了亚利桑那州的索诺拉沙漠。到月底，他们中一半以上的人死了，在烈日下因为中暑倒下，他们迷路的向导一直找不到北方的接应人。一位叔叔倒下了。一位父亲。他的儿子。乌雷亚讲述这个故事是因为亡者不能说话，而心碎的人不愿提起。[16]

在乌雷亚讲述的故事中，向导既是受害者又是罪犯，他们是穿越美墨边境的偷渡活动中越发复杂的等级关系的产物。自世纪之交跨国犯罪组织抬头以来，地盘被分割，贿赂要价成倍提高，惨无人道的无度暴力让风险评估失去意义。移民希望的图景中也潜藏着这样的故事。

比如那个关于尸体的故事。2010年8月，人们惊恐万分地在墨西哥塔毛利帕斯的一座废弃农舍中发现了72名移民腐烂的遗体，他们被殴打并近距离处决。有嫌疑的杀手是凶狠致命的塞塔斯成员，该犯罪组织正在和海湾帮派争斗，双方在执法人员和官员都极度腐败的地区上演了一场你来我往的复杂博弈。尸体被发现后，一个墨西哥人权委员会进行的调查发现每年有大约2万名移民被绑架，大多数是穿过墨西哥前往美国的中美洲人。[17]

这是一个平衡问题。既有足够多的成功故事让人充满希望，又有足够多的失败故事打碎天真，恐怖程度正好让一个女孩认为吹着边境巡逻站的空调冷风、被一位无法抵挡漂亮脸庞的官员用暧昧的目光凝视的自己是幸运的。在一个很小的房间里，权力在谁手中不言而喻。

"移民局抓住我时，"玛格达莱娜开始讲述，"我遇到了一个美国人，他后来给了我来这个国家的临时许可。他说他喜欢我。所以他对我很好，他主动提出让我去他的房子洗澡。你知道的，我很脏，刚从沙漠里出来。"

玛格达莱娜抖了抖一件皱巴巴的 T 恤，然后把它叠出了笔直的线条和锐利的边角。她的头发落了下来，她的深色眼睛盯着手头的工作。该如何形容这次相遇？官员的举止和动作，他制服的深绿色，以及他的车和家代表的自由。一直以来，玛格达莱娜的行动轨迹都充满不确定性。去北方，是的，但她身上对未来的唯一保证是她只见过一次的姑姑的一个老电话号码。号码可能已经打不通了。她的姑姑可能不想帮忙。玛格达莱娜一旦穿过险恶的边境区域，开始新生活，可能就只能靠自己了。有太多不确定性。经历了移民道路上的一切——长满刺的灌木、监视灯、被追赶；卡车、直升机、皮肤被盛夏烈日暴晒——之后，有人主动提议帮助她。

"他主动说带我去买新衣服。他带我去吃饭……"她越说声音越小，伸手去够更多需要叠的衣服。

"就这些吗？"我问道。

"是的，"她迅速回答，"之后，他带我去海滩，去看电影，等等，等等。"她露出了微笑，紧张地咯咯笑出声来，然后拖长了最后几个词起伏的元音，"去看电——影，等等。"

"你没有感到任何意义上的被胁迫，或者不舒服……？"然后，为了填补她的沉默，我补充道，"还是说就是觉得幸运？"

"我感到自己很幸运。因为很多人讲的故事都是死在沙漠里，我感觉……他一直对我很好。他带我去他的房子。他说，'我喜欢你。我会帮助你。如果你打扫我的房子，我可以给你买汽车票的钱。'"

从荒漠到处理站再到湿毛巾和这个美国人家中贴着瓷砖的淋浴间，玛格达莱娜觉得自己是幸运儿之一。她听过很多孤身死在荒漠的故事。我也听说过其他故事，关于穿越边境时遭遇的性胁迫。

一名35岁的尼加拉瓜女性坐在她雇主的游泳池边，向我讲述被郊狼袭击的经历："过河前他们想要强奸我。我逃出来了，因为我身边还有一位大姐，我成功逃脱。但那是一段可怕的经历。"

罗莎给我讲了她没有那么幸运的朋友的故事："我的朋友说郊狼把她关在房子里，不让她去找她的家人。她说她穿越边境后，郊狼袭击了她。他强奸了她。她甚至有了他的孩子，那个人的孩子。"

有很多故事。记者、电影人和研究人员讲述了女人和女孩被蛇头和向导强奸的经历，有时她们被强制在边境美国一侧的藏匿处临时卖淫。绝望的监护人在把年轻女孩送往北方之前——有时是在兄弟或表亲的陪伴下，有时则是一个人，给她们预防性的避孕用品。[18] 在故事中，侵犯者的身份各不相同——蛇头，帮派成员，其他移民，人贩子，以及身着制服的，有枪、空调和可以上锁的房子的边境巡逻员。在这些故事中，移民、性和性别汇聚在以权力不平衡和弱势群体越发脆弱为特征的边境地区。在女性、移民和秘密穿越的交会点，运气有很多种形式。在一起几天之后，带玛格达莱娜回家的边境巡逻员开车把她送到了休斯敦。"他在这里，在休斯敦为政府工作，是一名飞行员；他是边境巡逻员，也是飞行员。所以他要来这里，他来休斯敦的时候，让我搭了便车。那是我进入这个国家两天之后。"

玛格达莱娜站在我邻居的起居室里，孩子们在刚铺好的床和一堆堆叠好的衣服周围跑来跑去，她慢慢地叙述这段经历，一直讲到她迫切想要分享的故事，关于作为一名无证移民在美国生活的屈辱，关于工作场所突击检查和挑剔的女主人。但我的思绪仍停留在那位无名的巡逻员身上，思考玛格达莱娜讲述的故事并审视我的怀疑时，我试图在他人为我描绘的边境巡逻员的多种形象之中找到他符合的那一种。

有些边境巡逻员很残酷，他们打人，施暴，有时甚至杀人。"2010 年 1 月以来，至少 120 人因遭遇美国边境巡逻员而死亡。更多的人被残酷对待。"[19]

有些很冷血，他们亵渎、撒尿、抽打和毁坏。"我们打掉他们的瓶子，把他们的水倒在干燥的土地上，把他们的背包扔在地上，把他们的食物和衣服堆在一起，压碎，往上面撒尿，踩踏，撒得荒漠的地上到处都是，并放火烧，这一切都是真的。"[20]

有些被制度同化，以手电筒为刀剑，以越野车为坦克。"非法外来移民，经常因为缺水死亡，被巡逻员称为'湿背'……'湿背'也叫'当当'，边境巡逻队尽力不让平民听到这些外号……只有同为边境巡逻员的人才能欣赏用手电筒打在人脑袋上发出的刺耳声音给人起外号的幽默感。"[21]

有些被利用，老派，被误解，在一个丑陋的世界捍卫人性。"你来到这里，会被卷入追车，有时会被袭击，会被卷入斗殴。"[22]

我思考危险和虐待，粗重的手电筒和冰冷的金属椅子，尊严和残酷，我想知道徽章、天真和权力与脆弱糟糕的交会处是否会让原本正直的人发生道德异变。想要为他们辩护的人可能不会停下来质疑主权和自治的大环境，以及资本和商品可以自由移动而人却不行的相对正义。我不知道看到一些小点沿着崎岖的地平线移动会不会让不安的手迅速拔出武器，我也不知道注视着一张低垂的柔和脸庞会不会让人产生某些更原始的冲动。我自问本应是正义象征的制服是否太容易变成无视权力和欲望的道德模糊性的挡箭牌。

关于玛格达莱娜的故事，我只能猜想。关于如何在几小时内作出改变人生的决定，她给出了令人震惊的解释，而"等等，等等"这样的描述又十分模糊，这一切令我难以置信，但对她来说则不然。说到底，我所知的玛格达莱娜穿越边境的经历是她选择讲述的故事。她得出结论："挺好的。"

帕蒂

对于帕蒂来说，从一个家到另一个家的转移是在更亲密的环境中进行的。从母亲玛丽亚离开到帕蒂移民的 17 年间，玛丽亚只回了他们位于萨尔瓦多的家 4 次。从帕蒂的 6 岁生日到 23 岁生日，母女一起度过的时间加起来只有两年多一点。帕蒂和她的兄弟姐妹在不同的亲戚家之间辗转，等待来信，乱花汇款，吃祖父母果园里的水果时，玛丽亚的日常与她照顾的孩子和雇用她的家长的生活越发紧密地联系在了一起。

玛丽亚 1985 年到达美国后不久，找到了一份住家保姆兼女佣的工作，她所在的家庭有两个幼儿和一间舒适的车库公寓，在未来的几十年里她都以这里为家。雇主家庭最大的孩子当时和帕蒂一样大，6 岁。他像玛丽亚自己的孩子需要母亲一样需要他的保姆——处理擦破的膝盖，填饱咕咕叫的肚子，收拾被留在雨中的鞋子和袜子。玛丽亚照顾美国孩子，处理擦伤、辫子、散掉的鞋带，以换取稳定的收入，这些钱就是给家里的汇款，就是帕蒂肚里的食物和口袋里的钱。25年来，玛丽亚以不同的方式陪伴所有的孩子。

"我母亲工作很努力，"帕蒂告诉我，"她做得很好。"在帕蒂的话语中，我同时听到了骄傲和失去。它们是同一枚硬币的两面，一个孩子擦破的膝盖，另一个孩子口袋里叮当作响的硬币。

"她在那里工作了几年后，先生因为癌症去世了，夫人，她特别依赖我妈妈。一家人需要她。简言之，她已经在那里工作25年了。孩子们已经搬出去住了。现在只有夫人，我妈妈仍在那里工作。"

玛丽亚作为一个家庭的照料者和另一个家庭的养家者的双重身份让帕蒂颇为矛盾——一方面，经历了整个童年的分离之后，她渴望靠近她的母亲；另一方面，为了自己在北方生活，她需要现金和人脉。如果玛丽亚没有移民，帕蒂不会坐在位于休斯敦西南侧布置精美的公寓里的舒适沙发上，自信她自己的孩子会受到教育，吃饱，并是安全的。她也无法利用她母亲在移民群体和她熟悉的夫人网络中累积的社会资本，包括旅途后的住处，面试，工资丰厚、条件可谈的工作。

但是，在另一面，帕蒂的叹息、低语和小声抽泣，她伴随语言的姿态和动作，勾勒了另一条叙事路径。故事从她母亲离开的那天开始，一直延伸到我坐在她身边，她通过讲述重温那段经历的这个下午。现在她已经知道了很多以前她不知道的事情——比如，关于保姆的爱，以及这种爱是如何填补空虚的，还有关于旅程的永久性。选择一旦作出，就没有回头路。

帕蒂 18 岁时，已经完成了高中学业，接受了裁缝训练，开始做一份低收入的工作。她已经送走了她的兄弟姐妹中第一个去北方的人，她的哥哥。两年后，她最大的姐姐也离开了。"然后，我长大之后，"帕蒂叹了口气说道，"变得很抑郁。因为我想念我妈妈。我想念我的家人。那时我们决定搬家。那时我们决定来这里。"

帕蒂和另一个姐姐，将会带着姐姐的两个青少年女儿，跟随其他人的脚步去得克萨斯州，和她们的母亲会合。在休斯敦的车库公寓里，玛丽亚把一切都安排好了。她找到了一个可靠的向导，并用她的积蓄支付了一笔高昂的费用。

"妈妈想找一个安全的人，"帕蒂解释道，"因为她，她们所有人——我的姐姐和我的母亲——穿越边境的旅程都非常艰难。所以她不希望我们再经历一次。尤其是因为我们还带着两个未成年人。我的两个外甥女，分别14 岁和 12 岁，加上我姐姐，还有我。我们 4 个人都是女的，两个还是孩子，我妈妈不希望同样的事情再发生在我们身上。"[23]

一开始，一切都按计划进行。向导带着她们乘巴士穿越萨尔瓦多—危地马拉边境，然后坐轿车从危地马拉到墨西哥。他们到达得克萨斯州麦卡伦附近的北方边境时，移民的无力才终于显现了出来。在墨西哥的一家酒店，女子们耐心等待她们的向导出现。"让我们穿越边境到这里来的一切都安排好了，但是到边境的时候，他抛弃了我们。他告诉我们：'有人会来帮你们穿越到另一侧，然后我在那边把你们送到你们的妈妈那里。'但是没有。他把我们丢在了那里。"

两姐妹再次动用玛丽亚的资源。等待了一周后，来了一名新向导把她们带到了休斯敦。在路上，远方的工资从信件和渴望变成了实在的可能性，母职货币化的复杂机制重新定义了玛丽亚多年以前的选择。玛丽亚的移民不再是绝望之中最后一次抓住希望的尝试，而是一名强大的女族长的战略举措。她有足够的社会影响力，能够把她的女儿和孙辈安全地接到身边，把她们安置在20年来她熟悉的那种充满关爱和可靠的家中。

一个月的旅程后，帕蒂、姐姐和外甥女们到了，一家人终于在他们母亲的家——一间小车库公寓里团聚。在这间公寓里，玛丽亚一边忠诚地为一个她的孩子们从未见过的美国家庭服务了15年，一边策划安排了6次跨国境旅行。一家人重新进入彼此的生活后，最年长的两个姐姐和她们的女儿们搬进了自己的公寓，帕蒂和她的哥哥留在了一直以来属于他们的母亲、却不属于他们的家中。

很快，母亲和孩子会重新定义家庭，帕蒂会在这个新世界找到她的位置。随着玛丽亚继续在她遇到的美国家庭中履行她的职责，帕蒂会发现一个人在一份通过日常互动的力量创造家庭感的工作中对并非亲生的孩子会产生多么深厚的爱意。

希望和食物、居所、安全一样，是一种人类需求。对于帕蒂、玛丽亚和无数像她们一样的其他女性来说，移民希望的故事足以推动她们穿越令人无助的边境，让她们忍受暴力的威胁和犯罪移民的叙事对个人道德价值造成的伤害。穿越遍布检查点、需要不断躲躲藏藏的广阔边境区域之后，[24] 某种界限会存在于他们心中。女性、家庭和社群共同受到母职货币化的影响时，这里和那里，对与错，爱与劳动的界限会变得模糊。

在故乡，那些被留下的人会紧紧抓住回来的承诺，以及每月通过西联汇款和速汇金电汇回的钱。他们学会多打扫，多做饭，少玩耍。他们中最易受伤害的——幼儿，病弱者和年老者——会带着最低的期待过着依赖他人的日常生活。能握住的手少了一双，照料时的耐心也变少了。如果有能力，社群会填补空缺。当他们无法这么做时，那些最需要帮助的人只能受苦。他们被留在资源日益紧张的全球链条的末端，会发现希望破灭。过度辛劳的祖父母会疲惫，被疏远的孩子们会放弃学习，转而追求更直接的满足，哪怕愉悦感已逐渐消退，他们对风险的渴望仍与日俱增。

同时，在世界另一头的一间小公寓里，女人们节衣缩食，计算手头的钱和距离下一次通话或探亲还有多长时间。她们的日常工作让她们只能爱抚其他孩子的额头并满足他们的需求，而与此同时构成世界前进节奏的是关税、贸易和位于边境的加工出口工厂；危地马拉咖啡、多米尼加游击手①和婴儿白色塑料盘上的洪都拉斯香蕉泥——盘子是中国制造的，把它擦洗干净的是萨尔瓦多人的手，这时正好是这些孩子的父母回家的时间。他们刚刚结束一天10个小时的工作，因为高强度、快节奏的生活而西装起皱、肩垂背弓。所有人都在为过下去、过得好做必要的事情。

---

① 游击手是棒球比赛中二垒和三垒之间的防守队员。在美国棒球界，有多名优秀的游击手来自多米尼加。

第二部分

硬币的另一面

他们忘记了她的名字，又给她起了新的名字。

一个几乎不能涵盖那个故事的名字。

那个名字说她只是哭，只会哭。

他们给她起的名字

总是让她想起一切的开始。

那个名字是一个牢笼。

一个真相。一个谎言。

艾琳·拉拉·席尔瓦[1]

序曲

帕蒂、萨拉和其他人到达目的地时，走进了一个更大的故事——20世纪末全球照护产业链的出现。这一趋势让有些区域的人健康并得到充足的照顾，让另一些区域的人缺乏关爱。这种全球"关爱流失"源自改变我们组织社会和繁衍后代方式的广泛趋势。[2]随着人口结构的转型，越来越多的女性进入管理和专业岗位，北方世界的家庭在抚养子女方面面临新的挑战。与此同时，全球化让生产过程碎片化，改变了我们和国境的关系。为应对这两种转变，照护工作进入了全球贸易网络。从保姆到长者陪护，再到健康的子宫和可供领养的婴儿，第一世界家庭需要越来越多第三世界的女性所拥有的东西。[3]

当家长将母职货币化，请来保姆分担育儿工作时，他们也在这场大戏中占据了一席之地。正如跨国公司将物质生产的社会成本转嫁给为加工出口工厂提供廉价劳动力的地方经济，第一世界的家庭也能够将自身日益增长的家政和育儿需求的成本转嫁到移民女性身上，而这些女性的家人适应她们的缺席并承担她们留下的劳动。

移民保姆的个人代价是十分显著的。在接收国工作时，距离、分离和对触碰的渴望受到移民政策的限制，这些政策让劳工与家人分离，在劳动和人性之间竖起一道坚固的屏障。对更加人性化的家庭团聚政策的呼吁遭遇了对"连锁移民"的激烈反应，人们指责没有资格的移民托家人的福入境。劳工仿佛是在真空中产生的，不需要营养、维护和关系的维系。好像家庭工作不产生任何实质价值。在这种错误逻辑的支撑下，系统持续存在。美国工作场所得到了廉价且供给稳定的劳动力，但不承担支持和开发提供劳动力的人力资本的成本。

何塞为我们建造房屋，但为他铺路和为他的家提供照明的是洪都拉斯——当电网有电、没有飓风时。在我们工作，如忙着塑造市场和机构时，罗莎琳达送我们的孩子去学前班，为他们做奶酪三明治，但教育她自己孩子的是危地马拉——在老师没有为获得能够维持生活的工资罢工时。约兰达帮助我们年老的父母洗澡、上厕所，陪伴他们度过漫长、孤独的下午，而她自己的父母则由留在故乡的姐妹或表亲照顾，他们很可能因为还要在稳定供电都无法保证的地方照顾留守儿童而疲于奔命。

劳工将健康的劳动力带到接收国，原籍国则负责照顾劳工的家庭。但是对于优先出口和债务偿还的国家来说，社会服务在预算优先事项中的排名并不靠前，专注于建立某种壁垒以抵御跨国帮派势力入侵的公民社会，几乎没有时间搀扶年迈的父母走路或守在生病的孩子身边。最终，当朝气蓬勃、积极主动的保姆到达我们家带来进口关爱时，也留下了无法弥补的缺憾。

照护不是无穷无尽的资源。移民保姆赚钱汇回家是要付出代价的。在她曾经养育孩子或照顾病人和老人的地方留下的空缺，变成了涉及众多地方互动的广泛区域性关爱缺失。[4] 在沉睡的火山脚下勇敢地告别，为了在危险的旅途上得到引导而欠下债务，在厨房吧台边利用人脉——夫人，我的侄女在找工作，你认识正在找临时保姆的人吗？机会也可能来自办公室——我们需要找人帮忙照顾刚出生的宝宝，你认识靠谱的人吗？周六下午坐在沙发上进行尴尬的面试。一个害羞的微笑，一点不那么确定的自信，几段人生在母职货币化的另一面展开。

第三章

工作的性质

许多女性来到这个国家只是为了找一天的工作，就这么简单。

玛格达莱娜

萨拉

萨拉到达休斯敦后，自然地融入了她母亲工作生活的阴影中。14岁的她刚刚明白分隔她父母公寓和她来自的萨尔瓦多小村的距离多么遥远，刚刚开始理解她的选择将如何塑造她的自由。在为期4周、让她的命运被美国移民系统摆布的旅程中，萨拉彻底改变了她的未来。尽管她遇到的叙事可能用简单的语言描述她的命运——满怀希望的移民叙事的兴起，犯罪移民叙事的式微，但事实上，她获得了一套更加复杂的公共身份，这些身份会以重要的方式决定其私人生活的状态。

从依赖外婆到依赖妈妈的变动改变了萨拉面对的选择的性质，如今她可选的选项被急需服务的经济驱动，又因她没有完全合法的身份而受限。她在新社群创造新生活时，这些选择和命运的机缘碰撞，将她置于一定程度上的有利位置。她找了一位大男子主义的丈夫，生了两个有美国公民身份的孩子，并受益于针对她和同胞的临时保护身份——这一身份让她不受制于未经授权的移民最致命的弱点。

临时保护身份带来的偶然合法性，是在移民的祖国发生一系列自然灾难和其他灾难后产生的。从1998年到2001年，一系列飓风和地震多次袭击这些地区。此外，地区重建还面临其他威胁——洪水和干旱、真菌引起的咖啡病害、日益猖獗的帮派暴力和失业。美国对这些灾难造成的生命和财产损失的反应证实了像萨拉和她母亲这样的人早已欣然理解的事情：在国外的移民，无论是否合法，他们的经济价值对故乡的社群来说不可或缺。1998年，飓风米奇发生后几个月，克林顿政府暂停了对该地区移民的驱逐出境政策。2001年，萨尔瓦多发生两次大地震后，布什政府以临时保护身份的形式正式暂缓对在美国生活的萨尔瓦多人的驱逐。该政策被一直延续，直到2017年特朗普政府试图将其撤销，使其陷入法律困境，截至本书撰写之时，情况仍未改变。[1]

故乡发生地震时，萨拉已经在美国了，合法工作和合法生活的机会像天赐之物一般落入她的手中。她的母亲也获得了暂缓驱逐的待遇，两名女性和萨拉的父亲一样走出阴影。萨拉的父亲1994年到达美国，1997年针对该地区的不稳定而通过的中美洲救济措施让他获得了更稳定的居留状态。[2]萨拉的妹妹马里韦尔3年后才来，这个选择让她和她带来的年幼女儿在与已获授权的家人团聚时沦落至社会和法律的边缘。

此后几年，身份得到解放，但又被婚姻所限制的萨拉在她8年前因为母职货币化而失去的母亲身边工作。在这里，她慢慢了解到一名移民保姆在得克萨斯州休斯敦是如何被衡量的——价值以刷过的马桶、拖过的地板和做过的午餐三明治的数量计算。她找到的第一份工作是为她社群里的另一位移民照看学龄儿童。这位最初的雇主在美国待了一段时间，在工厂工作，赚的钱足够以一天10美元的价格请萨拉承担其家庭的家政工作——打扫、做饭、接送孩子。

"另一名移民？"

"是的，但他们在这里的时间要长得多。他们在一家工厂工作，工资也很低。但是，对我来说，10美元已经是很多钱了。"

这是刚到达的移民的典型举动，他们最初时常在站稳脚跟的移民家中工作，打扫、照顾孩子，工资十分微薄。但对于仍旧习惯家乡的贫困的女孩来说，这已经是一大笔钱了。像萨拉这样的女性，随着经验、人脉的积累和对当地文化的理解不断加深，常会在家政服务的阶梯上向上移动。

尽管萨拉的第一份工作收入很低，但她避免了新移民在这一行最常做的工作所固有的脆弱性。对于不熟悉文化或语言，流动性有限的移民来说，住家工作可能是福，也可能是祸。工作环境差异很大，从有具体的工作时间、单独的入口，雇主明确允许取用橱柜中的食物，到雇主对保姆吃自家的食物严密监控，并要求女佣在无眠的夜晚和漫长而孤独的白天随时待命。[3]

新手难以想象紧闭的门背后会发生什么。界限很容易被模糊，权力显然掌握在雇主手中。在最好的情况下，这份工作是阶梯上通往更好的地方的必要一级。在最糟糕的情况下，它会是充满创伤和绝望的故事。学者和活动家记录了在全球和美国广泛存在的对家政工人的虐待。住家工人尤其易受伤害，因为他们与社群的联系有限，而且经常是未经授权的移民。雇主的侵犯有言语上的、心理上的，以及身体上的和性方面的。[4] 在美国，最极端的虐待是很多移民女性被囚禁在外交官或其他获得授权的外国居民的家中——一种既普遍又隐蔽的现代奴隶制形式。[5]

尽管公然虐待和劳工贩卖令人震惊，但它们可能掩盖了支持该产业的系统性问题。为一个"好的家庭"工作的外国家政工人可能会感到幸运，但是她仍像其他人一样，受雇主—雇员关系中包含的权力不平衡的制约。

在一个工作地点是关着门的私人住宅内、现金报酬是常态的行业中，雇主时常忽略劳动法规，很多家政工人避免与执法人员的一切接触——这一切都容易滋生剥削。无论是否行使，这种权力都笼罩着移民家政工人和他们的女主人的关系。

不过，随着萨拉这样的新移民积累介绍信并对这个行业建立更细致的理解——比如一天 10 美元的价值——时间和经验可以改善这种脆弱性。在这个供求关系和受限的权力构成的"狂野西部"中，在美国从事家政和保姆工作的女性中形成了一种等级制度——从住家保姆或受雇于一位其他移民的低薪"木查查女佣"[6]等最不受欢迎的职位，一直到理想的工作：清洁私人住宅的定期承包工作。[7]在等级制度的顶端，成功的家政工人有强大的雇主和推荐网络，这让她有稳定的收取固定费用清洁房屋的工作。她控制自己的工作节奏，领取报酬，时常无须与雇主进行任何互动。出门时，她手里抓着叮当作响的钥匙串，这些钥匙让她得以进入普通房屋，让她可以开车在各家之间移动，并在 3 点前赶回家接孩子放学。[8]

但是，要很多年才能建立这样的网络，维持它则需要很多的精力和运气。每一步都很重要。萨拉的第二步是一份一天工作 17 个小时、周薪 150 美元的工作。6个月后，她改变路线，在她有经验、人脉广的母亲安娜身边开始了清洁私人住宅的学徒生涯。就像安娜寄回家的汇款和为了让萨拉来美国支付给郊狼的钱一样，这一步也是依赖安娜在他们分离的岁月中打下的基础才得以实现的。"我妈妈会带我一起去打扫房子。打扫一栋房子，他们会付我们 60 美元。我们工作 8 小时，什么都做，洗衣、熨衣、打扫，赚 60 美元。"

"60？"我打断道，"打扫，洗衣，还熨衣服？"

这个数字令我很吃惊，比当时我家附近 100 美元的一般价格——还不包括洗衣服——要低得多。但是萨拉并不吃惊。1 月冷冽的空气中传来她平静陈述事实的声音。"是的，我们熨衣服、打扫，为了赚 60 美元，我们两个人。"

讲完 60 美元的故事，她停顿了一下，所有充满希望的选择和深刻的教训被折进 3 张 20 美元的钞票和一排刚熨好的衬衫中。

"但是之后我找到了另一份工作，"萨拉继续说道，"我也结婚了。我 15 岁成人礼后就结婚了。"

"哇，"我忍不住感叹，"15 岁？"

我想象萨拉 15 岁生日时的情景——舞池、塔夫绸裙子、系着晚礼服腰带的男孩们、天主教弥撒、教母的祝福，还有塞在桃红色丝绸钱包里的现金。15 岁生日的庆祝意味着某些事物的终结和新的开始。对于已经把校园生活和妹妹留在身后的萨拉来说，这种转变是不可逆的。

"是的，15 岁生日后，我结婚了。我以为我丈夫会为我创造更好的生活，因为他总喜欢最好的东西，你知道吗？"

"他年纪也很小吗？"

"不，他比我大 10 岁。"

"25 岁。"

"当时他 25 岁。"

一个年轻女孩应将希望寄予何处的故事——是思念的母亲，美国梦，还是相信一个男人会介入并实现尚未兑现的承诺，左右着她的爱情。但是这个故事一点也不像我所知道的爱情故事，"新娘"和"丈夫"之类的词不适合萨拉的故事中那个刚刚迈过青春期门槛的女孩。

我们谈论女性身份的方式和现实有着很大的差距。在中美洲，青少年怀孕和家庭暴力就像有一个移民表亲一样普遍，我们只能想象，在痛苦的遭遇中了解美好未来承诺背后的真相会是什么感觉。在这种文化中，妻子往往会被打到屈服，女孩像待收割的庄稼一样被掳走，"强奸"和"虐待"之类的词汇就像充满未知的北方一样陌生，让萨拉这样的女孩无法用词汇描述被偷走的纯真。[9]

随着萨拉在家中遇到的一系列新的限制和可能性，她在工作中的市场价值在提升。她得到了一份工作，照顾年幼男孩并打扫他和他母亲居住的郊区住宅。萨拉称呼她的第三位女主人为"黑夫人"，为这位女主人工作时，她每周工作 5 天，每天 10 小时，周薪是 175

美元。她需要照顾孩子并打扫房子。萨拉回忆起与这位女性共处的日子时，露出了微笑。黑夫人是一个可爱的人。

"她对我很好。她不会说西班牙语，我不会说英语，但我们通过手势交流。她离开去吃饭时，会这样。"她把手放到嘴边，模仿用想象的叉子吃饭的动作，因回忆露出了笑容。

"5天，每天10小时，周薪175美元？"我确认道。

"是的，"她回答道。这样的报酬相当于每小时3.5美元。

"她对我很好。"萨拉微笑着补充道。

对萨拉来说，拿着不到最低工资标准一半的收入，被善待，与她们互动中的人性和双方的脆弱性有关。两位女性都不会说对方的语言，但用微笑和手势靠近彼此——贫穷的移民少女新娘和有色人种单身母亲，两人在选择有限的混乱地带建立了关系。这些互动是个人和社会身份、权力格局和个人历史的复杂汇集的一部分。它们是关系的实质，对于在家庭的私密空间内工作的职业，关系就是一切。

很多家政照护工人明确表示渴望拥有这种萨拉回忆中和黑夫人的关系。与在女主人—女佣关系的历史中根深蒂固的居高临下的家长主义不同，这种被渴望的对等个人关系是建立在自信、交流和认可两位女性尊严和人格的互动的基础上的双向关系。[10] 但是，很多雇主不愿与他们的清洁工或保姆进入如此个人的领域。尽管她们的母亲和祖母时常以女家长的作风管理"帮工"，但如今的很多女性难以接受这种互动的内涵。历史上的女主人—女佣关系有某种与当代美国平等和个人主义的价值观相矛盾的沉重。[11] 在女佣拖厨房地面时感受到她的完整人格，会让你质疑自己和这些理想之间的关系。那最好还是在商言商，忽略干净的信封和手中钱币的重量之外的东西。

萨拉在黑夫人家的工作仅仅持续了 6 个月，后来善良的女主人带着孩子、临时手语和每周 175 美元的报酬搬去了另一个郊区，让萨拉再次靠和母亲一起打扫私人住宅为生。不久，一个不同的提议出现了，它能让萨拉从兼职合伙清洁工和低薪的木查查女佣成为一位富裕雇主的全职保姆兼女佣，这位雇主从事专业工作，收入不菲，有能力请人承担家庭的大部分家政工作。萨拉跨过通往条件更好的人生站点的门槛后，完全进入了另一种关系。

我在公园遇见萨拉时，她已经为莱斯莉工作 8 年了——有时全职，有时兼职——其间，两位女性建立了一种类似糟糕恋爱的反复无常的长期关系。[12]

"我和她相处遇到了很多问题，但她也帮了我很多。我好像习惯她了。她会冲我大喊大叫——有时她让我很难过。"

"比如？"

"比如，她会质问我为什么不回自己的国家去。她会说这里不是你的祖国，你为什么不回去。她有时会这样对我，但我还是对她逐渐产生了感情。就像，你习惯了被恶劣地对待。但她总是在我需要的时候帮助我。"

"她是怎么帮助你的？"

"她给了我一份工作。对我来说，那就是……她在我最需要的时候给了我工作。"

根据萨拉的描述，莱斯莉是美国人，但能说完美的墨西哥西班牙语。至于她为什么会说西语，萨拉没有解释。她刚开始打扫房屋、接莱斯莉的儿子放学和照顾一家人的几只宠物时，就被莱斯莉生起气来就大喊大叫的脾气吓坏了。但是莱斯莉给萨拉的时薪是 7 美元，这在萨拉的心目中是一份礼物，与莱斯莉自身的需求和萨拉自身的价值无关，比她做其他任何工作都要多得多。而且莱斯莉提供的不仅是一份工资。作为一名律师，她多年来一直为萨拉提供法律援助——常常夹带着对萨拉的评判。

"她总是告诉我，如果你需要法律方面的帮助，我可以帮你。但如果我遇到什么事情，比如交通罚单，我会说：'在这个国家，他们对我态度太恶劣了。'她的回应是：'不喜欢的话你可以回自己的国家。'她会说：'你到底在这里干什么？我不懂你们为什么都要来这里。'"

她停顿了一下。公园里刮着温和的风，孩子的声音在滑梯、秋千和常绿树中若隐若现的树枝间跳跃。我尝试想象萨拉的祖国，想象"回去"。

"有一次，"萨拉继续说道，"我迟到了半小时，因为当时我坐公交车，但是公交车晚了很久。她非常生气。大声骂我，非常非常可怕的尖叫，太可怕了。"她大声用力强调："她冲我大喊大叫，声音特别大，让我非常难过。"

"她这样大喊大叫时，你回过嘴吗？"

"没有，我害怕她。"萨拉毫不犹豫地迅速回答。

萨拉承认她多次想离开莱斯莉，但是每小时 7 美元的工资很难放弃。"我总是说我要离开她，但我想帮助我的妹妹和外祖母。所以我会对自己说，'如果不再为她工作，我找不到其他工作。'"

我点头，将身体向前倾去聆听，试图理解出口伤人的一方和每次都会回来的另一方的动机。但是这样的关系的复杂性超越了有权利者和被剥夺者、特权阶级和被压迫者的简单对立。我们每个人都被公共权力和个人历史所束缚，我们通过自己在社会分类的总格局中所处的位置，认识自己的优势和劣势，判断我们拥有多少权力和自由。这种分类教会我们如何评价彼此，并以一种非常私密的方式，教会我们如何自我评价。对于受到充满失去的个人经历和屈服的习惯影响的萨拉，这种关系的复杂性让她一直留在容易发怒的暴躁女主人身边。

萨拉直到现在仍在为莱斯莉工作，不过她生下第一个孩子之后曾经短暂地离开过。萨拉之所以回去是因为莱斯莉的男朋友（萨拉称他为她的"天使"），在她成为母亲的黑暗岁月中给予了她亲切的微笑和慷慨的条件。那段时间，她比以往任何时候都更切身地感受到了紧紧束缚她的丝线，并开始理解她母亲曾经作出的无比艰难的选择。

罗莎

1980年，罗莎在洛杉矶的一间公寓中醒来时，距离她的孩子们近2000英里，但离她希望为他们创造的未来更近了一步。如果罗莎的丈夫每周的收入是一家人改善生活的唯一希望，罗莎会尽一切努力陪在他身边，确保他把那些钞票交给她。对于20世纪70年代的墨西哥工薪阶层女性来说，即便工作意味着离开孩子，也是很自然的事情，对于像罗莎一家这样的分离家庭来说，把孩子留在身后是母亲职责的一部分。

因此，在普埃布拉独自育儿3年之后，她追随阿图罗来到了洛杉矶，这座庞大的都市已经聚集了数百万名墨西哥移民，而且女性越来越多。然而，对于罗莎来说，这座容纳了许多类似的脸庞的城市，化作了一间小小的公寓的四面薄墙和被阳光照亮的窗户，没有要照顾的孩子，没有要叫卖的种子，除了她和她丈夫每天穿的衣服，没有其他要洗的衣服。罗莎记事以来第一次感到无聊。因此，当阿图罗的老板娘随口向她提议时，她非常积极。

"罗莎，你在家做什么？"她问道。

"完全没事干！"罗莎答道。

"那不如来厨房帮我的忙？来为我工作吧？"

罗莎渴望离开公寓，尽她的一份力，所以在接下来的3周里，她每个工作日都去这位女性家中，做她一直在自己的家中做的那些事情——为一大家人清洁、打扫、做饭。早晨，她为七口人做早饭。中午再做午饭。下午她打扫房子、洗衣熨衣，之后再为七口人做晚饭。

"你猜她每周给我多少钱？"罗莎问我，脸上挂着期待的微笑。

我猜不出来。我没法猜。在1980年的洛杉矶，一名全职女佣值多少钱？每周150美元？200美元？女性的工作那时值多少钱？

"50美元！"她叫道。

罗莎笑着在椅子上往后靠，拍了一下我的餐桌。她淡褐色的眼睛闪闪发亮，镶嵌在古铜色的颧骨上方。她的面容刻满岁月的痕迹——快乐、痛苦、坚毅，还有常在的笑容。她知道她让我震惊，这正中她的下怀。如今我们的对话在按照熟悉的剧本进行。根据剧本，我此时会惊讶地睁大双眼回答："50？不！"而她把头向后一甩然后大笑起来，因为她知道我能看出这一切是多么可耻。认为每周50美元足以报偿这么多工作是多么的荒谬。我们都清楚女性工作的价值。我们都以自己的方式清楚替代一名母亲需要什么样的代价。

她丈夫反对。他想让她辞职。"不然我做什么呢？"她质问他，"我一个人在家很无聊，坐着，不是吃就是睡，越来越胖。"

他仍旧反对，她只赚这点钱是不对的。"你在家，我每周付你50美元。"他说。他是一名建筑工人，每周赚350美元。砌砖毕竟是男人的工作——公开、被认可，像被建造的公寓楼和大厦一样可见。家庭的私密世界则被砖瓦紧紧封闭。

罗莎丈夫的工作可见度很高，事实上，像他一样的建筑工人的可见劳动，得到了寻求对移民系统进行全面改革的决策者和政治家的关注，因为20世纪80年代早期移民的加速涌入使得移民系统不断吃紧。越来越多的墨西哥移民是女性和一家人，很多女性的丈夫过去作为布拉塞罗客工合法进入美国，并希望利用允许他们把妻子和孩子接来的新家庭团聚政策。然而随着社群和工作场所的种族格局发生变化，移民的影响在美国社会的认知中被夸大了。

围绕移民改革的公共对话展开时，美国社会尚处于激进的身份政治和第二波女性主义造成的20年动荡的余波中。公共言论顺理成章地将移民置于现成的框架内。墨西哥裔美国人的文化民族主义与根深蒂固的美国种族主义相遇，激起了关于墨西哥和其他西班牙语裔移民的同化性的辩论。对家庭价值的全国性热衷和"福利母亲"的丑陋叙事与以女性和家庭为主的墨西哥移民模式交会，引发了对"定锚婴儿"①和入侵的寄生虫家庭的指责。[13] 在围绕 1986 年的《移民改革和控制法》展开的激烈政治辩论中，这种言论时不时出现在犯罪移民的叙事中，这种叙事当时已经开始对正在经历变化的美国社会的道德观产生长期的影响。

但在这些唇枪舌剑中，所有人都认可工作在男性世界中的价值。建筑和农业的劳动力需求一次次被提及，成为戳破无"非法移民"的美国经济虚像的一根刺，和任何可持续的移民改革尝试都需要面对的现实。事实上，从农业例外到移民执法，再到政府发起的客工计划，美国政府一直清楚经济的重要领域是通过男性移民所提供的廉价的、无福利的劳动力发展起来的。对此类工作的认可已经被写入法律法规，其中有很多对雇用无证移民的农场主免除惩罚的内容。如《1952 年移民和国籍法》中，得克萨斯州条款保护得克萨斯州农民不

① anchor baby，指非美国公民父母，尤其是非法入境者，在美国生下的孩子。这个词暗示孩子的美国国籍像"锚"一样帮助其父母在美国居留，或通过家庭亲属关系获得合法身份。

因雇用无证移民而受到起诉。很大程度上引起了这场辩论的布拉塞罗客工计划也起源于对廉价劳动力的需求。

但谈及家庭和儿童房内的女性空间时，照护人员和清洁人员很少被关注。一个值得留意的意外是，比尔·克林顿政府的"保姆门"丑闻罕见地让人们关注移民家政工作的隐秘世界。1993 年，司法部部长提名人佐薇·贝尔德被发现雇用无证女性移民照顾她的孩子，而且没有为她们缴纳社会保险，并因此被迫下台。在 20 世纪 90 年代早期关于移民和职业母亲的激烈讨论中，第二名提名人金巴·伍德也被发现曾雇用未经授权的移民家政工人，同时被发现的还有两名加利福尼亚州政治家皮特·威尔逊和迈克尔·赫芬顿，两人的竞选活动都是以反对移民为纲领的。佐薇·贝尔德事件成了风口浪尖上的一团乱麻。尽管曝光度很高，但这些丑闻并未让移民女佣和保姆的劳动进入辩论，而女性工作的价值很快退回了一尘不染的壁炉架和吸过尘的地毯构成的私密空间内。脱离了公共对话，相较于男性的体力劳动，女性的收入也可谓微乎其微。

罗莎的 50 美元和丈夫的 350 美元之间的差距可以在同样的社会结构网络中进行衡量，这种结构为建筑工人的经济重要性辩护，忽略女佣的生产价值，因为这种政策和实践架构依赖与人类社会一样古老的父权制价值观。在父权制中，几乎所有人类活动和自然现象都被赋予阳性和阴性，后者总是劣于前者。理智被披上了男性的外衣，比被赋予女性气质的情感更受推崇。同样的还有重思想轻身体，重公共轻私下，重工作男性轻全职母亲，重砌砖工人轻女佣。人类活动的一整个领域——"女性的工作"——被与女性气质相关联，其价值和存在在传统意义上的"劳动经济"中被忽视。罗莎丈夫的收入是罗莎的 7 倍。

"我付你钱。"他说。毕竟不过 50 美元。

但是对于罗莎来说，他们的工作没有什么区别。改善生活是全家人的课题，如果有一起赚更多钱的机会到来，她很乐意放弃她做得非常辛苦但赚得很少的工作。在洛杉矶的公寓中度过孤独生活的一年，以及帮助一名女主人养育一群孩子 3 周之后，罗莎夫妇将目光投向了得克萨斯州。罗莎的丈夫在那里找了一份不错的建筑工作，罗莎则找了一份住家的工作。在那里，他们可以免租金，赚钱存钱，每月给在家等待父母的 5 个孩子汇款。当然，还有相爱。在那里，在同一张床上，劳工、移民、墨西哥人和母亲的身份会与妻子和情人的身份会合，将性拉入罗莎多线交织的身份中，将她更紧地束缚在选择有限且艰难的空间中。

埃莱娜

"这些采访你会用来干什么？"埃莱娜一边示意我

在她杂乱的餐桌边的一张椅子上坐下，一边问道。"你的目的是什么？"我坐下，尽力解释，埃莱娜的追问和她强大的气场——画着粗眼线的眼睛、宽阔的肩膀和向后梳的栗色刘海儿——令我吃惊。我磕磕巴巴地解释时，在桌面散落的纸张中看到一本书。我伸长脖子辨别标题：用醒目的黑体字印刷的"奥本海默"，封面底部写着"经济文化基金"。这本书被随意地摆在我们身边，是弗朗西斯科·阿亚拉1942年研究弗朗茨·奥本海默的国家社会学理论著作，是20世纪中期墨西哥知识分子的最爱。[14]

我继续解释，埃莱娜对我的回答表示满意后，朝我靠过来，把手肘放在桌子上，下巴放在交握的手上，冲录音机点了点头。我按下红色方块按钮，她从中间开始讲述她的故事，让我分析整理开头和起因。

埃莱娜从未计划移民。只要再上一年课并完成论文，她就可以在墨西哥蒙特雷的本地大学获得商学学位。但她被移民家政工作的收入吸引了：一本宣传册上写道在纽约做住家保姆一个月可以赚1200美元；她听一位来访的婶婶说，在休斯敦打扫房屋一天可以赚150美元。所以她离开了课堂，放弃了在一家大型跨国公司的墨西哥分公司担任销售助理的工作，把目光投向了她在美国一年后会获得的积蓄和即将提升的英语水平。回国后，她将拥有一笔丰厚的存款，并在竞争激烈的就业市场中占据优势。这么做还有一个额外的好处，就是她可以从原生家庭中独立出来。她年少时一直在家中照顾兄弟姐妹，并遵守她的单亲职业母亲的严格规矩。

她安排好一切，完成了最后一学期的学业，在离开前两天才把这件事告知她的家人。她一家一家走访亲戚，把她的决定告诉祖母和一个又一个的姨妈，向她们解释："我要走了。我要去休斯敦工作。""做什么？""当保姆。"她清楚直接地回答。

她的家人一定很惊讶，就像我被埃莱娜回答时干脆的语气和她声音中冷静的决心所震惊一样。毕竟埃莱娜的选择不仅意味着一个新地点。她提升经济安全感是有代价的——社会阶级的下降，在价值、社会等级和文化差异的交会处被困扰。[15]

对于像埃莱娜这样的女性，移民是有限的选项中一个大胆的选择，但不像移民之于萨拉的母亲那样是生存策略，也不像是罗莎心目中改善生活的唯一希望。埃莱娜城市中产阶级的成长背景让她在人生中有更多的选择，赋予了她文化资本和大学文凭上没有的经验和知识。比如对柔和颜色的喜爱，对末尾的 s 或元音间辅音的小心发音，或在柜台前通过表现出不耐烦以彰显权威、表达期待。这些不同从穿越边境开始，影响了埃莱娜在美国当移民保姆的体验的方方面面。

在一名前上司的帮助下，她用一封证明她在墨西哥仍有工作的假信搞到了旅游签证。凭借足够正式的手提包中颇具说服力的文件及正确的语调，她成功操控了系统。

"我有证明我来不是为了工作的一切资料。没有任何问题。他们给了 10 年有效的签证。引起问题的是居留许可，需要每 6 个月盖一次章。所以，每半年我就去更新一次，就这样循环往复。我尊重规则，没有遇到任何问题。"

一切都井然有序。她遵守规则，只是严格来说是非法劳工。她的做法和雇用无证建筑工人和用现金向女佣支付报酬差不多。

埃莱娜到达后，和她姨妈的朋友切帕住在一起，依靠这位年长女性的教堂人脉网络寻找工作。[16] 切帕告诉她有一个照顾双胞胎男孩的职位时，埃莱娜考虑了工作任务和报酬，忽略赚钱和存钱之外的一切，然后作出了选择。

她开始工作时，两个婴儿只有 3 天大。她每天工作 7 小时，每周 5 天。从很多角度看，这对双胞胎都是埃莱娜的孩子。因为女主人很多时间和她的大女儿在一起，埃莱娜在工作日全权照顾双胞胎。她按照自己的意愿塑造他们，包含秩序、规则和尊重，以及很多爱。埃莱娜坚称，这种爱是西班牙语裔妈妈天生的。她为自己给男孩们创造的环境以及她灌输给他们的价值观而骄傲。

"我把一切都安排得很好。我把他们放在摇篮里，让他们睡着，然后打扫厨房。之后我看着他们，给他们喝奶，陪他们玩，然后再让他们睡觉，趁他们睡着去打扫别的地方。一批衣服洗好之后，我就把一个孩子放进摇篮，去把衣服拿出来。我真的不知道我是怎么做到的。"她笑着说，"但房子总是无可挑剔。"

埃莱娜像一个普通的女超人，应对这些家务要求似乎十分轻松，这种自如可能会让不那么自信的女主人自我怀疑，也可能是如释重负，这取决于她选择接受"母亲"的哪种内涵。但是埃莱娜告诉我，她和女主人之间从来没有任何问题。女主人很好，她完全理解孩子们与埃莱娜的亲密——孩子们爱埃莱娜，渴望她的陪伴，一天结束时，他们会伸出手去抱她，哭着用他们母亲不懂的西班牙语呼唤她。

当牙牙学语的男孩们叫她"妈妈"时，埃莱娜会提醒他们"我的名字是埃莱娜，我明天会再来的"。

就像太阳会在独属于她的公寓的窗外升起一样，埃莱娜第二天一定会回去。此后的每一天亦是如此。然后是一年又一年，直到她的母亲和兄弟姐妹最终接受家中的女儿再也不会回家完成学业，重新回到她在蒙特雷开始的路线上的现实。到了男孩们明白不能叫她"妈妈"的时候，埃莱娜已经在美国建立了自己的生活。过程中，她用一些身份换取了另一些——公民换成了非法劳工，被严密监控的女儿换成了独立年轻女性，中产阶级专业人员换成了更模棱两可的角色。做出区分变得非常重要。

"我说我是保姆，人们认为我每天坐着看肥皂剧，"她告诉我，"那是典型的保姆，不是吗？整天看肥皂剧，而不是陪孩子玩。给孩子糖果或者玩具，然后回去看电视。我从不这么做。"

这是一种我不熟悉的刻板印象，但埃莱娜描述她对"典型的保姆"的理解时颇为自信。她坚定地说她熟悉这些女性。她和我一样，和她们在公园中交谈。尽管来自不同的社会阶级，但作为一名劳工和移民，她和其他女性共享同样的身份，而这一点我永远做不到。我们所有人都去公园——我，带着棕肤孩子的白人女性；她们，带着白人孩子的棕肤女性；还有两者皆非的埃莱娜。和其他女性相比，她的肤色更接近金色。她拥有浓密的栗色卷发，颜色偏浅的部分有些发红，让她的眼睛显得更加明亮。双胞胎的肤色比公园里的其他孩子要深一些，小巧而轮廓分明的脸上是难辨种族的线条。或许其他"典型的"保姆对她说了她们没有告诉我的事情，比如肥皂剧。

埃莱娜的观察不是随意的。这些女性是当时她的工作生活的重要组成部分。在这个重个人经验和口碑的行业中，其他保姆对埃莱娜有很大的影响力。大多数时候，她对自己的工作和待遇感觉不错，但她后来听到其他女性在公园谈论她们的工作"钱多活少"，回家后就会疑惑："等等，我的老板是不是在占我便宜？"这影响了她第二天工作时看待事物的方式，让她怀疑自己是不是吃了亏而不自知。

"你回家之后会对事物有不同的看法，你知道吗？会怀疑'我的老板是不是在占我的便宜'。但你会继续思考，'不，他们是好人。他们对我就像对家人一样。'然后就会忘掉之前的怀疑。后来，你会发现那些保姆说的都是假的！"

理想的工作条件和丰厚的工资不过是闲聊的保姆们的谎言，埃莱娜指控道。就是公园里的那些保姆，她们工作时间看肥皂剧，相互陷害。

"你想，"她分析道，"来这里的所有人中，大多数人是怎么来的？他们是无证移民。"她的语气实事求是，我不知道她是否认为持有一次次更新的、盖着"旅游"字样的签证的自己也是"无证"移民。

"他们来是为了，"她继续说道，"更好的未来。但他们看不得别人过得好。要把别人拉下来，自己才能上去。"她直视我的眼睛，继续用平静的声音解释，耐心地说教。"我是说，如果我要求加薪，"她推理道，"女主人会说，'但埃莱娜，我给你的工资已经很高了。'然后胡安妮塔出现了，她说：'我做同样的工作，但只要一半的工资。我周末也可以上班。'那么，女主人会说：'胡安妮塔更便宜，我要选她。'"

埃莱娜的看法反映了驱动家政工作的隐形经济的现实。工资和工作任务等行业标准几乎完全由家政工人之间的对话，和雇主在进行和接受推荐时选择相互分享的信息决定。关于行价和雇主期望，女主人晚宴上的对话和在学前班门外的女性密友之间的聊天一样重要。[17]

所以埃莱娜说移民保姆产业不过是要价最低者胜出的自由市场逻辑，但她也明白母职货币化的工作受制于不止一种逻辑和价值体系。尽管保姆的有偿劳动是通过清晰的交易进行的（时薪和需要完成的任务），但是母职工作既关乎其引发的关系，又关乎推婴儿车或扫地的手臂。关系的逻辑是互惠的，其回报的形式是情感联系和通过照护表达的自我意识。时刻待命、不断奔走的保姆分享的不仅是劳动和时间，她们也分享了自己的一部分，一种身份，她们在家庭和住宅的秩序中扮演的某种角色。埃莱娜明白这一点，即便她认为其他人不明白。

"有孩子并雇保姆的人，他们是看不到这一点的。他们看不到我对那些孩子的爱不是他们付钱买来的。"

对于埃莱娜来说，这份工作是关乎爱的，尽管这种爱可能不被承认。它也以其他的方式关乎肥皂剧、就要拿到的学位、旅游签证和手提包——这些阶级标志让她在公园和雇主家中掌控更多权力，但也令她孤立。对于埃莱娜来说，这份工作关乎她了解的事情和她想要教给男孩们的东西——如何尊重你的祖父母并听妈妈的话，如何看到事情的另一面。

比如有一次，在车里，一个男孩重复他爷爷关于移民偷走美国工作机会的抱怨。

"他说，'哦，经济这么差是因为这里有很多移民，美国人找不到工作。'不，不，不是这样的！我停下车，向他解释：'不，先生！你看到那几个割草的人了吗？你觉得他们为什么做这个？因为没有其他人愿意做。你见过几个当保姆的美国人？几个蓝眼睛或绿眼睛，金头发的漂亮保姆？没有，因为他们不想做这种工作。'"

还有一次，她开车带他们到西园大道上的某一段路附近，在那里，做零工的工人和塔可小贩成为一节关于移民和经济的课程。在那里，每天早晨，一群男性聚在一起，多数是来自中美洲和墨西哥的移民。他们在滚烫的沥青路上和立交桥的阴影下等待做半天零工的机会。

"看到那些人了吗？他们在等待有人选中他们，带他们去工作。"埃莱娜一边问男孩们，一边慢慢开车通过，"你们知道会发生什么吗？有人选中他们，却不付他们工钱，也不给他们食物。而他们已经做完了所有的工作。"[18]

"但他们为什么不想想办法呢？"男孩们问。

"因为他们没有任何权利。"她语速很快，紧锣密鼓地复述，"因为这不是他们的国家。虐待那些无力的人很爽，对吧？"

然而，尽管埃莱娜努力防止男孩们在成长过程中接受错误的观念，但她不是他们唯一的老师。尤其是埃文，他难以厘清他的阿妈教给他的事情，和他从祖父的言论、电视和新闻报道中获取的、充斥着危险的刻板印象的信息之间的矛盾。

"埃莱娜,"他曾经说出自己的想法,"你是一个好墨西哥人。但有些墨西哥人很坏。我知道你是好人之一,但也有坏墨西哥人。"

"埃文,"她迅速回答,"不要一概而论。"

"有很多这样的小事,"她解释道,"如果我不是西班牙语裔,他们就会带着移民对这个国家不好的想法长大,再将这种想法传给他们的孩子。我必须向他们解释硬币的另一面。"

这样的教育生发自阶级、文化和经验的某个交会点,是埃莱娜自由表达观点的渠道——她一边责备一边捍卫那些既是她的同胞,又不是她的同胞的人们。

"我热爱我的文化,"她说道,"我喜欢家乡的食物和一切。我只是不喜欢待在西班牙语裔社群中。昨天我去做弥撒。有好多小孩,一家三四个幼儿,然后妈妈还怀着孕!"她开始评价和总结:"拉丁美洲裔工作很努力,"她在桌对面倾身凑近我,像分享秘密一样坦承,"但他们生的孩子太多了。"

对于埃莱娜,这种逻辑来自观察,来自公园里在她看来不够严格的保姆和教堂里没有按照她认可的方式控制生育的母亲。她们和她太不同了。她觉得她懂的要多得多。她不像其他那些木查查女佣——那些趁着夜色渡过一条河、给她们的孩子吃太多糖的人,那些在工作条件方面撒谎、在薪酬谈判中和埃莱娜打价格战的人。她们生的孩子太多。肥皂剧、闲聊和医疗补助——这一切都不适合像埃莱娜这样的人，她有着带有浅色光泽的头发和高高的颧骨，大方的微笑和满架子的书。但是埃莱娜不质疑她对其他保姆进行评判时所依据的价值观，似乎也未将批判的矛头指向让她们缺乏社会流动性的系统。

美国梦和美国现实在某处正面相遇——前者是为那些有迫切需要和大胆抱负的人提供希望与自由的叙事；后者是理应服务他人和理应被他人服务的人的故事构成的历史。对于埃莱娜来说，两者在公园里交会——她时常在那里蹲在沙池或游乐架旁，身边都是女性以及外表和行为都不像她或她的孩子的孩子们。因为相较于其他保姆，埃莱娜似乎更有希望实现美国梦——承诺让努力工作、诚实和稍微突出一点的人在社会等级中上升。

其他女性的美国现实遵循不同的故事线，其承认用人阶层在我们这个特别的社会长期存在。这是一个被埃莱娜提到的缺乏标准的薪资洽谈困在原地的群体，这种薪资洽谈模式又被懒惰的指控和不成熟的物质享乐主义反复正当化。[19] 对于现在的用人阶层来说，家政工作的灰色性质和善意的雇主不愿承认阶级对该行业的影响让这个问题更加严重。

因为女主人举办的晚宴上的谈话会被一种文化传统所限制，这种文化传统充斥着关于社会流动性和自力更生的独特美国言论，这些理想会让很多家政工人的雇主产生一种模糊的不安感。不论阶级、只要努力工作就能获得个人成功的公式，成就了美国历史上阶级向上和向下流动的可能性，但谈论社会组织时，它也制造了一种忽略确实存在的社会阶级等级的方式。[20] 我们谈论社会的语言和组织社会的行动是矛盾的，这会让餐桌陷入沉默，导致很多女主人只能独自面对她所处的位置的矛盾心理。

母职货币化的现实存在于这些沉默中，并渗透进我们使用的话语中。"我在找人帮我打扫，"我们可能会说，"我想找一个女孩帮我带孩子"。我们寻找模糊的"某人"，总是让他们"帮忙"，而不是雇用一名员工。因为言论和意义的世界忽略用人阶层的现实，并认为"女性的工作"相较于更大的经济力量无关紧要。在这样的环境中，此类工作的外包被卷进消费的语言，成为穿着白色睡裙躺在躺椅上的上层女性的罪恶享受。[21] 结果，有真正需求的家庭只能面对一个充满潜规则和模糊做法的行业，笼罩其上的模糊的特权感掩盖了他们处境的紧迫性。

在现实中，对于大多数美国家庭来说，形势确实紧迫。这个国家的家庭为了维持生计在比以往任何时候都更加努力地工作，在高昂的生活成本中，育儿和住房费用同居高位。[22] 撇开性别角色不谈，大多数家庭哪怕愿意也无法选择单一收入养家的模式，对于有幼儿的家庭，育儿成了他们面对的最大的经济和后勤挑战之一。[23] 而且他们需要独自面对。尽管享有"发达"的称号，但在为未来的劳工、领袖、企业家和消费者提供育儿服务方面，美国的排名远低于其他发达国家。[24] 自由市场个人主义的主导理想让家庭为该市场的最重要资源——人力资本买单。

同样的个人主义价值创造了工作时间比以往任何时候都更长的白领成功文化，和从事需要全天候轮班才能维持生计的、没有福利的兼职工作的蓝领模式。[25] 这种糟糕的状况加上停滞的性别革命——在多数异性恋美国家庭中，家政和育儿工作仍旧由女性承担，使得糊涂的休闲夫人的形象不复存在。相较于过去，如今的妻子要绝望得多。

然而，即便我们生活在这样的现实中，我们中很多人仍旧以我们的理想——平等、女性被赋予权力、阶级不重要——看待自己。我们结束一天漫长的工作回到家时，那个擦掉泼到台面上的牛奶的女人——她微笑、收拾好自己的东西、拥抱我们的孩子并向他们道晚安，随后出门进入她作为外国人的现实——所肩负的奴役的传统可能会威胁这些理想。通过挤干脏污的拖把，她成就我们的女性主义。她在我们的家中，在还带着一下午都在上面玩积木、火车和发光玩具的孩子们的温度的客厅地毯上，再现最触目惊心的全球不平等。难怪这些对话会让我们不适。

雇主之间的对话被文化价值和文化身份的复杂网络所束缚，雇员之间交换的信息同样面临巨大的障碍。埃莱娜提到的激烈竞争，一天结束时的精疲力竭，这些因素会令组织工人和将这一行职业化的尝试复杂化。对于一名习惯处于社会的隐形边缘的女性来说，工作一天才能赚到一天的房租，集体谈判的承诺很难接受。[26] 埃莱娜坐在社区公园的长凳上，身边是与她类似或不同的保姆，从她的角度看，这份工作造成的某些影响会妨碍团结。

埃莱娜认知中的保姆身份充满对阶级和种族的价值假设，根植于与她的朴实梦想——赚钱、存钱、前进——不符的美国现实。13 年来，多亏了那两个她深爱的男孩——他们既属于她，又不属于她——她才坚持了下来。

埃莱娜需要一些时间来厘清她和正处于学龄期的双胞胎之间的联结与外部世界认可的关系的不同。男孩们在很多方面像她的亲生孩子，但她知道只有她的工作被需要时，她的爱才有意义。当她和我坐在堆满纸张和书本的餐桌边交谈时，她清楚她和男孩们朝夕相处的生活就要结束了。

"不，我认为一切都会变得不同。他们会有更多的活动，不再需要我。我每天离开的时候，仍旧告诉他们我爱他们。'你们知道我爱你们，对吧？'让他们知道他们在他人心中很重要。"

13 年后，埃莱娜确定她留下了自己的印记。"他们的价值观很牢固。"她明确地告诉我。足够坚定，清楚墨西哥人修剪草坪是因为没有其他人愿意做，知道男孩必须保持房间整洁，要尊重母亲和祖母，以及，尽管他们的西班牙语裔"妈妈"可能是最爱他们的人，但保姆不会永远是他们家庭的一部分。

玛格达莱娜

19 岁时，玛格达莱娜来到了休斯敦的姑姑家门口，那时除了心中不确定的希望和对南得克萨斯海滩以及一名边境巡逻员的公寓的模糊记忆，她几乎什么都没带。4 年后，她在我邻居的客厅里叠衣服时，已经和另一名来自萨尔瓦多的未经授权的移民结婚了，生了两个年幼的女儿，为很多美国家庭打扫过房屋。我一边看她工作，一边笨拙地从堆得满满的洗衣篮里拿出一两件衣服折叠，聆听她的话时很难不被她的美貌惊艳——从下巴到臀部的优美曲线，明亮对称的棕色眼睛和瀑布般的栗色头发。即便她已经开始讲述挑剔老板的故事和她作为未经授权的移民在这个国家受到的不公正对待，边境巡逻员和电影院的故事挥之不去，穿越边境的回忆并未消逝。它渗入她描述的冲突中——她在无理雇主面前的反抗，她在强势男性面前的屈服。

到我们交谈时，玛格达莱娜对在美国社会的阴影中生活已经颇为了解。她表示，工作和恐惧是这种生活最主要的组成部分。工作给她带来收入，让她能给女儿们买洋娃娃，送她们去上有电脑的学校，并给遇到急事的老家亲人汇钱。恐惧是驱逐出境的长期威胁和发生在舞厅、公交车站、她丈夫的工作场所的移民突击检查。这些检查无所不在，以至于她警告女儿们："爱护你们的东西。好好对它们，因为说不定哪天我们就要回萨尔瓦多了。"

但是最终，工作战胜了恐惧。"在这个国家，有工作就有希望。有很多女性，"她补充道，停下来抖开一条紧身裤并翻找成对的袜子，"来这个国家只是想找到一天的工作。"

玛格达莱娜工作了很长时间，为很多不同类型的女性工作。她的经历多种多样，但有一条真理放之她遇到的所有家庭皆准：美国孩子需要很多关注。"照顾 1 个美国孩子需要我照顾我的 2 个女儿，甚至 4 个孩子的时间和耐心。照看 3 个美国孩子相当于照顾 12 个自己的孩子。众所周知美国孩子非常敏感，他们需要很多照料和关注，因为从他们被交给你的那一刻起，他们就是你的责任。"[27]

我面露尴尬，发现自己的情况完全符合玛格达莱娜的描述——我的孩子们看起来多么脆弱，他们因此对我万般依赖。我们对童年和母职的认识是紧密相连的。两者相互塑造。在我熟知的 21 世纪初的美国中产阶级的母职世界中，童年是脆弱的、不可侵犯的观点反映了政治稳定的大环境、社会特权，以及完成社会阶级再生产的使命。这种使命要求照料和教育孩子，直到他们成为成年人，然后再将他们送入白领竞争的世界。[28] 这些纤弱、需要关注的孩子是母亲的社会和文化职责，她必须时刻在孩子身前或身边，充当他们和外部世界之间的缓冲。她雇用的替代者亦是如此。

根据玛格达莱娜的经验，美国儿童的格外敏感与美国女主人关注照护者的一举一动的倾向有关。"我为很多人工作过，"她回忆道，"感觉大不相同。有的夫人整天和孩子们以及我在一起，她们一点也不会让我感到不舒服。因为她们不会说，'你，做这个，或者做那个。'我弄清她们希望我做什么然后去完成。但我也遇到过连半个小时都不愿离开的人，她们好像特别想要待在家里。"

那么，是行事风格的问题，与年龄、社会阶级和个人经历有关。在总是对雇主有利的权力平衡中，每段关系都是独特的。但是玛格达莱娜坚称她不是软柿子。

"遇到不喜欢的事物，我会说出来。"

她告诉我，这些对峙大约是这样："你知道吗？"她会对专横的雇主说，"你在这里会让我感到不舒服，因为你不让我按照我希望的方式工作。如果你不试着退后一点，我就无法继续为你工作了。"

"我会让你感到不舒服吗？"他们会说，"但为什么？"

"因为你什么都要盯着，时刻关注我在做什么，看着我打扫和做事。"

"哦，好吧，"女主人可能会回答，"如果我让你有这种感觉，我道歉。我不是故意的。我会试着改变。"

有反抗精神并且占理的玛格达莱娜会取得胜利。在权力和选择的游戏中，像她这样的女性口袋里可能只有几张牌，但当她是自己的故事的唯一作者时，她能够带着强烈的尊严打出这些牌。

"你看，"她记得自己说，"我知道你是老板，我是你的工人，我不想和你吵，但事实就是我不喜欢你做事的方式，我觉得不舒服。所以我只能辞去这份工作。"

不过不是所有玛格达莱娜的雇主都会引发这样令人不适的对峙。在不时刻关注和指挥的家庭中，她感到自己可以不被评判地自主选择如何工作。她也遇到过这种好的女主人——比如那位说话轻声细语的女士，玛格达莱娜曾短暂地爱过她的孩子们。

刚开始为这家人工作时，两个孩子还很年幼，玛格达莱娜很快真心喜欢上了她照顾的婴儿和幼儿，以及他们的母亲。和其他"好的女主人"一样，这位女士给她的雇员做好工作所需的自由。对玛格达莱娜来说，这指的是清楚地传达期望。"这样，"玛格达莱娜早晨到达时，这位女士会说，"今天总体我需要你帮助我做这些事情。如果你没时间做其他事情，没关系，但我需要你把这三件事情做完。"

清楚传达工作期待是专业家政工人非常看重的一点。在尊严和尊敬之后，工人们表示他们最渴望的是这份工作被视为正当的工作，工人能控制工作流程。[29]这种需求反映了家政劳动被视为私人事务和女性事务的一个分支的普遍观念，这种观念受内行之间心照不宣的小动作和潜规则调控。"当然，房屋清洁包括洗衣服，"一位雇主可能想当然地这么认为，"照看孩子当然包括每周一给他们换床单——好像这是理所当然的。"当工作被视为工作，并被认可为正当雇佣，书面合同可以替代这些想当然的假设，业绩评估可以缓解紧张关系，雇员有反馈的机会："我可以换床单，但每周要多加20美元。"

对于玛格达莱娜，她在这个家庭的工作范围是清晰的——女主人指定的三件事，一个两孩家庭的日常工作，以及两项长期的期望。回忆起女主人的提醒时，玛格达莱娜露出了笑容，"要把我老公的内裤和孩子们的睡衣准备好。你走之前要把这件事做好。"分享这段回忆时，她的表情和语调都变得柔和，眼睛盯着正在娴熟叠衣的手指。

玛格达莱娜每周为这个家庭工作3天，每天8小时。开始时，婴儿只有几个月大，大一点的男孩也很小，而且很喜欢她。

"每天离开前我必须哄小的睡觉，"她微笑着说，"如果他知道我在，就不愿一个人睡觉。他更喜欢和我在一起，反而不愿跟他妈妈走。他妈妈告诉他我不再为他们工作时，他说不行。他谁都不想要，只想要我。"

夫人也不想换人，但是她们小心维持的和谐的家政安排无法抵挡男主人的反对。夫人向玛格达莱娜解释，她丈夫坚称他们需要工作时间更有弹性的保姆。

"他们信任我，"玛格达莱娜坚称，"父母和孩子。我很喜欢他们。夫人甚至告诉我'要不是我丈夫想要全职，每周工作7天的人……我不希望你走，但我无法违抗我丈夫。'"

玛格达莱娜的丈夫对她的工作也有意见，他反对的不是每周工作7天，而是晚上工作。"他们想找一个周六、周日也能在那里的人，这样他们就可以出去。由于我丈夫不允许我晚上工作……"她思考怎么说才能帮助我理解，声音越来越小，"我丈夫认为只有坏女人才在晚上工作。"她从一堆床上用品中拉出一张床单，猛地在我和她之间的空间里抖了一下，然后把它抵在她的胸部和大腿上开始叠，先三折，再三折。"我丈夫很大男子主义。"她解释道。

玛格达莱娜认为我理解她说的大男子主义是什么意思。也许她的意思是大男子主义的男人保护欲过强，或者大男子主义的男人专横霸道，或者大男子主义的男人总是嫉妒或疑心。反正，对她来说，大男子主义足以解释为何一个男人会认为只有坏女人才在晚上工作。我不知道玛格达莱娜认为我对此会作何反应，以及她是否意识到这种看法会助长限制女性选择并不承认其美德的认知。

在我熟悉的大男子主义的意义系统中，好女人戴着无性母亲的神圣面纱；坏女人性欲过剩、背叛男人。这种圣母和娼妓的二分法随处可见，从玛格达莱娜的萨尔瓦多家乡到诺贝尔文学奖得主奥克塔维奥·帕斯的作品中都能找到，其目的是羞辱女性权力——她的工作、她的性和她在公共世界中的能动性。[30] 坏女人在大男子主义的语境中被提起时，被与"无耻的娼妓"联系在一起。对玛格达莱娜的丈夫来说，在男性气概式微的未经授权的移民世界里做一名大男子主义的男人是多么悲惨！控制栗色头发的美丽妻子是多么必要！像真汉子那样支配与保护是多么重要！

所以对我来说，大男子主义这个词对玛格达莱娜的丈夫为何让她辞职给出了另一种解释。它与不公平的权力格局有关，有人认为这种格局是非正义的，甚至是可耻的压迫。但我不是因为我丈夫的男子气概而永远告别穿着刚熨好的睡衣的小男孩的那个人。我不是需要将这件事编织进个人反抗故事中的那个人。

"所以，你怎么看这件事，你是如何回应的？"我问她对她丈夫的禁令的看法。

"我就觉得毕竟是他工作养家。他可以决定我能不能去。"

"但你也工作，不是吗？"

"我为了帮他工作，但我帮不上忙，全是他在做。"

就像罗莎的 50 美元和她丈夫的 350 美元，男人的工作更有价值，即便在玛格达莱娜的私人婚姻关系和她自己的认知中也是如此。罗莎的劳动货币价值被贬低，而玛格达莱娜则是权力受限。这一切影响深远。

玛格达莱娜最初在一家自助洗衣店遇到她的丈夫。他们调情的背景音是烘干机翻转的轰鸣声和其他移民用熟悉或陌生的西班牙语口音进行的热闹对话。他也是萨尔瓦多人，和她一样是新移民。她那时一定 20 岁都不到。随着他们关系的发展，她知道他在老家有一个女朋友，并抗议他所有空闲时间都待在他姐姐家，给他的"前女友"打电话。这种双重生活在移民男子中很常见，这里一个女友，那里还有一个。玛格达莱娜抗议，但他仍旧我行我素。她大吵，他却责骂她。为了维持和平，他们干脆不再去亲戚家——他不再去姐姐家，玛格达莱娜不再去拜访收留她的姑姑。确实，由于工作繁重而且内心充满恐惧，他们几乎没有时间交朋友。玛格达莱娜本想去教堂做礼拜，但她丈夫说她去是为了找男人，而不是赞美上帝。

"所以，为了避免问题，"她总结道，"我尽量不跟我丈夫对着干。"

帕蒂

帕蒂开始为史蒂文森一家工作时，工作和家庭的复杂问题是其他人讲的故事。在她的母亲玛丽亚帮她找到这个住家保姆的工作后，她对她的新雇主只有感激。尽管后来发生了很多事，她坚称是自己交了好运。"我永远不会忘记是他们给了我工作机会，我不会说英语，也没有人介绍，他们敞开家门接纳了我，把两个月大的孩子交给了我这个陌生人。"这已经超出她的期望了。

对于在家政保姆行业这样重人脉的行业中机会渺茫的新移民来说，能找到史蒂文森一家可谓祈祷灵验。不过，帕蒂得到了玛丽亚的帮助。尽管帕蒂曾因母亲的离开伤心欲绝，但玛丽亚从事母职货币化的工作让她在休斯敦保姆网络的雇主家长中颇具声望。在同一户人家工作了 18 年之后，玛丽亚赢得了尊重和工作诚实可靠的名声。"18 年，"帕蒂在午后的宁静客厅里回忆道，"就像一辈子一样。"

刚到时，帕蒂曾想试着做一名裁缝，她在萨尔瓦多接受过做这一行的培训。但是苛刻的老板、不熟悉的机器和以改衣而非制衣为主的行业里有限的上升机会，都让她不知所措。她很快改变了策略。当了两天裁缝之后——她技能不足，而上司又盛气凌人——帕蒂深思熟虑后作出了选择，她所选择的道路将会利用她母亲在漫长的分离岁月中积攒的职业资源。

"妈妈，"她宣布道，"我想做保姆。"她一直喜欢孩子，这一行她一定可以做好。

玛丽亚热切希望把她积累的行业价值转给女儿，于是通过她雇主的人脉寻找潜在职位。当在一个年轻家庭做全职住家保姆的机会出现时，是玛丽亚与对方建立了联系。玛丽亚安排好面试，开车送帕蒂去那对夫妇的家，并在整个面试期间为她的女儿和雇主翻译。玛丽亚倾情推荐，用流利的英语向两人打包票，这让帕蒂的未来雇主不担心语言障碍。"语言不重要，"夫人通过玛丽亚表达，"如果对孩子不好，英语说得好又有什么意义呢？我们会有办法的。"

"他们，"帕蒂解释道，"就是这样对我产生信任的。"尽管帕蒂把她的工作形容成一份她会永远感激的慷慨礼物，我不禁想到了得到这个机会之前的 18 年人生——一生的关系被牺牲，以换取每月的汇款、结实的鞋和后面的路上一个陌生人的信任。尽管她的感激之情是真诚的，但它淡化了她所满足的、她的新雇主真实而急迫的需求。史蒂文森夫妇都从事全职工作，一年多之后又生了第二个孩子，他们像帕蒂需要他们一样需要帕蒂。而且他们愿意为此付费。

在帕蒂看来，工作条件很理想。一开始，只有一个婴儿，工作包括育儿和打扫，每天 8 小时，每周 5 天。史蒂文森夫妇将帕蒂的车库公寓视为她的私人住宅，有单独的入口和严格的下班时间。刚开始的几天，夫人经常突然回家查看他们的状况。据帕蒂所知，从来没有任何摄像头监控她，不过她告诉我如果有，她也不会介意。她上班时被邀请与史蒂文森一家一起吃饭，可以用他们给她的工作信用卡购买食物，并为她的公寓买东西。

随着时间的推移，帕蒂在这个家庭的地位越发稳固，这种稳定性允许她把一部分精力花在更好地适应她的新家上。在免费的周六课程以及雇主购买的书和字典的帮助下，她学习并掌握了英语，还获得了美国普通教育发展证书。她学会开车后，雇主夫妇可以为她提供一辆车，但她更希望买一辆自己的车。通过这一切，她逐渐认识到自己理想的工作条件是雇主善良的本性和自己作为雇员的价值的体现。工作是合理的，她判断道，工作的变化也是合理的。她开始工作一年半后，史蒂文森夫妇的第二个孩子出生了，他们改变了帕蒂的工资和工作内容。她不再负责打扫，赚得也更多。在帕蒂看来，这种新安排十分合理。作为父母，史蒂文森夫妇的职责是以某种方式为他们幼小的孩子提供其所需的关注。

在帕蒂为这家人工作的 7 年间，报酬、工作时间和职责随着家庭的需求不断改变——8 小时变成 9 小时，孩子们上学之后她又开始负责打扫。帕蒂愿意调整适应。她年轻又单身，雇主夫妇友善，并尊重她。但是帕蒂并未描述一种一味的消极感激。在必要时，她会与雇主就她的要求进行协商。

"和朋友以及其他保姆一起在公园时，他们会说：'天啊，你看我老板是怎么对我的，她回家就冲我大喊大叫。'或者'她来找我，告诉我必须把鞋子洗干净，把小孩网球鞋上沾满的泥都洗干净。'但如果遇到这种情况我会说，'不，那不是我工作的一部分。'我总是说得很清楚，'他们雇我是做这些和这些。我全都会做的。'但如果他们让我做更多的事情，我会说，'好，想让我做更多？那就给我加薪。'"

帕蒂向我讲述了她和夫人之间的一次协商。当时帕蒂问能不能给她加钱，让她替代即将离开生孩子的女佣。夫人不愿意，但帕蒂坚持。我问她是否担心丢掉工作时，她解释道："担心，但我知道我做得很好，而且我没有要求她做任何不公平的事情。"

帕蒂相信自己的价值，她感觉自己已经赢得了雇主夫妇的基本尊重，对自己的地位有信心。无论结局如何，她明确告诉我她会永远心怀感激，不仅感谢史蒂文森夫妇给她工作机会，还感谢他们做出的榜样——作为一对夫妇，他们作出决定之前相互讨论，关心彼此，用爱和一贯性管教孩子。

"对我来说，"她深情地回忆道，"他们始终是我学习的目标。在每个方面，无论是婚姻还是育儿，他们都是我的榜样。他们一直是我的榜样。"

还有他们的孩子。还有爱。我请帕蒂描述她和孩子们的关系时，她睁大双眼，身体变得放松，"关系很好！我喜欢那些孩子。我一直视他们如己出。我一整天都和他们在一起！从早晨 7 点半到晚上 6 点。他们生病时是我照顾他们，是我每天给他们做两餐。我看着他们长大，看到了他们的成长。那很美，很美。"

7 年来，帕蒂照顾史蒂文森夫妇的孩子们，帮他们穿衣服，陪他们玩，给他们洗澡，哄他们小睡或安静休息。她像他们的父母示范的那样，对他们进行一以贯之的管教，在他们生病时溺爱他们，在她自己生病时亦是如此。"有一次房子里的所有人都生病了，但我陪着他们。"她几次告诉我她像爱自己的孩子一样爱他们。但她从不忘掉真相：他们不会永远属于她。公园里的其他保姆警告她："你不应该这样爱那些孩子。不要这样爱他们，因为不知道哪天你可能就要离开他们，那会让你难过，非常难过。"

"但那是不可能的。"她会反驳，"我爱他们！"

"但你应该让自己一点点与他们拉开距离。"她们警告，"因为总有一天雇主会不再需要你，他们不会在意你的感受。这里的家庭就是这样的，一旦他们不再需要你……"

但帕蒂告诉我她无法想象以任何其他方式做她的工作。"我不在乎。我怎么才能不再爱一个孩子？为了做好我的工作，我必须爱他们，我必须爱我所做的事情。"

在儿童游乐场，帕蒂第一次尝到了母职货币化的两难滋味：保姆的工作承载着对真挚情感的期望，但遵循忽略爱的交易逻辑。在另一边，保姆的留守女儿被要求从收到的汇款中感受她缺失的母爱。对于保姆兼母亲，母职货币化的逻辑无法调和从事照护工作和养育亲生孩子之间难以避免的矛盾关系。工作引发情感，情感随着工作的进行变得更加强烈——每一天，她的手都在擦拭，舌头在哄慰，心脏在幼儿小小的脸颊边跳动。帕蒂公园里的女友们会让她忽略感情，戒掉对孩子的爱，但对帕蒂来说，劳动与爱无法被拆开。"为了做好我的工作，"她坚称，"我必须爱他们。"[31]

有时，母职货币化的逻辑也会令她失望。弟弟不到两岁的时候，开始叫她"妈妈"。帕蒂知道这不可以，但她不知道如何让他不这么叫。男孩的爸爸请她帮忙。这会让孩子妈妈伤心的，他解释道，而帕蒂能够理解。因此，他们一起教他叫帕蒂的名字。那孩子似乎理解了，在他父母面前都说"帕蒂"，但他们早晨一出门，他就开始呼唤他的日间"妈妈"。让他别再这样叫令帕蒂心碎。"你为什么这样叫？"她会恳求那孩子，"我是帕蒂，帕蒂！"

最终，那孩子，就像帕蒂和她的母亲一样，认识到有些关系无法用现有的词汇命名。同样，帕蒂的叙述用爱与逻辑构建了独有的语言。在她的回忆中，作为留守儿童的童年是一种漫长的悲伤，一种越发强烈的忧郁，这种感觉让她来到北方，走向或许能够治愈旧伤的情感体验。

"我很快乐。我甚至认为我这么爱这些孩子，是因为他们帮助我治愈了我从祖国带来的一种抑郁——舍弃我过去生活的一切、在这里重新开始带来的消沉。我仿佛在婴儿的玩耍和哭泣中，在婴儿乖或不乖的时光里找到了庇护。这帮助我忘掉了很多事情，忘掉了我从祖国带来的挫败和沮丧。"

在照护产业链的这一端，帕蒂体验到了她母亲玛丽亚离开6岁的女儿、走进另一个同龄孩子的生活时也一定曾感受到的那种爱。这种错位的情感将另一个孩子的小小拥抱放入保姆"母亲"空空的臂弯中，但对留守儿童帕蒂却几乎没有助益。许许多多的空缺从未被填补。或许这就是留守儿童决心与远方的母亲团聚的原因，尽管在女儿到来之前，母亲一定已经有了自己的生活。这种全球关爱缺失链条在地区层面上引发了日益严重的"全球情感错位"，一拨又一拨心碎的跨国儿女踏上他们自己的北上之旅，追寻他们的父母多年前追寻过的希望。一拨又一拨。[32]

帕蒂一度用照顾史蒂文森家的孩子时产生的爱与感情填补这种空虚。但是即便她毫无保留地投入这种无名的关系，在公园长凳上发出不赞同的啧啧声，或在公交车站抱着手臂、挑着眉毛的年长保姆的身影也会在她大脑中拉响警报。"他们不是你的孩子。"那些声音说道。

"某一天，你会和他们分离，你什么都做不了。"她不知道这一天很快就要到了，敏感的胸部、隆起的肚子和与母职工作更微妙的关系预示着它的到来。

　　保姆工作与其他工作不同。区别之一是：雇员日常履行照护行为时心中产生的情感。为了完成她的工作，帕蒂必须感到爱，而不是仅仅假装爱。保姆工作涉及雇主生活最珍贵和私密的方面——脆弱的小生命、脏内衣、脏床单、争吵、爱抚和用力关上的卧室门。尊重带来的区别容易被忽视，对于萨拉来说，亲切的微笑和手势的价值大于每小时 7 美元的冷冰冰的报酬。

　　另一个区别在于一种应该公开的权力在私密空间的运作。包括协商、解雇、反对和指责的权力；扣工资、不提供福利、不同意的权力，提高或降低要求的权力，接受或走人的权力。所有这些谈判都是在厨房、走廊或卧室中进行的，在洗衣机和烘干机旁，在厨房擦洗过的瓷砖上，在堆满书籍和分类好的玩具的儿童游戏室中。这样的空间不遵循工厂、餐馆和建筑工地，或一间位于四楼的、线条利落的办公室的逻辑。在家中，权力逻辑取决于个人关系，而非职业关系，是一种被情感承诺、惩罚和奖励支配的关系。

　　琼·特龙托深刻反思了这种区别，她得出的结论是，除了家庭中充斥着情感的权力格局，在其中"不服从往往带有情感和心理色彩"，家政工作还有两个特点使其与其他类型的雇佣劳动区分开来。一方面，女佣和保姆被视为妻子的替代，承担在很多方面根本不被视为"工作"的"女人做的事情"。另一方面，保姆工作的价值以她与孩子关系的质量来衡量。因此，想要保护、安慰、引起快乐的冲动这样抽象的东西被强行放入一个系统，该系统通过支付与劳动时间对应的工资对其进行量化。[33]

这种工作太过独特，饱含情感、受到信任的影响，并被封闭在私人空间内。然而与此同时，它对我们的公共世界的经济驱动力至关重要——支撑整个地区的汇款，让雇主能够全身心劳动的服务，培养一代劳工和消费者的日常照护。为了应对这一矛盾，活动家和学者呼吁这一职业的专业化、改革，并向雇主和更广泛的大众传达这些女性和其他人一样也是雇员，应该受到职业尊重和法律保护。

这些声音告诉我们家政工人希望得到清楚公平的指示，在照顾孩子和完成工作任务时拥有自主权和决定权，能够控制打扫的时间，并得到萨拉的好雇主用微笑和手语表示的那种对他们的人性的认可。这些声音强调在书面合同中约定清晰的工作任务、安全的工作环境和家政工人被法律和政策赋予的工作条件。[34]

很多雇主不知道涉及定时休息、加班报酬、缴纳社会保险和医疗保险的规定覆盖家政工人，无论其移民状态如何。值得注意的是，《公平劳动标准法》设定了关于最低工资和加班报酬的法律要求，并适用于家庭雇员。管理工资和工作时间的州法律也适用，还有1994年的联邦《社会保障家政就业改革法》，规定超过一定收入门槛的家政工人应被分类为雇员而非独立承包商，根据这一分类，法律要求由雇主缴纳工资税。[35]

这一切，清晨的一两句话或晚上的一句道别——**你妈妈好点了吗？暴风雨时你的玫瑰花还好吗？**——以及其他很多方式都能够改善母职货币化的脆弱性。但母职货币化的矛盾比良好的工作条件更深刻，比一名女性想要成为一位善良的、负责的雇主的决心更棘手。因为母职货币化无法弥补一个不支持母亲和幼儿的社会。在工作家庭只能独自建立家庭生活的平衡的国家，没什么比即将生孩子所带来的种种问题更能考验资源和良好意愿的极限。

第四章

怀孕的种种麻烦

他们告诉我:"你是一个好工人,但我们想要一个没有任何问题的人。"

萨拉

萨拉

萨拉的宝宝 5 个月大时生病了。那时她刚刚重新开始全职工作,把婴儿交给一个舅妈照顾。

"她没有把他照顾好。我是说,我的每一份工作都很辛苦,工作时间总是很长。我把孩子交给别人照顾时,临时保姆没有替我照顾好他。他生病了。他缺铁,得了贫血。感谢上帝,最后治好了。他当时有医疗补助,所以我能给他治病。"

当时,萨拉身处她母亲的移民家政工作的世界已经4年。她经历了黑夫人的友善微笑、微薄报酬,雇主莱斯莉暴躁的脾气和可靠的时薪，与此同时体验到母职货币化是需要了解和选择的，像一枚可以捡起、检查并正反翻转的硬币。但是小德鲁出生后，两面的关系变得模糊起来，作为移民母亲的生活和作为家政工人的生活的对与错被混在一起。她面对一个似乎与她作对的世界，爱、劳动和牺牲之间的界限变得模糊。

"他有医疗补助，但我再也拿不到钱了。他们夺走了补助，让我提供我没有的文件。公众服务部的办公室里种族歧视很严重。[1] 主要是偏向黑人。他们先帮助等待的黑人，然后才是西班牙语裔。所以当我尝试为孩子续办医疗补助时，他们让我提供我是合法居民的证据。我不是居民，我只有工作许可。他们让我提供很多我没有的文件，我无法提供给他们。"

"但你的孩子们是在这里出生的，不是吗？我不认为父母必须是居民，孩子才能享受福利。"

"我也是这么想的！取决于你遇上的社工。"

我问她关于她遇到的社工的情况。他们都是女性吗？他们是西班牙语裔吗？"根据你的经验，你得到的待遇好坏取决于社工的种族吗？"

"在公众服务部，都是女性，但多数是非裔美国人。"她解释道。

作答时，萨拉用"非裔美国人"替换了"黑人"的说法，或许是为了适应我关于"种族"的明确提问。[2]尽管来美11年，她说英语仍然很吃力，但她很好地掌握了社会分类的语言。

"她会说西班牙语吗？"

"不会。"

"你的英语怎么样？"

"我英语还可以，但和他们面谈时，他们会找一个翻译。我用西班牙语进行面谈。他们不会告诉我：'这是我们的决定。'他们让我等，然后给我寄一封信，上面说'您的申请已被驳回……原因如下。如果你决定申诉，可以致电……'但你赢不了他们。那是不可能的。他们总有别的把戏。"

萨拉语速很快，一句紧接一句地努力帮助我理解这一切是如何运作的。我聆听并试图理解她告诉我的事情时，会以我的知识和理解为滤镜，比如公民儿童有权享受医疗补助，还有婴儿贫血十分常见，因此可能与临时保姆的照顾无关。在我看来，萨拉对她儿子疾病的解释最初显得很幼稚。但是，母乳和照护人员喂的配方奶粉确有区别，母乳富含铁，配方奶粉经常被手头紧的家庭冲得很稀，或者用含有的铁难以吸收的牛奶取代。尽管医疗补助和儿童健康保险计划不与父母的移民状态挂钩，医疗保健和法律系统非常复杂、难以驾驭，错误的信息和困惑可能导致自我限制和公众服务部的基层办公室权力过大。[3]

但是萨拉找到了自己的方式去理解供养和照顾她的孩子意味着什么，她的话语源于我不曾了解的经验。萨拉的话语描绘了一个让她完全无法用她认为适当的方式抚养孩子的系统。翻译、误解和不完备的解释让人困惑，导致她的负担越来越重。工作方面，上班时间特别长。公众服务部的办公室要她提供她拿不出的文件，要她证明她不具备的资格，还让她坐在等待室的塑料椅上和荧光灯下浪费了很多时间。她坐在那里看其他人进进出出，那些人外表和她有很大不同，和那些管事的人却很类似。这是萨拉所目睹的。她这样解释她感到的不公，这一切就像挑剔的老板的刺耳责骂和她的宝宝病弱苍白的脸色一样真切。她像我们所有人一样，想找一个人怪罪。她向我讲述的故事中有不少她眼中的坏人。我归罪于破碎和不公的系统，萨拉则指责个人——一名种族歧视的社工，一名懒惰的临时保姆，一名专横的雇主，他们都在她编织的故事中扮演着某种角色。

儿子长大一些之后，萨拉开始为泰勒一家工作，稳定下来。每周工作 5 天，每天 8 小时，她来到泰勒一家的住宅，承担维持家庭和谐所需要完成的一切任务。"我洗衣服，接小女儿放学，遛狗，取干洗衣物，做饭，买食物。我为她做所有的事情，"她告诉我，然后补充，"我是他们的奴隶。"

为她做所有事情，她说，是他们的奴隶。

在这段时间，小德鲁仍旧不让萨拉省心。他常常生病，总是有这样或那样的问题，但萨拉为泰勒一家工作，不能请假。她的雇主有自己的工作安排，如果萨拉请病假——因为她自己或她的儿子生病——谁来照看泰勒家的孩子们呢？

尽管萨拉没有像她母亲离开她时那样，给她的儿子留下一个最后的拥抱和相隔1800英里的承诺，但她走进了曾经损害她的童年的全球照护产业链的本地版本。在照护成本从第一世界转嫁到第三世界的这出戏中，萨拉扮演了重要的角色。她是忍受母亲缺席的儿童，是被对老家的外祖父母和妹妹的责任束缚的移民，是为了给美国孩子提供最优质的照护而被迫让自己的孩子接受不合格照护的母亲。从社会到政府到家庭再到个人，像萨拉这样的女性承担着不可持续的经济和社会制度的重担，全球化的育儿责任转嫁让保姆的孩子缺乏关爱。萨拉学会将她的烦恼理解为个人烦恼，非工作时间的，公众视线之外的私人母职体验。

萨拉开始为泰勒一家工作时，能够向她的雇主隐瞒她的种种烦心事。她儿子的需求和不满属于她的个人生活，被压抑为她内心的想法和恐惧，只有在她每个工作日晚上6点45分到家之后才会重见天日。在家，育儿和家务工作会变得与母职实践毫无区别——毫无疑问是女人的工作，全部由她承担。因为时间证明她嫁的男人并非理想的丈夫。"我丈夫……"她匆匆一提，"可以说，不是个很好的丈夫。"

萨拉一度能够将这些冲突藏在她的家中和心里，这让她能够成为，用她的话说，"完美的育儿保姆，完美的用人，做好所有事情的人"。但当她再次怀孕时，事情发生了改变。对于职业女性来说，没有什么比怀孕、生产和哺乳的身体更会让私人和公共生活原本脆弱的界限变得更加复杂。尽管萨拉坚称她第二次怀孕期间工作质量没有受到影响，她怀孕的事实却以令她哑口无言的多种方式损害了萨拉从事母职货币化工作的价值。

"我一发现就立刻告诉了他们。我是说，我告诉过他们我结婚了。如果已婚，这可能随时发生，不是吗？我是 7 月怀孕的。我发现的当月就告诉他们了。然后，他们开始为难我，我的雇主。"

萨拉宣布怀孕的消息时，泰勒一家的第二个宝宝只有几周大，夫人还在家休产假，一直在场而且越来越苛刻。"如果我工作 8 小时，她就一定要让我 8 小时都在干活。他们不给我休息的时间，什么都没有。她在房子里时，对一切都很严格。"

"然后她的孩子，"萨拉继续说道，"整整 3 个月都哭个不停。她想让我一直抱着孩子，而他一直哭一直哭。"

"她要求你打扫吗？"

"是的！"她坐直，眼睛瞪圆，大声说道。

"她和我都在。有时候她会帮忙。她会照看婴儿，然后让我照看小女孩。但我告诉他们我怀孕了之后，他们对我的态度就变了。他们让我擦外面的窗，非常热。不让我午休。什么事情都要我做。让我打扫，让我送小女孩去参加各式各样的活动。他们希望我辞职。如果我辞职，他们就不需要付我遣散费。他们不用付任何钱给我，因为我会辞职。他们希望我辞职，但我不能辞职；我刚买了房子，所以我不能不工作。"

在这之后的短暂停顿里，我试图带着我的无知和我知道的一切，走进萨拉的故事。我发现萨拉对她在泰勒家的工作的假设是错误的。她认为怀孕不会威胁她的工作，认为违反关于强制休息、安全工作条件和怀孕歧视的劳动法的雇主会像雇员所期待的那样在将其解雇后支付遣散费。但更多的时候，当我闭上眼睛，试图进入萨拉讲述的故事时，我会想象 7 月在休斯敦擦窗户的感觉。即便在 1 月，我都能感受到这座沼泽般的、亚热带城市的暑热，100 华氏度以上的高热和浓重的湿气如盖笼罩，浸透混凝土和沥青。

在夏日灼人的阳光下，两种文化共同威胁萨拉的工作。一种是这个隐形行业中的雇主文化——总是无视对工人的责任，并不受制裁。另一种是拉丁美洲家政雇佣的传统，这种传统根植于旧时的家长主义，但也带有自身的适度期望，如遣散费。[4]与很多家政人员一样，萨拉发现自己是输掉的一方。

随着孕程进展，压力和工作条件开始让萨拉不堪重负。她的儿子再次生病时，一切变得难以承受。"我很抑郁，"她说，"因为工作和怀孕的压力。真的好难。"

面对母职货币化的两难——这个系统无法调和母职

工作的经济必要性和个人、文化对母亲的要求，萨拉会发现这个系统自有管理这种崩溃的方式。

8月一个周五下午，这时她已经为泰勒一家工作近一年了，泰勒夫妇把她叫进书房。先生率先开口。

"我想要和你谈谈。"他说道。

"好的。"她回答道，跟着他们走进了书房。在那里她的老板转身面向她，直截了当地说："你不能再为我们工作了。"

"为什么？"她惊讶地问。毕竟，她忍受了各式要求、一切辛劳、绞痛和令人窒息的工作节奏。

"是这样的，你是一个好员工，"他继续说道，"你工作很努力。我们可能再也找不到像你这样的保姆了，但我们想要一个没有任何问题的人。"

萨拉暂停了讲述，等待我对这个故事的反应，她看着我。

"问题指的是怀孕？"我问道。

"问题就是怀孕。"她停顿了一下才继续说，"我想死，我做错了什么？"

"你对他们是怎么说的？"

"什么都没说。他们只说：'这是你的支票。我们付了你两周的工资。如果你需要推荐，可以给我们打电话。我们也可以把你介绍给朋友。但我们不再需要你了。我们已经找到为我们工作的人了。'"

最后的部分，泰勒雇用的顶替萨拉的人，给了萨拉最后一击。"他们雇另一个人的时候，我就在那里。但我不知道他们在说什么。他们雇新保姆的时候我就在现场，我不知道他们说什么是因为他们说的是英语。"如果她能在刚开始不久的人生中，在忙着狩猎鬣蜥、穿越边境、冒着酷暑清洗窗户之外，再学会英语，萨拉可能会对怀孕的木查查女佣在美国的不利处境有更好的理解。这样的女性特别脆弱。因为尽管她从事的育儿和家务工作被量化并被纳入基于工资的经济，怀孕和分娩的生理劳动一直被视为与工作的公共领域不相容。

关于母职的当代美国写作充斥着关于怀孕的女性在工薪阶层和专业职业的工作场所受到歧视的报道。[5] 尽管所有怀孕劳动者都受法律保护，但有些人更具备反抗的权力。当权力的天平对萨拉这样的雇员不利时，被解雇或工作条件恶化的怀孕家政人员只能独自接受自己的命运。她身处弥漫着未经授权的移民恐惧的阴影行业，毫无保障。但无论系统多么不公平，婴儿们生下来了，孩子们会长大，照护者会响应他们的需求——往往是以打破轻看他们的逻辑的方式。

萨拉温柔地回忆泰勒家最小的孩子："我很想念那个小女孩。她是个很棒的小姑娘。她总是叫我'妈妈'。我努力一直对她好，做一个好保姆，因为她的父母总是在工作，这令我感到难过。他们完全不照顾孩子。一切都是我负责。所以我总是努力对她微笑。"

太多的孩子，太多的需求。这些冲突向萨拉的故事注入了深刻的矛盾——她对被父母忽视的孩子温柔相待，为抚养自己的儿子竭尽全力却因无法满足他的需求而感到愧疚。"他总是身体不好，"她说道，然后放低声音承认道，"部分是因为我的疏忽，因为我的工作，因为我对他不够关心。"

罪魁祸首得是一个具体的人。就像不近人情的社工和残酷的雇主一样，萨拉需要找一个人来归罪。我看到对她和她年幼的儿子不利的系统，她却看向自己，只看到一个付出不够的母亲。萨拉工作努力的名声和她与前雇主莱斯莉的复杂关系，让她摆脱了泰勒夫妇对她的打击。尽管德鲁出生后不久，萨拉就不再为莱斯莉工作，但她仍旧每周一天为莱斯莉的男友打扫房子。了解到他的女佣的困境后，被萨拉称为"天使先生"的这位男士主动提出从一周打扫一天增加到打扫两天，每天100美元。

萨拉的宝宝出生以后，他再次表现出了他的慷慨。"他给了我女儿200美元，是庆祝她出生的礼物。所以他是我的天使。他特别好。"他还给予了母亲一份更有价值的礼物："我女儿出生之后，他说我可以带着她工作。我重新开始工作时她17天大。由于经济所迫，我不能再待在家里了。我带了一个朋友帮忙。"

萨拉把她两周大的孩子绑在胸口，带着一个朋友重新开始工作时，她遵循了在一个没有带薪产假的国家里很多职业母亲都很熟悉的模式。她自己私下承受，拼凑出自己的产假——不到三周的休息，请他人分担工作量，收入降低，让这一切成为可能的是一位恩人的丰厚收入和慷慨性情。

照顾新生儿的成本是真实有形的。在萨拉的故事中，成本不成比例地落在她肩上，但她不是唯一感受到它的沉重的人。她的个人关爱流失链串联着一系列得不到满足的需求——从泰勒家的小女孩，到萨拉怀孕的身体，再到正在长大的男孩——他看着他的妈妈越来越疲惫，不在他身边的时间越来越长，无法给他未来所需要的关注。小德鲁很快就会因为他多年被交给姨妈（曾是留守儿童、一直无法学会原谅的萨拉的妹妹）照顾而心生怨恨。

罗莎

1982 年，作为一个有 5 个不到 12 岁的孩子的母亲，罗莎对怀孕的身体会带来的麻烦并不陌生。所以当她和丈夫从洛杉矶来到休斯敦安家时，她特别注意在架子上给她常年服用的避孕药留了一个位置。毕竟，她来美国是为了工作，抚养她和阿图罗已有的孩子，为他们创造能够有所作为的人生。但是在一个自信比罗莎更了解她的身体的医生的帮助下，命运与她开了一个玩笑。

"恭喜，女士！"

在本地诊所，医生热情的祝贺让罗莎十分恼火。几周前，她在诊室里描述身体不适。他告诉她避孕药让她不适，她应该停止服用。"不行！"罗莎反对，"如果不吃，我会怀孕的。"但他向她保证："不会，你都吃了那么多年了。"

距离罗莎接受他的建议并停止服药还不到两个月，她再次前来就诊并带着怀疑接受同一名医生的祝贺。

"恭喜，为什么？"她问道。

"因为你怀孕了。怎么了，哪里不对吗？"

"医生，"她回复道，对怀孕的后果万般无奈，没心思体会他问题的讽刺，"我已经有5个孩子了。"

"不！"他说，像任何不花时间去问的人一样，像从未想过意外怀孕可能不值得庆祝的人一样，表现得十分惊讶。"那么，反正，"他继续说道，"你现在肯定是怀孕了。"

"我丈夫非常开心，"罗莎告诉我。她的声音就像在诊所的那天一样低沉而疲惫——她的丈夫喜笑颜开。医生轻笑时，罗莎则将一只关节发红的手放在肚子上，然后自言自语道："但我是来这里工作的。我想要有所作为。"如今的她对我也是这么说的。几个月之后，飓风艾丽西亚以每小时115英里的速度席卷休斯敦并带来12英尺的暴风雨降水时，罗莎和阿图罗迎来了他们的第6个孩子，一名美国公民。他的国籍特权会让他与他的兄弟姐妹们不同，在他的身份上蒙上矛盾的阴影。

对罗莎来说，那是一段复杂的时期。她一直在应对自己住在美国大城市，却让孩子们继续在墨西哥农村生活的情感体验。从她出发前往洛杉矶，把孩子留给外祖父母照顾，已经3年过去了，她和阿图罗过得不错。罗莎每周赚135美元，还有住宿，阿图罗继续做老本行。他们在休斯敦舒适地工作和生活了两年，通过丰厚的汇款和定期通电话供养孩子；在手机还不普及的时代，罗莎的雇主提供的免费长途电话是他们生活的一项重要福利。但有时他们不知如何看待美国生活不可避免的舒适，因为他们清楚自己对孩子们的生活做了什么——孩子们和年事已高的外祖父母一起，住在连村庄都算不上的农场里，在那里，学校开学的日子都说不准。

"最小的两岁，"罗莎提醒我，"太不容易了。"她回忆道："把孩子留在老家，自己却在这里，原本我和他们在老家过得好好的……"她逐渐说不下去了，但很快重整旗鼓。"他们没事，"她说道，向我，也向她自己，保证时她的声音变得响亮。孩子们过得很好。"因为我们给他们汇钱。我们开始工作后，就一直给他们汇钱，让他们不用受苦。他们吃得很好。"也就是说，他们不用只吃米饭、豆子和产出越来越少的果园里的水果。也就是说，他们的生活已经有所改善了。

但距离仍旧是真实的，正如分离是不自然的——爸爸妈妈在这里工作，孩子们在等待——现在，又多了一个婴儿。罗莎当时的工作主要是保洁；雇主家庭的孩子是青少年，两个大的已经上大学了，最小的也已经 15 岁了。这样的保洁工作要求很高，但比幼儿的需求和儿童的日程安排更可预测，罗莎找到了一边应对产后遇到的种种困难一边工作的办法。

她的雇主允许她继续为他们工作，并把孩子放在她和阿图罗的房间里，只要不耽误工作就行。所以她自创了一个一边照顾婴儿一边工作的系统。

"我给他喝母乳，因为母乳是最好的。所以我喂他，然后去工作，直到我的胸部胀得不行，我感觉自己快要爆炸了。"

"但你工作的时候把孩子放在哪里？"

"放在房间里，我把他留在房间里。"

"这样你的雇主不会担忧吗？"

"我的雇主？不，不。他们说只要我可以工作，就没有问题，我可以继续工作。"

只要她能做到。职业母亲对这样的条件都很熟悉。在我自己所处的学术界，让人深夜坐在笔记本电脑前工作，清晨喂奶，我感到过同样的压力。我们把生育的私人任务塞进天亮前的时间，关在紧闭的门后。我们被如此期望，很容易忘记提出质疑。

对于罗莎来说，这样的妥协和医生不负责任的建议一样是可预测的。从诊所的白大褂，到她用扫把和拖把打扫时挺着的孕肚，再到让她工作的身体响应婴儿需求的肿胀乳房，罗莎一直在经历私人性别身份的私密表达与医疗和生产劳动的公共现实的交织。在罗莎的案例中，这些冲突发生在与世隔绝的家庭住宅内——她为报酬工作的地方。在紧闭的卧室门后，8个月大的婴儿迫切渴望靠近几小时前离开他去劳动的身体，因此学会了爬出摇篮。

"小家伙会爬出摇篮，"她告诉我，"他会受伤。每次喂他的时候，我一说：'我要走了'，他就会放声大哭，那哭声会令人心碎。我只能让他哭，伊丽莎白——"她呼唤我的名字，叫我"伊丽莎白"，因为这部分很重要，需要我好好听。我要以某种方式与罗莎同处现场，这很重要，回到30年前那个她和一个需要她的婴儿共享的房间，那孩子的哭声至今还会让她流泪。"我会把他留在那里独自哭泣，半小时后我回去检查时，他就已经睡着了。太痛苦了，伊丽莎白。因为——"她停了下来，吞咽了一下，缓缓地摇头，被依旧存在于她身体里的过去的感觉所侵袭，她的乳房仍旧记得喂奶的拉扯和孩子的需求，"——我们的孩子在受苦，那是最痛苦的。"

"一天，"她振作起来，继续讲述，"我发现他睡在地上。他会爬出摇篮然后掉在地板的床垫上。"

她告诉我，那天阿图罗下班回家时，她就已经作出了决定。"我们的儿子不缺纸尿裤，"她对丈夫说道，"不缺食物。但尽管他的生活条件最好，他却在受苦。

这样不行。"她在其他家庭的住宅中的一个小房间里对阿图罗说，"我要回家。"

不久之后，罗莎出现在她妈妈在普埃布拉的房子的门前，宣布她回来了："现在我回来了，"她表示："我要把孩子们领回去。我没法再在那边工作了。我的孩子在那里受苦，我也很痛苦。"

并肩工作近 4 年之后，罗莎夫妇存了足够的钱，可以在墨西哥买一幢小房子。那是一幢老房子，一点儿也不豪华，但是因为有在北方打拼赚的钱，他们把房子布置好，在银行里还有一些积蓄。"那就是我想要的，"她解释道，"一个我们一起住的地方。"

所以，罗莎和她的 6 个孩子在位于切特拉的他们自己的房子里安顿下来，那里距离农场和关于一种不同生活方式的回忆很近。阿图罗回到休斯敦工作。他会赚美国工资，把钱寄回家，然后在节假日回家探亲，停留时间取决于越发严苛的边境允许他待多久。

"9 年，"罗莎慢慢地说，她的眼泪已经干了，记忆十分清晰，"我在墨西哥待了 9 年。又变成了一个人，带着我的 6 个孩子。"

这些是罗莎的选择。跟随阿图罗的脚步，踏上他们之前几代人——被季节性劳动吸引的、穿越流动的边境的父亲和祖父们——所走过的乡间小路和布拉塞罗客工路径。祖辈们来来回回，建立了以移民劳动的文化传统为基础的强大社会网络。罗莎陪阿图罗一起到洛杉矶，再到休斯敦时，是众多遵循传统跟随丈夫去另一边的妻子之一，去那里是为了工作，而非生活。这是一个选择。

返回墨西哥，是另一个选择。罗莎作出这个选择的背景是外来劳工传统的另一面——分裂的家庭的文化传统，从定义上看，这样的家庭是跨国家庭，但墨西哥家庭的感受和体验与那些被大洲和海洋隔开的家庭不同。对于像安娜和萨拉、玛丽亚和帕蒂这样的跨国母子，美墨边境是遥远想象中的地方。但对于罗莎和其他习惯、熟悉移民的节奏的人来说，边境是一个真实、有形的空间：严苛、界线明确、分隔，但在20世纪80年代末，仍旧是可以随意穿越的。

"在那9年中，我来这里3次。他给我钱让我来。然后我付钱雇郊狼，再付钱雇人照顾我的孩子。"[6]

与精明的郊狼和腐败的警察的偶遇，空油箱和另一名女性的婴儿作为冒险穿越的伪装被放在她大腿上的经历是留守妻子的职业危害。正如她的母亲身份让她回家，回到她在普埃布拉的孩子身边，她的妻子和爱人身份驱使她冒险穿越，这一切都是她的种种选择的后果。

在我和罗莎交谈期间，我最小的孩子时不时钻进厨房——她觉得冷；她想看《米奇》，但现在放的是《万能阿曼》；她送我一份礼物，可能是天台上的一朵花、一块碎布或她从地上捡到的一个小玩具。她爬上我的大腿，她柔软、温暖，有很多需求。"去看你的节目吧，宝宝。"我说道。她的需求让我再次想起罗莎胸口的婴儿、子宫里的胎儿和与她同床共枕的男人，以及他人住宅里的房间和她所做的女人的工作的周薪，还有在地上睡着的8个月大的婴儿、我家地板上的灰尘和我大腿上的3岁孩子。性、生育、孕肚和心痛无法从工资、市场及交易和劳动的文化逻辑中被剥离。在罗莎的故事中，没有什么是私密的。我的故事可能亦是如此。

这是罗莎面临的选择。如果不牺牲她和丈夫之间的关系，她就必须受制于边境和相关非法经济活动的专横力量。为了勤奋而自豪地工作，她必须忽略胀痛的敏感胸部——其中满是喂养一个在紧闭的门背后哭闹着要妈妈的婴儿的乳汁——还必须忽略对这个孩子可能比另外5个在另一边等待她的孩子过得更好的担心。为了完全成为她心目中的好母亲——让家人团聚，把孩子们养大并让他们有所作为——她必须牺牲自己的一部分。在洛杉矶和休斯敦的4年，牺牲的是与孩子共度的时光，她不能帮她们编辫子，给他们做饭，听到他们的笑声。在墨西哥的9年，牺牲的是与丈夫的亲近，触碰与拥抱，以及很多夫妻期待的、一天结束的那个时刻——一方会停下手里在忙的事情，被伴侣拥入怀中，然后在那个瞬间，卸下他们作出的选择带来的责任。工人、爱人、母亲、女人。

阿莉西亚

阿莉西亚是一位 32 岁的墨西哥女性，她的故事始于 16 年前，她的性意识即将萌芽的时候。我们在社区公园见面，她照顾的年幼孩子在其中攀爬、玩耍。从她到达这个国家的那一刻起到她和我交谈的这一天，她发展中的自我意识就一直在与大男子主义的兄弟和警惕的雇主的铜墙铁壁般的力量斗争，这种力量几乎大到让她无法发声。好在她并未完全噤声。当我跟着阿莉西亚照顾的浅色头发的孩子从游乐攀登架移动到游戏室，再到沙池，最后到秋千时，她讲述了一个关于河流和荒漠、她的兄弟姐妹的严格控制和一条趁她不备突然袭击的蛇的故事。

因为被在边境另一侧等待的男友催促，14 岁的阿莉西亚和她 22 岁的姐姐从她们位于墨西哥伊达尔戈的家出发，跋涉 800 英里来到休斯敦。阿莉西亚的村落是一个位于东马德雷山脉 [7] 西坡的小镇，她离开了在狱中的父亲和失去了一个孩子后多年严重抑郁的母亲。阿莉西亚的哥哥陪两姐妹一同穿越。"我哥哥会照顾我们，"她解释道，"因为女人在路上可能会遭遇各种不测。"

一名表亲做他们的郊狼，带他们在夜晚穿越一条水深到膝盖的河流，在那里，第一起黑暗中的意外发生了。

"当时，我的脚被蛇或者其他什么东西咬了，迅速肿了起来。我的脚很痛，但他们说，'没事，我们只走一会儿。'但然后我们走了16个小时。到最后，我几乎无法走路，我的哥哥和姐姐背着我走。他们说，'没事，没关系。是虫子。'但不是没关系，咬我的是蛇，我被蛇咬了。"

越过边境线和检查点之后，她和哥哥姐姐到达了一位姨妈的家中，那里住满了移民大家庭的不同成员，有些是刚刚到达的，有些则不是。在这里，阿莉西亚发现，即便在美国，她的家庭还是很穷。

"看到他们也很穷，我有些惊讶，我对自己说：'如果我们还是和在村子里时一样穷，我来这里是为了什么呢？'"

阿莉西亚对美国的印象完全来自20世纪90年代的《凡人琐事》和《茶煲表哥》等电视剧。与贫困这样的相遇，给了把移民与希望和承诺联系在一起的她沉重的打击。但对阿莉西亚来说，她的家庭为何贫穷是一个谜，除此之外，她还有很多未能宣之于口的疑问。

阿莉西亚的兄弟们是油漆工，她和姐姐跟在他们身后，擦窗户或者做其他临时工，开始了她们在美国的工作生活。"这条疤就是这么来的。"她告诉我，用修长的手指划过她的上臂，指出皮肤上一道粉白色的疤痕，那里曾经被划破，重新长好的皮肤紧绷而粗糙。很快，兄弟姐妹们帮助阿莉西亚找到了一份自己的工作，在一家无人过问年龄或移民状态的墨西哥自助餐厅工作。因为餐厅女老板的不安全感，阿莉西亚被排挤，于两个月后离开了餐厅，开始了她的第一份保姆工作。她将要照顾的孩子当时 4 岁。那时阿莉西亚只有 14 岁。

"那个小姑娘很爱我，"阿莉西亚的声音柔和而温暖，"我仍旧带着她的照片。"她拿出钱包，给我看一张覆盖着塑料膜、又皱又旧的照片。照片上，一个刘海儿浓密、脸颊像苹果一样红扑扑的小女孩微笑着。阿莉西亚看着照片露出了微笑，倾身仔细看照片上的画面时，她圆圆的脸庞充满神采，栗色的头发向前落了下来。

作为一名工作日工作的住家保姆，阿莉西亚为这个美国家庭工作的周薪是 110 美元。她每周一到周五从早晨 7 点工作到晚上 8 点，打扫房子并照顾小女孩。每周工作 65 小时，时薪不到 1.7 美元。周末休息的时候，她回到和兄弟姐妹——一个姐姐，两个兄弟，一个嫂子以及她的孩子——同住的拥挤的家中。

"我自己还是女孩，却要照顾另一个小女孩。我只有 14 岁，很天真，又来自一个小村子。"

"他们从来没有问过你的年纪？"

"他们没有问过我的年纪，或要过文件，什么都没有。"[8]

在阿莉西亚第一次和我交谈的 2008 年 11 月的那个微寒的下午，她用低沉的嗓音和起伏的低语迅速为我构建了关于孩子和照片的故事。她的讲述带着迟疑，就像她扫过沙池、游乐器械和她手机上闪动的提示灯的躲闪的眼神。后来，我回顾了她的故事的细节，并有了更深入的理解。尤其是，让阿莉西亚在他们的家中工作的成年人是两个青少年的父母，他们给她的工资甚至不如在边境另一侧的加工出口工厂工作的流水线工人。他们清楚14岁的女孩是什么样的。他们肯定知道。但他们选择视而不见。后来，在我写下阿莉西亚的故事时，这是第一处令我落泪的细节。

阿莉西亚把钱包合起来并收好时，我注意到了另一张照片，上面是一个有着线条硬朗的下颚和深色眼睛的男孩的面庞。

"我想去上学，"阿莉西亚继续她的故事，"但我的哥哥姐姐们不支持。"

"你问过他们吗？"

"没有，我更专注于工作，忙着给家里的父母寄钱。"

从她在墨西哥自助餐厅找到第一份工作起，阿莉西亚就开始往家里汇钱。18年后，她仍在这么做。九年级之后，阿莉西亚就再也没有接受过正规教育，她学到的东西来自构成她的世界的空间：满是和她一样贫穷的移民的公寓大楼的走廊，迫切需要青少年提供的廉价劳动的美国家庭住宅，她和其他保姆并肩推着婴儿车走过的绿树成荫的住宅区街道，以及和兄弟姐妹们共享的拥挤的家中她隐藏秘密的小角落。

和大多数青少年一样，阿莉西亚为了提高英语水平而沉浸在音乐和电视剧的世界中。

"我主要是通过听英语音乐和看电视剧学会英语的。我大概看了 5 部电视剧，都特别特别喜欢。我看不懂，但我喜欢看，看喜剧。还有听音乐。我还在伊达尔戈的时候就喜欢乡村音乐，我兄弟会给我带 CD。"

"你最喜欢的艺术家是谁？"

"艾伦·杰克逊。还有乔治·斯特雷特。当然，最喜欢乔治·斯特雷特。"

"那是当然。"我们都笑了，在这痛苦的讲述中她念英语名字时的完美发音给人轻松自如的感觉。最喜欢乔治·斯特雷特，当然了。

阿莉西亚谈起艾伦·杰克逊和《茶煲表哥》时，眼中少年般的光芒似乎与她成熟的年纪不符。她体内仿佛仍有灿烂燃烧的火焰，对新的生活方式充满想象，对正在成形的改变充满期待。在她压低的笑声和迟疑的话语中，我发现了一种渴望发声讲述她的经历的、指出那条咬人的毒蛇的少年感。

"我怀孕的时候 16 岁。我的家人都不理我，我只能自己面对。我妹妹去世之后，我曾默默想过：'长大之后，永远不要怀孕。'结果我很早就怀孕了。"

"因为你不懂孩子是怎么怀上的？"

"是的。我第一次和男孩在一起，就怀孕了。"

"没有人告诉你这一切？"

"没有人。那是一个很封闭的小地方，人们不谈这些事情。学校里也不教。没有人告诉我，我会来月经。我第一次来月经的时候十一二岁，发现的时候我哭了。我很害怕。"

从一开始，阿莉西亚就独自探索神秘的性和生育。没有母亲的教导，没有姨妈、姐妹或老师填补空白。就像美国的贫穷和对陌生孩子的爱，性也是阿莉西亚在实践中学习到的。她没有得到言语上的指导，几乎是独自一人面对。

那时，她不再照顾脸蛋红扑扑的孩子，而是开始了另一份保姆工作，照顾一个小男孩并负责清洁，周薪160美元。

"比原来多50美元，"她解释道，"但那是一幢很大的房子。我在那幢房子里工作的时候，会打我的肚子。我会捶打自己，一遍遍告诉上帝我不想怀孕。因为我了解我的兄弟们。我知道他们有多大男子主义，我知道这件事迟早会爆发的。"

阿莉西亚口袋里的手机响了。她停下来看手机，让我面对她说到顽固的孕肚和可怕的兄弟之后的安静。她把手机放回口袋，回到和我在公园里的对话，继续描述她16岁时的绝望。

她接下来的故事分为三个乐章。

第一乐章。

尽管阿莉西亚捶打自己，但妊娠仍在继续，阿莉西亚向同样怀孕的表姐坦白她的困境时，那个女孩建议她们都去达拉斯找能安排人工流产的姐姐。"所以我离开了我工作的房子，因为是周末，去那家我曾经工作过的餐厅见我的表姐，因为她在那里工作。我带着收拾好的行李箱，准备和她一起去达拉斯。但是出发之前，上帝或者别的什么东西——我不知道，我无法向你解释，因为连我都不知道——让我，放弃了。我没有去。我无法向你解释这一部分，因为我也不知道。不是不记得，"她坚称，"是我不知道发生了什么。就是发生了。"

第二乐章。

阿莉西亚和在街对面工作的另一位保姆成了朋友。"因为保姆们，我们，经常带着孩子出门散步。"她解释道。她把她的情况告诉了她的新朋友，而后者直接去向她的雇主寻求建议。这位雇主，一位已经有两个自己的孩子并且正在怀第三个的阿根廷女性，后来告诉阿莉西亚，如果不是因为她已经怀孕了，她本人就愿意收养阿莉西亚的孩子。这位夫人为年轻的保姆指出了一条人工流产之外的道路。

"她带我去见了医生并付了钱。她都不认识我，就帮我付了检查的钱。他们做了一个超声波检查。那时我得知我怀的是个男孩。然后她带我去了一座教堂。"

这是阿莉西亚整个孕期做的唯一一次检查。在教堂，她听一名说西班牙语的女性解释该组织的收养流程。中心会支付她的所有费用，并代表她将孩子安置在一个好的家庭。阿莉西亚静下心来考虑摆在她面前的文件，她想到自己不用支付医疗账单并可以在中心生下孩子，然后她向前倾身，小心地、慎重地，在表格上签字。

"然后，我们离开的时候，我开始一边哭一边说，'不，还是不行。'就像我现在对你说的这样。我对自己说：'还是不行。'我就站在那里，你知道吗？说：'不，还是不行。'这件事就这样结束了。"

第三乐章发生在一段时间之后。

阿莉西亚怀孕8个月时，她的姐姐和嫂子叫她去谈话。

"我们想和你谈谈，"她们说，"我们想知道你是不是怀孕了。"

她看着她们，她的姐姐和她哥哥的妻子，问她们为什么想知道。

"因为我们想要帮助你。"她们认真地回答。阿莉西亚可能相信她们，或者想要相信，但她也可能就是别无选择。无论为何，她证实了她们的怀疑，希望事情往好的方向发展。

但即便她们想要支持阿莉西亚，女人们能做的也很有限。她们身处男人的世界，被男性权力过剩的传统所支配。在阿莉西亚的家庭中，手握权力的是她的哥哥们：跟着妹妹们穿越边境的哥哥，让她去承接工作的哥哥们，决定阿莉西亚是否有机会读书的哥哥们，无法原谅少女在性方面犯下错误的哥哥们。尽管他们可能会谈论荣誉和耻辱，但他们遵循某些规则并非出于价值观，而是为了巩固让他们获益的社会结构。在男性被服务、女性被控制的父权秩序中，女性在性和生殖方面的权力是要扼制的威胁、要排除的危险。

"他们不再关心我。"她这样描述她的哥哥们，"他们说，'我们不想让你再住在这幢房子里。你现在必须走。'"

几周后，当她开始感到阵痛时，掌控一切的又是她的哥哥们，因为只有他们会开车。

"他们不愿送我去医院。只是一直骂我，说，'该死的，孩子的父亲是谁？是哪个狗娘养的？我们要杀了他。'我想死，因为阵痛已经开始了。"

她的嫂子求她的哥哥们，"拜托，送她去医院吧。你们看不到她要生孩子了吗？"

在哥哥们的争执和姐姐们的恳求中，分娩的感觉——强烈而持续，被恐惧放大——在一片混乱中一波波向阿莉西亚袭来。"我痛得想死。"

最终，二哥让步了。姐姐们把阿莉西亚送上车，到医院后帮忙扶她出来，帮她办入院手续，然后就走了。到医院几分钟后，她的羊水破了。一小时之内，她成了母亲。16 岁，孤身一人。

当说西班牙语的分娩护士温柔地问她"你想给他起什么名字"时，阿莉西亚不知道。

"我不知道给他起什么名字！我没有衣服，什么都没有。真的什么都没有。"

那天之前的某一天，阿莉西亚一个人出去，买了一条婴儿毯、一个奶瓶和一些橡胶奶嘴。这是关于如何为成为母亲这样不可想象的事情做准备，她所知道的一切。"我把它们藏了起来，"她告诉我，"这样其他人就不会发现。"现在，那个不为人知的角落是她和她的孩子唯一的家，而她不知道她是否可以回去。

"生完孩子之后，他们会告诉你何时可以回家。但我害怕，因为我想，'我要去哪里？他们现在不想要我了。'他们从来没有来看过孩子好不好。直到我给他们打电话，对他们说因为医院要求我出院，能不能麻烦他们来接我。"

她的兄弟姐妹确实来接她了，带着一个婴儿背带，表情冷酷，在此后阿莉西亚找工作的几周里，他们的态度一直很冷淡、疏远。在这期间，阿莉西亚最年长的哥哥告诉她，他不希望她住在这里，而她的姐姐冷漠地看着阿莉西亚和她胸前的婴儿一起哭泣。

"我不知道怎么照顾他。我和他一起哭是因为我不知道怎么做。我姐姐有孩子，但她，我不会用'坏'这个词，她不是一个坏人，只是很冷漠，非常冷漠。宝宝会哭，但她什么都不教我。从头到尾都只有我一个人。"

分娩两周之后，阿莉西亚在跳蚤市场买来的假社会保障号码的帮助下，在盒子里的杰克餐厅找到了一份工作，时薪 3.25 美元。[9] 但工资只能勉强支付她请邻居帮忙照看孩子的费用，根本不够给孩子买她非常想买的衣服。和她的姐姐一样，世界冷漠地看着阿莉西亚独自努力养活自己和孩子。

结束一份餐厅洗碗工的面试后，她在公交车站遇到了第一个为她打开一扇门的年轻女性。也许是这个陌生人的眼神，也许是她的问题——"你是刚参加了面试吗？我也在这个餐厅工作"里传达的友好。这个亲切的陌生人身上的某种东西给了阿莉西亚一种安全感，她敞开心扉，话语和泪水喷涌而出，讲述了几个月以来艰辛坎坷的故事。第二天，阿莉西亚的新朋友兼工友邀请她搬进她和 3 岁的女儿一起住的房子。那幢房子属于一对年长夫妇。

"丈夫是美国人，妻子也是。他们出租一些小房间。太太开始帮我照顾孩子。但我给她很多钱，几乎是我工资的一半，另外我还要买尿不湿。"尽管她是收费的，阿莉西亚知道那对夫妇爱她的儿子。在多年前的那段时间里，这样的爱是一个复杂的命题。"我不爱他——"她的手机在口袋里响了起来，她伸手按掉了震动声。"有 3 年时间，我不认为我是他的妈妈。当然，我会照顾他。我从不让他独处，也没有把他给任何人。我不虐待他。但我不爱他。如果他摔倒，我不会觉得心疼。3年都是这样。当然现在不是这样了。"

"那是肯定的。"我想，回想起关于母亲不应该有的感觉的黑暗诗歌。[10]

那个孩子如今已经长成了一个 16 岁的英俊少年，他的照片被阿莉西亚放在钱包里，他最终赢得了他母亲的心，两人在那之后的岁月里相依为命。但是当时，阿莉西亚告诉我，感觉不同。那时，那对美国夫妇一心一意地爱着那个婴儿，而阿莉西亚每天都必须离开他，才能赚钱请人照顾他，给他买尿不湿，满足他对衣服和食物的长期需求，并让他有栖身之处。她的工资还要汇给老家狱中的父亲和抑郁的母亲。而阿莉西亚总是孤身一人。

　　当那对夫妇提出收养阿莉西亚的儿子，并把他当作他们自己的孩子抚养时，阿莉西亚花了一段时间才给他们答复。和很多女性一样，成为母亲是被动的遭遇，远非有意识的决定。在她哥哥的大男子主义支配的极端父权体系中，生育和选择就像权力和 16 岁的女孩一样不相配。从她为内裤上的血迹而哭泣，到她孤单地在医院给排斥她手中的婴儿的兄弟姐妹打电话，阿莉西亚对她自己的性权力的体验就像里奥布拉沃河表面下的暗流一样令人困惑——能感受到，却无法名状。

　　但即便我们无法用语言形容，或不能理解，渴望中蕴含着力量。有某种冲动让阿莉西亚选择成为她孩子的母亲。同样的冲动，即便带着迟疑，让她和我在公园见面，看着我按下录音键，向我讲述她所作的选择。

　　第三乐章。

　　"我几乎就要同意了，"提到那对夫妇的提议时她说，"因为，就像我说的那样，我感觉不到对我儿子的爱，只是因为他是我生的，所以我知道他是我的孩子。但是——"她的电话又响了，持续不断，"稍等一下。"

她迅速把电话举到耳边，肩膀蜷缩，下巴收起。"是我的老板，"她小声说。她蜷缩着接电话，把身体从我面前转开，放低声音，然后迅速走向男孩，把正在游乐场中和其他孩子一起在地上玩的他叫出来。

我朝她的方向走了一步。"那，如果你要先走的话……"我对她说，但她眼中闪现了新的慌乱，"是先生，是工作的事情。"我知道今天我无法听完她的故事了。第二天也没有听完，她没有回我的电话。

还是不行，最终她一定是这样决定的。

帕蒂

在史蒂文森家工作了几年之后——住在有家的感觉的车库公寓里，爱着两个像她的亲生孩子一样的年幼孩子，帕蒂遇到了她未来的丈夫。两人从一开始就知道他们的关系是认真的，帕蒂感觉她的雇主认可并尊重她和恋人的关系。

"从一些小细节能看出来。她让我丈夫，在他还是我男朋友的时候，和我一起住在我的公寓里。他周末会过来和我一起住。他们什么都没说，他们从来没有责骂过我，他们对我很好。也许我利用了他们对我的信任，但我对自己说：'我是一个单身女性，已经到了可以和某人恋爱并组建自己的家庭的年纪。'他们能理解。我总是尊重他们的房子，他们的隐私。我的空间是我的空间。孩子们甚至会说：'那个房子就是你的房子，帕蒂。'我会说，'是的，是我的房子。'"

帕蒂发现自己怀孕之后，立刻告诉了史蒂文森一家。"如果你们想换一个人，"她补充道，"你们完全有权这么做。因为我怀孕了，我不知道要怎么办。"

但史蒂文森一家愿意适应，而帕蒂也有了其他事情需要操心。她和她未来的丈夫遇到了复杂的情况。帕蒂怀孕期间，她男友的父亲因突然急速恶化的癌症而去世，他变成了年迈母亲的唯一照护人，用帕蒂的话说，他的母亲"需要一些照顾"。之前，帕蒂只需要照顾史蒂文森夫妇的孩子们，现在需要她照顾的人变多了——一个新生儿和一个年迈的婆婆。为了满足新的需求，只能做出新的妥协。

帕蒂寻求女主人的建议。"我不想搬进他父母家。"她承认道。

"这是你的房子，"史蒂文森夫人告诉她，"如果你想住在这里，你可以和你的孩子一起住在这里。你不用离开。"

对于帕蒂来说，史蒂文森一家愿意适应她怀孕带来的新情况是因为他们心地善良，以及她多年与他们一家相处赢得了他们的尊重和喜爱。另外，她的雇主在培训帕蒂方面进行了大量的投资，她能够很好地完成工作，并证明了自己值得信赖且很有能力，寻找一个新保姆可能比帕蒂怀孕造成的扰乱更大。在帕蒂的故事中，每一次新的调整，每一次对生活中的改变的适应都不是协商和合作的标志，而是雇主的善良和她的好运的标志。

在此后的一段时间内，史蒂文森夫妇做出的调整让帕蒂十分感激。家务由一名清洁工承担，他们制订了在帕蒂休息的 6 周中请一名临时保姆顶替的计划。"我告诉太太：'我 4 周后就回来。'但她对我说，'不，时间太短了。你放松休息。'"他们还和孩子们多次沟通帕蒂的宝宝降生后的生活："梅拉妮小宝宝会在这里，这里会多一个小宝宝。你们必须做好孩子，因为你们会是梅拉妮的榜样。"

帕蒂向我讲述 5 岁的埃莉·史蒂文森因为即将到来的宝宝而十分兴奋时，语气温柔又温暖。"她会拥抱我，抱我的肚子。她照顾我。把维生素拿给我，对我说：'你要吃维生素，为了梅拉妮。'她会对我说：'不要喝咖啡，你的宝宝不能喝咖啡。'"

她停下来叹了口气，沉浸在回忆中，想起了小女孩无条件的爱，以及关于何时才能安全地投入孩子所不明白的一切。

这期间有一段回忆尤其苦甜交加。帕蒂刚怀孕的时候，因为感染需要卧床休息 5 天。不习惯因为身体原因请假的帕蒂向史蒂文森夫妇保证，尽管她不能收拾和打扫屋子，她仍会照看孩子。她和他们一样清楚孩子有多需要她。但先生完全不同意她这么做。"不，不行，"他回答道，"赶紧回床上休息——现在就去！"帕蒂讲述这段回忆时模仿他的嗓音，微笑着把声音变得低沉。"你的孩子更重要，帕蒂，怀孕更重要。我们会照顾孩子们的。如果你需要任何东西，给我打电话，我们会给你送过来，任何需要。现在，好好休息。"他说的话让帕蒂久久不能忘怀，直至如今这句话在她安静的客厅里的沙发上被赋予了新的意义。"这份工作未来 28 年、30 年都是你的。"他说，"有任何需要就跟我们说。"

随着孕期和她与雇主的关系继续发展，帕蒂坚信史蒂文森一家对她有着特别的喜爱和尊重，并带着这种自信作出了一系列决定。她明确拒绝和刚刚丧偶的婆婆一起住，怀孕 7 个月时和丈夫一起找到了自己的小公寓。就是我和她此刻所在的小房子。他们能够拥有自己的家，一定程度上还是因为帕蒂婆婆的教导。"帕蒂需要筑自己的巢，"她向自己的儿子解释，"她想筑造自己的窝。"

帕蒂的婆婆理解大多数女人被教导的道理：一个家庭需要一个用心打造的有形空间，这样的"家"既是家庭的象征也是避风港，提供庇护和安全感。帕蒂复述她婆婆的建议时选择了"巢"这个词，回想起了在生孩子之前准备安全和舒适的庇护处的"筑巢本能"。母亲、孩子、家、女人——尽管这一切看似是一体的，但几乎没有证据表明筑巢行为和生理上的母亲身份或女性特征有直接联系。[11] 这种关系是在实践中建立起来的，即妇女与婴儿、婴儿与巢的紧密关系。这样的形象混淆了生物学，让我们所有人难以去质疑女性与筑巢是否有天然联系。对于像帕蒂这样的女性，或许还有她丈夫年迈的母亲来说，布置家和组建家庭不过是一个天生属于女性的任务。

这种假设跨越文化、地区和社会阶级，帕蒂的女主人也在家庭中承担着不平等的家政负担。"我都是和她沟通，"帕蒂告诉我，"几乎都是和她说，比和先生商量多得多。"

我就这种共同的体验向她提问。"在组建家庭、做出妥协和陪伴孩子方面，你们两人处于相似的状况，"我提出，"但她有雇用你这个选择……"

帕蒂的回答是一个故事：

"怀我女儿的时候，有一天，我对她说：'我不会把我的孩子丢下去工作的。我不能丢下她。'两天之后，她和我谈这件事。她认为我的话是针对她个人的。她认为我在说她把孩子丢给其他人，也就是我。她是个坏人。"

帕蒂向我讲述这个故事时，我不由感到了我自己作为职业母亲缺乏安全感的刺痛。但对于帕蒂来说，工作和做母亲都不应该引起愧疚或羞愧。除非工作的本质会引起冲突。

"不，夫人，"她复述她的回答，"恰恰相反！"复述时，帕蒂的表情像对误解的孩子露出微笑的父母，她的语气像耐心花时间解释的智慧长者。

"你知道我不离开我的女儿和你离开你的孩子的区别吗？是因为你去办公室工作，而我是去照顾其他孩子。我的女儿会怎么说？'为什么妈妈照顾其他孩子，却不照顾我？'我怎么能连自己的孩子都不照顾，反而去照顾其他孩子？我陪其他的孩子玩，喂他们吃东西，却不知道自己的女儿现在怎么样，这样我一刻也不会好受的。我们的工作不同。如果我做你那样的工作，我会找一个好人照顾我的孩子，我会离开他们。我无法丢下我的女儿去照顾其他孩子，但你的工作不是照顾其他孩子。你的孩子们知道这一点。"

"工作不同，"她对夫人坚称，"不一样的。"此刻她又向我重复。"我不评判她，事实恰恰相反。我不评判她。"

作为移民保姆的留守女儿和保姆，帕蒂知道照护工作会模糊爱和劳动的界限，并且损害保姆和她自己的孩子之间的信任。帕蒂亲身体验了为了报酬去爱和为了爱去工作的情感混杂是如何扰乱女性最深层次的自我意识的。"不，不，"她对史蒂文森夫人坚称，"你不明白。我们的工作是不同的。"

社会学家阿莉·霍克希尔德（Arlie Hochschild）深入研究了工作、家庭和情感的交会，创造了一套词汇描述它们之间的紧张关系，并揭露了我们应该有的感觉和实际有的感觉之间的距离。"情感调适"（emotion work）描述个人为了感到我们被期待感到的情绪所付出的努力——孩子一定要努力不怨恨为了自己的利益而工作的缺席的母亲，母亲要尝试不那么爱不是亲生的孩子。"情感劳动"（emotional labor）指的是在工作场所展现工作要求的情感的努力——保姆对不尊重自己的孩子耐心微笑，家政人员毫无怨言地聆听需要倾诉的女主人的话语。在离开自己的孩子去照顾其他孩子的保姆的案例中，这份工作要求的情感劳动引发了更加私密的情感调适，保姆和母亲努力在正确的时刻对正确的孩子感到正确的情感。在令人困惑的中间地带，本真性可能会打折扣，使我们的"自我意识之源"受到伤害。[12]

帕蒂在情感规则和压抑的情绪构成的微妙环境中创造了自己的生活。当她在一些苦乐参半的时刻意识到她对史蒂文森家的孩子的感情正是她母亲25年来所感受到的爱时，她的身体无法再承受压抑她不该有的情感的努力。她痛哭流涕，双肩不住地颤抖，解释正是这种爱让保姆工作对被留在身后的孩子有不同的意义。随后，她很快擦去泪水，吸了吸鼻子，冷静下来并宣布："我不评判我的母亲，我不评判。只是生活不如人愿。"

尽管原谅了她的雇主和母亲，帕蒂也不愿为了照顾其他孩子而丢下自己的孩子。她会竭尽全力去陪伴她的每一个孩子。那会是她的工作和她的责任。夫人的愧疚。玛丽亚的选择。这一切，都是女人的事情。

我们究竟创造了什么样的社会，让帕蒂这样的母亲不得不独自承担怀孕的代价？让泰勒夫妇刚刚休完自己来之不易的产假，就把怀孕的保姆赶走的社会制度有什么优点吗？在什么样的世界里，罗莎为了打扫房子而把一个婴儿整天独自留在紧闭的门后会是合理的？这是我们通过坚称家庭是私人的、女性的责任所创造的现实。

中美洲保姆怀孕时，美国家庭里上演的戏码是更大的迷雾剧场的缩影，在其中人们坚称个人事务出于某种原因无关政治，工作、财政和政策总是在家庭门槛的另一侧。这种错误的划分将儿童——他们是社会生产的，长大后又从事社会再生产——与社会割裂开来，父母——尤其是母亲只能独自应对照顾自己的孩子的巨大代价。在母职货币化方面，在这个国家，怀孕和育儿造成的"难题"被从那些有财富的人转嫁给资源和选择相对有限的女性，她们被社会阶级、种族和国籍所束缚。萨拉、罗莎和帕蒂是照护链上的受损方，被迫承担社会不共同对其本身的存续负责的代价。

美国女性主义未能直面这种失败，而是忽视贫困工薪阶级有色人种女性的体验，接受了假装女性能够以某种方式将母职与工作和权力的公共领域分开的肤浅言论。这样做理由充分。承认职业母亲遇到的种种困难会带来很多损失。如果我们找不到在不惩罚女性的情况下指出问题的话语，女性就会遭受重大的损失。如果我们无法透过被迫在有限的范围内作出选择的个人面孔，看到冲突根源的系统动因，我们所有人都会蒙受巨大的损失。那就是，再造不平等，反映贬低儿童、女性以及家政和家庭工作的逻辑的政策与做法。

可以用另一种方式看待育儿和家政劳动。当我们从社会再生产的角度看待母职工作的经济价值，其价值一目了然。社会再生产是再生产社会人力资本的劳动和资源密集型生产过程，包括生养儿童、保证他们的居所清洁安全、喂养他们、教育他们、保护他们并让他们保持健康的所有工作。[13] 尽管经济学家和政策制定者多年来提出了极具说服力的论辩，社会再生产的生产价值没有在美国或其他地方被纳入宏观经济模型中。[14] 这种缺失导致无法用经济语言争取联邦政策以支持怀孕的女性，以及所有正在私下努力承担养育我们未来的劳动者、消费者和领袖的代价的年幼儿童的父母。

需要一定的决心才能忽略育儿的经济价值。需要一种刻意的视而不见才能相信养育社会的孩子只是他们父母的责任。需要一个执意维持女性无偿劳动的权力结构才能坚称女性的孩子是她的个人责任。尽管有让女性进入公共领域和揭露生理差异的迷思的艰苦斗争，保姆们仍旧"主要和夫人打交道"，说"我发现我怀孕了，你们不一定要继续雇我。但如果你们继续雇我，我会和以前一样努力工作"这样的话仍旧是合理的。所以夫人们找到一种解决办法。她可以利用人脉，寻找可信的人，冒一点风险，在周五下午去自动取款机取钱。但很快，她也会发现选择进行母职货币化交易是一个复杂的命题。

第五章

雇主们

　　我们基本上就是要雇一个家庭主妇。我们雇你来做家庭主妇。

　　　　　　　　　　　　　　　　　　劳拉

劳拉

　　"我说：'是这样的，我需要一个全职做所有事情的人。我们会给你高薪，但你要注意：我们需要你做所有事情。'"

　　劳拉舀了一勺沙拉到她的盘子里。描述 11 年前她向他们的长期保姆黛安娜开出的条件时，她稍微提高了音量。"'我的意思是，我们基本上就是要雇一个家庭主妇。我们雇你来做家庭主妇。接下来你就是丹尼尔斯一家的家庭主妇。最重要的是带孩子，孩子午睡时你洗衣服、洗盘子并打扫房子，食物不太重要。'做饭也是她工作的一部分。"

"但她不是很擅长做饭。"埃里克插话道。

劳拉摇头表示赞同。"我是说，她给孩子们做饭。但她喜欢打扫。房子总是一尘不染。"

劳拉是一位哥伦比亚女性，她十几岁时随家庭移民到美国。让他们出逃的政治暴力被认可，他们获得了授权，一家人转变为美国职业阶层，这让她走上了一条特定的轨迹。她如今是一名40岁出头的成功律师，和她的美国丈夫埃里克，他们的两个孩子、一只猫一起住。她的家从地板到12英尺高的天花板都闪亮、整洁。

她直视着我的眼睛，解释多年来黛安娜为他们做的工作，停下来从我的希腊沙拉中叉了一片黄瓜。我用这顿外带晚餐和她交换一个工作日夜晚的时间，和她聊他们与保姆的生活。

"我是说，这就是我们的需求。"劳拉继续说道，咀嚼沙拉时她不再直视我的眼睛，而是看着她的盘子。"我们需要一个人来打扫，照顾孩子——"

"孩子总是排在第一位，"埃里克一边插话，一边把放在我面前的一杯红酒一饮而尽，"我们总是说，孩子第一，然后再考虑其他事情。"

"肯定的，"劳拉用力点头，"孩子第一。"

"养护呢？"我问道，"修理和养护之类的事情？"

"没有，一开始没有，"劳拉用陈述事实的语气快速回应道，"尽管我们开玩笑说她现在已经进入了管理阶段。"黛安娜已经在丹尼尔斯家工作了十多年。她刚来时，他们的女儿两岁，儿子两个月后才出生。现在分别13岁和11岁的两个孩子被黛安娜以一种温柔并务实的方式带大。劳拉和埃里克将大量时间投入事业中，夫妻俩充分承认黛安娜在他们的家庭中扮演的重要角色。

"我把她想成我们生活的保险。"埃里克表示。在黛安娜为丹尼尔斯家工作的十多年中，随着他们加深对彼此的了解，他们之间的关系也在不断发展。晚餐过程中，我透过她雇主的眼睛认识黛安娜：她不太会做饭，但非常擅长打扫。她总是在节食，有时候会撒谎。她溺爱孩子们，只会操作他们房子里的一台电视。她和两个孩子的关系不同：和女孩稍有距离；但是对从出生起就每天12个小时抱在怀里的男孩则奋力保护。

劳拉描述这份工作的条件。"她全职为我们工作，一直这样。每两周她会收到工资支票，无论我们是不是去度假了，无论她是不是回萨尔瓦多探亲了。她有一些其他工作——做合同清洁工，出租房产——但她总是全职为我们工作。"

作为交换，黛安娜必须一直待命。房子必须整洁。她必须照顾孩子，按时接送他们去参加一切安排好的活动，给他们做饭，并对他们进行合理的管理。修理工得有人接待，快递要有人接收，要喂猫。简言之，就是做家庭主妇的所有工作。

劳拉出生在哥伦比亚的一个职业家庭中，她的母亲是一名医生，父亲是一名工程师。对她来说，黛安娜所做的工作与她孩提时期的家庭帮佣毫无关系。"我们需要的保姆和我的父母需要的相比已经发生了很大的变化。"

20世纪70年代和80年代哥伦比亚的木查查女佣和21世纪初的美国保姆不同是有原因的。在哥伦比亚这个用人阶层长期存在的地区，所有家庭，除了最卑微的那些，都会雇用至少一名全职用人。这些用人像当代美国保姆兼女佣一样负责打扫、侍候和育儿，被要求承担房屋清洁和儿童照看方面最基本的任务，并总是听从女主人的安排。[1]

但是劳拉和埃里克的需求有所不同。丹尼尔斯雇用的不是双手随时可以清洗，双臂随时准备迎接孩子的如影随形、随时待命的用人，而是作决定的人——要安排孩子的玩耍聚会，计划菜单，管理包裹收发并监督孩子的活动。美国版木查查女佣不仅是劳拉儿时所知的"家庭主妇"的角色的延伸，而是成了家庭管理者和高强度母职实践的代理。这份工作的21世纪版本报酬相对丰厚，黛安娜的年收入是3.2万美元。[2]一切交易都是在暗中进行的。一切都未被纳入经济学家、社会政策制定者和移民理论家的计算。因为尽管劳拉、埃里克和黛安娜可能明白一名家庭主妇的价值，但美国社会作为一个整体却忘掉了。

美国家庭主妇在经济上隐形的故事是移民保姆故事的重要组成部分，因为如果没有隐藏家庭劳动的社会角色的障眼法，这个行业会有很大不同。19世纪中期，工业革命造就新兴的资本主义经济，家庭生计和家庭住宅之间的关系改变了。家庭住宅不再是家庭农场的延伸或家庭用品（服装、家具、肥皂等）的生产场所，家庭工作的核心缩小到家务和育儿，这些任务又转而变得更加艰巨。

在需要新的技能和准备才能争夺产业职位的变化的经济中，养育孩子的任务变得更加繁重。与此同时，家庭内部的"女性的工作"和以金钱为基础的公共领域的"男性的工作"之间的社会距离逐渐拉大。家庭经济按照性别划分，家庭管理从制造商品转向购买商品，主流文化中出现了一种新的语言，即母亲成为家庭精神和情感生活的守护者——纯真、干净、道德高尚，与工作和金钱的世俗领域分离。在19世纪早期产生的家庭崇拜中，家庭主妇变成了舆论中的家庭天使，家庭帮佣退居阴影之中。[3]

这对已婚女性与财产和工资的关系产生了深刻的影响，这种影响不仅体现在法律限制上，还体现在深入人心的文化观念上。新生的工资经济的现实制造了过去不存在的妻子的经济依赖，妻子依赖其丈夫的工资管理家庭。这种权力的转移激发了女性主义者的强烈反抗和争取婚姻内经济平等的斗争，最终，这场斗争被证明比争取选举权的斗争更具挑战性。尽管美国女性在20世纪20年代获得了选举权，但直到20世纪70年代，她们的丈夫仍是工资和婚姻中积累的财产的唯一所有者。[4]

对20世纪初的女性主义者来说，婚姻中的平等似乎是比公共领域中的平等更遥远的目标。于是，她们转向进行投票、工资收入等其他方面的政治和法律斗争，把家庭领域留给了坚称家庭内部的权力格局与家门外的公共世界无关的言论。到20世纪末，美国中产阶级白人女性主义者对母职和家务劳动形成了两种态度。第一阵营认为，对母亲和家庭主妇的社会和经济价值的认可是值得争取的。第二阵营认为，繁重无聊的育儿和家务劳动是不受欢迎的负担，女性应该通过从事有偿工作摆脱它们。

20世纪萌芽的女性主义背弃母亲的同时，一种新型的资本主义经济语言确保这些女性从事的无偿劳动在政治上隐形。首先，在人口普查中，女性被剥夺了生产价值：在1870年她们被赋予"持家"这一对工资没有影响的职业，到1900年，她们被算作金钱消耗者，并被贴上"依赖者"的标签。家政工作的实际价值得到了全面认可，当时有40%的非裔美国女性在家政服务行业工作，她们被纳入了生产劳动力的计算，获得了"女佣"的职务名。[5]同样的工作，如获取工资，则被纳入经济模型，如被解读为出于爱的劳动，则从公共领域消失。

20 世纪，家政劳动的价值再次受到打击——从国家经济增长模型中被抹除。尽管无偿劳动——主要由女性从事——占全国经济活动的近一半，但它被排除在国内生产总值之外。到 20 世纪中叶，国内生产总值成为衡量一个国家经济健康的唯一指标。因此，育儿和家务的生产性劳动被正式排除在围绕教育、福利、育儿和育儿假等社会结构决定广泛经济政策的原始数据之外。[6]女性的劳动被抹除。

对这个故事视而不见的意愿是强烈的。强烈到在公共对话中否认家庭主妇的真实价值，尽管她们这种资源密集型的劳动在招聘和晋升时与在福利和移民政策中被承认，前者为此惩罚母亲，后者确保女佣和保姆的稳定供给。[7]对于女性主义者，这个故事充满本质主义的错误，这种逻辑倾向将女性潜在的母亲身份视为其与男性根本区别的标志。开启这种老套的辩论会危及我们已经赢得的概念上的平等。但是随着婴儿的降生，孩子需要照顾，住宅需要管理，抽象的平等无法满足需要。女性——无论多么开明——仍旧是需要选择的那一方。

"我要问你一个难回答的问题。"劳拉说道，转向埃里克。

"我？"

"是的。"她隔着用完的餐盘和外卖盒朝他的方向倾身，一只手托着脸颊，"你有没有因为我不承担更多的家务而怨恨过我？"

听了他妻子的问题后，埃里克思考了一会儿，在他的椅子上向后靠，说道："不。我是说，我们刚结婚还没有孩子的时候，我们谈过——"

"是这样的，我妈妈一直工作，"劳拉插话道，"埃里克的妈妈一直在家。"

"是的，"埃里克继续说道，"所以当时我们谈过这个问题，劳拉说，'我认为我想工作。'我说，'我更希望你在孩子出生后留在家里，管理他们。'但我们谈过了，那之后，我不怨恨你。"

"但是，"劳拉继续深入，"我是说，这意味着你也要作出很多牺牲。你的很多朋友，晚上回家就有现成的饭吃；他们不用承担任何任务。而我总是说：'这是你今天要做的事情。'"他们都笑了，我也笑了，我们围坐在一张桌边讨论高要求的妻子和大家作出的牺牲及选择。

"不怨恨。"埃里克带着柔和的微笑说道。

这个问题引出了对工作—生活平衡的讨论，埃里克向我讲述了他最近和公司一位大有前途的员工的对话。"我希望他能成为我的继任者。他很难赶上早晨的会议，所以我让他坐下来，对他说：'我需要知道你的想法。你是想在这里努力更上一层楼，还是说满意目前的状态？'他说：'我希望保持现状。'他们夫妻都工作，他家里有事，妈妈生病，还有一些其他事情。这很合理，完全合理。你明白的，平衡工作与生活。"

劳拉紧接着说："我已经主动决定不提拔任何人，或让他们成为我的后备继承人，因为他们就是做不到。"

"因为他们这么选择？还是……"我问道。

"家庭。"埃里克替她作答，"家庭，家庭重于——"

"不，"她迅速打断他，"不是家庭。我也选择了家庭。但我选择了确保自己得到组建家庭需要的支持，这让我可以灵活地说：'黛安娜，因为我的老板刚刚给我布置了任务，我今晚要晚回家。所以我需要你晚些离开。'"她停顿了一下，然后说道，"你看，这是个人选择。完全是个人选择。"

"选择不走上那条路？"我问道。

"嗯。"埃里克向后靠并点头。

"是的，"劳拉继续说道，"是这样的，我想成为总法律顾问。这是我的事业目标，我知道我需要付出什么代价。我亲眼看到过。我成为总法律顾问之前的老板的丈夫是不工作的，我知道她的工作时间有多长。我没有待在家里的丈夫，所以我不得不花钱雇愿意帮我承担责任的人。"

我考虑这种情绪。代价令我迟疑。如果职业成功，美国自我实现的顶点，被归为一种与家庭存在内在冲突的选择，那么家庭以及其涉及的劳动将会永远与职业成功冲突。在这种格局中，只有那些有办法弥补有缺陷的平等实践的漏洞的人才能真正作出选择。

劳拉和埃里克每年付出 3.2 万美元，以追求职业成功，并仍旧和他们的孩子建立深厚而有意义的关系。有了黛安娜作为总负责，妈妈和爸爸只需偶尔放下工作带孩子去参加班级聚会或看医生，进行一对一的亲子旅行，为重要的对话留出时间和空间。比如母亲和女儿之间的对话，关于职业母亲的选择。

"她曾经问我，'你为什么几乎从来不在家？'一开始我会说：'这样我们才能买得起这幢房子，提供这样的条件。'但事实是，这些从来不是我想要的。所以，现在我有自信对孩子说：'是这样的，亲爱的，我喜欢做律师。我热爱这一行。工作让我成为更好的母亲。'"

劳拉向女儿传授女性与职业成就之间关系的方式是真诚而有力的，是永远代替劳拉成为她不愿做的家庭主妇和全职母亲的黛安娜，让这一切成为可能。

埃里克从未考虑过作出选择。

"我显然没有考虑得如此周全的对策，"他反思道，看着他的妻子以及摆满喝了一半的酒和用过的盘子的桌面，"但结果是好的。"

然而结果当然是好的，因为他们有黛安娜。

珍妮

"她不是'我以前的保姆'，她是诺拉。我提到诺拉时，所有人都知道我说的是谁。他们都知道她是照顾我孩子的保姆，她会来参加生日派对，我的朋友们都知道她是谁。就连孩子们不在的时候，我们也请她来参加派对。所以我们都成了朋友。感觉像一家人，我放心地把孩子交给她。我知道他们和她在一起很安全，会被照顾得很好。"

珍妮的房子位于休斯敦市中心舒适的家庭社区，她和她的伴侣及三个孩子一同住在这里。她坐在翻修过的平房中的凳子上，向我讲述他们一家人与他们的长期保姆的关系。她 10 岁的儿子在隔壁的房间练习体操，8 岁的双胞胎女儿在后面玩耍。那是一个夏日，珍妮的教师工作让她可以在家和孩子们在一起，而她的伴侣雷内则全年朝九晚五工作。一直是这样，夏天是珍妮最快乐的时光。

"我可能会留在家里，大概四到五年。我可以当家庭主妇。我觉得会很有意思。夏天的时光很棒。人们会问：'你们去哪个夏令营？'我会说：'亲妈夏令营。'"

如果情况有所不同，在孩子小的时候这对伴侣可能会依靠一份收入生活，但是家庭假、育儿、婚姻法和医疗保险方面的公共政策让珍妮无法留在家中。

"我必须回去工作。我在家里待了尽量长的时间。我在家待了 7 周。但作为一名老师，我在家是没有报酬的。假期用完之后，就没有收入了。我必须工作，因为不工作我就没有医疗保险，这会导致我的女儿们也会没有医疗保险。"

"她们是 9 月出生的。我在家待了 7 周，11 月感恩节前回去工作，然后我直到 1 月才拿到工资。我的工资支票上是负数，因为我必须补缴医疗保险。我的假期不够，因为我把 10 天假都用完了。而且我 2 年前生了儿子，所以我在银行里没有存款。"[8]

尽管拿着负工资，还很想念她的孩子，珍妮必须工作。她回到教室，每天早晨在上课铃响起之前把三个孩子送到保姆家。对于珍妮和诺拉来说，这种安排都是天赐良机。

两人在两年前找到了彼此，当时珍妮十分绝望。触发危机的是照顾她 10 个月大的儿子的托儿所在她工作时打来的电话。

"他们不抱他，"珍妮讲述那段经历时声音很紧绷，这段回忆仍旧令她生气，"他们用奶瓶喂奶的时候不抱我的宝宝。他还很小——有生长障碍——他无法拿住奶瓶，而他们不愿抱他。"

夏天，珍妮一直在面试保姆、拜访托儿所，最终不情愿地选了问题最少的一家。"干净。工作人员很友好。看起来有让孩子四处打滚的空间。"每月 800 美元的收费对她和雷内来说刚好可以承受。但这个电话成了压垮她的最后一根稻草。

"我哭着走了出去,一个同事问我:'你还好吗?'我告诉她我和托儿所之间发生的事情。她说:'我知道一位女士。'"珍妮停了下来,让这句话悬在空中,然后继续学她同事的口气说道,"'但我希望你不要势利眼,因为她住在很穷的家中。但她的房子是干净的,她把孩子照顾得很好。她的名字是诺拉·马丁内斯。'"珍妮停下来换气,"我说,'我知道她是谁。'"

诺拉的孩子曾是珍妮班上的学生,珍妮喜欢诺拉并愿意信任她。"作为老师能够看出来。有些家长什么都不管,你能看出来她是那种对所有事情都很负责的父母。就是能看出来。我认为她会照顾好我的孩子。"

她向朋友道谢,那天晚些时候,她最后一次去托儿所接儿子,然后去诺拉家拜访,这位墨西哥女性长期在那里承接非正式的托儿业务。那里还不适合爬行的婴儿,但诺拉和她家的某种气质带来了信任,那种保姆行业很大程度上依赖的无形的直觉。[9]所以珍妮点了头,去折扣店买地垫、宝宝椅和一切诺拉简陋的家中缺少的东西。在此后的两年中,珍妮每周支付 100 美元,让她的儿子在诺拉家和诺拉照顾的其他孩子一起度过学校上课期间的工作日。

这样的安排效果不错,但后来双胞胎出生时,诺拉的另一位客户也生了双胞胎,珍妮知道诺拉没法照顾这么多孩子。所以她请诺拉作出选择：在学校上课期间只照顾珍妮家的孩子，否则他们就都会离开。这个选择，在珍妮看来非常简单。她是为数不多的定期付钱给诺拉的客户。

"诺拉很难拒绝他人。她的孩子来找我，告诉我其他家长不给她钱。但是诺拉无法说不。她就是喜欢婴儿，喜欢孩子。所以有妈妈带着孩子来的时候，她会说：'我不能拒绝那个孩子。不然那个孩子要被送去哪里呢？'这是她的想法。所以她总是收下孩子，然后当妈妈出现却不给她钱时，她就很惨。这一切经常发生在她身上。"

"但我们付钱，"珍妮表示，"我们总是付钱给她。我们从来不会在周五出现，然后说：'我没钱给你。'其他人会这么做。其他人会上门说：'我没有钱，能下周再付吗？'然后下周变成下下周，所以关键的是，我一直付钱。"

诺拉的其他客户可能也遇到了和珍妮一样的困难，她们都面对同一种现实，这种现实要求她们为了工资和医疗服务离开家工作，但又不提供任何价格能够承受的优质育儿服务。很多中产阶级和工薪阶级的父母发现，如今普通美国家庭可选择的育儿服务严重不足，成本可能令人无法负担。

住房之外，育儿费用是美国父母面对的最大开支。经济合作与发展组织 2016 年的一份报告显示美国家庭平均将年收入的 25.6% 用于育儿。对于单亲父母来说，该比例上升到 52.7%。在得克萨斯州，育儿成本高于四年制公立大学的学费，两个孩子的育儿费用平均占家庭实得工资的 27%。作为衡量的背景，美国卫生与公众服务部认为，如果育儿费用占家庭收入的 7% 或更少，育儿就是可负担的。[10] 在全球，美国在为儿童提供支持方面远远落后于其他国家。在经合组织的 34 个国家中，美国在幼儿教育方面的排名几乎垫底，而且仍是唯一不保证职业母亲产假的发达经济体。[11]

对于珍妮来说，雇用诺拉成为他们的专属保姆让她不用向托儿所支付三倍的费用，但也意味着重大的责任。

"暑假，我每周会送他们去一两次。如果是托儿所，就要付整个暑假的钱，而她则没有收入，因为她的主要收入来自我。所以在节假日，如感恩节或圣诞节时，即便我两周不在，也还是付钱给她。我会说那是她的圣诞节奖金，我向她支付她本可以赚到的钱。我这么做是因为她为了我的孩子推掉了其他孩子。所以我努力照顾好她。"

"后来，"她停了一下，"我父母买下了她住的房子。"

珍妮解释，随着两家人的联系越发紧密，他们之间的关系变得更像私交，更加亲密。所以当诺拉一家一天回家，发现门前有一张驱逐通知时，珍妮想办法帮助他们是很自然的。

"他们被驱逐了。他们付房租住在那幢房子里。但房东在他们还住在里面的情况下让房子的赎回权被取消，还一直收他们的租金，他们一无所知，直到一天有人在门上贴了驱逐他们的通知，并告诉他们'有30天时间离开'。他们在这里没有合法的身份，觉得自己毫无办法。他们想过报警，让警方处理那个人，但他们担心自己非法移民的身份。所以我父亲联系了银行，买下了他们住的房子，他们只需向我父亲支付房租就可以住在那里。"

当珍妮的父亲介入填平移民生活的现实和依赖合法身份的社会保障之间的鸿沟时，个人生活和政治现实之间的界限变得模糊。公共政策对私人领域的影响在珍妮和诺拉的故事中一次次出现。两位女性都在违背她们承担母职愿望的社会结构中处理关系和情感。珍妮用她过低的教师工资的一半请他人照顾她想要陪伴的孩子。诺拉接受父母不给钱的孩子，并作为未经授权的移民在阴影中管理工作与家庭。有需求的珍妮和讨生计的诺拉之间的共同点是她们的生活都被同样的迷思所影响，即育儿是私人事务，与政府支持和社区责任无关，并始终属于女性的领域。

在这里，女性主义关于"个人生活绝非无关政治"的呼吁再次不惠及母亲。尽管女性不断被关于选择的言论轰炸，其承诺的赋权很大程度上是关于选择远离母职，而非成为母亲。女性主义对生育权的论述过度关注人工流产和节育，围绕不生育孩子——这一举动被与不受性别角色的束缚混为一谈。结果，母职的个人经历的政治维度被丢在一旁，导致没有主张母亲有权在履行母职时得到支持、父母有权在育儿过程中得到支持的女性主义语言。[12]

但母职事关政治。我们的集体政治历史偏爱一种母亲。她一般是白人，来自中产或上层阶级，与一名男子结婚。在最为极端的情况下，这种意识形态导致对移民、少数族裔女性、精神疾病患者和囚犯的强制绝育。[13] 在其影响最为广泛时，20 世纪中期的福利系统创造了一种制度保障：指定"可就业母亲"确保合适的母亲可以在家陪伴孩子，而其他母亲——贫穷的有色人种女性——仍旧可以"帮把手"。[14] 从福利政策到婚姻法，到以全职就业为条件的医疗系统，不符合白人、中产阶级、异性恋理想的母亲总是命途多舛。

当政治结构遇上选择论，丑陋的道德评判就会抬头。正如专家和理论家告诉我们挣扎的穷人必定应得的更少，关于育儿、福利和工作场所歧视的讨论一次次回到令人羞愧的选择概念的构建。如果贫穷，或未婚，或是非法移民，选择成为母亲就是错误的。作出错误选择的人只能自行面对一切。所以珍妮必须回去工作还拿负工资，在细节中寻找信任——干净的房子、参与孩子成长的家长、一个可以和她交流的人。后来这个人变得像她的朋友。

珍妮和雷内的孩子们被交给诺拉照顾了一阵之后，三人之间的关系开始变得像友谊。

"她开始邀请我们留下来，说：'你们要不要坐下来喝杯水？'然后我们就开始小坐。之后，她会邀请我们参加派对，孩子们或她孙子孙女的生日派对，可能是在周六晚上。我们开始作为朋友去她那里，和她待在一起。"

"你们有没有感到过尴尬，有社会阶级差异吗？"

"并没有。我是说，他们没有我们有钱，我是她的雇主，但我不觉得我们在阶级上有很大差异。她有工程学位。她在美国没法利用它做任何事情，但她在墨西哥是受教育程度很高的。"珍妮解释诺拉来这里是为了爱情——她爱上了一个没有受过太多教育的男人，和他生了几个孩子，不情愿地同意了他的移民梦想。

但是社会阶级不足以解释珍妮和诺拉之间单纯的朋友般的感觉。很多移民保姆有中产阶级背景。要有一定的资源才能移民，这意味着历史上移民一般不是最贫穷的阶层。在珍妮的案例中，填平几位女性之间的鸿沟的不仅是类似的教育和背景。

"我是说，我们认识的时候是家长和老师，关系很像我为她工作。作为一名教育工作者，你会感觉自己为家长工作。我们的关系是这样开始的，之后出现了角色互换。后来，我教她的双胞胎时，她在照看我的孩子们。"

这种权力格局中的某种因素创造了比其他雇主所描述的更平衡的关系，但我认为其中的差异比家长会和大学学位更加深刻。我想起我问劳拉和埃里克与他们的保姆协商和在工作上与雇员协商有何区别时，劳拉说的话。"她更像家人，"劳拉说道，"更像和一个年纪比较大的孩子谈条件。比如，'行，可以给你这个更好的手机，但作为回报你能做些什么呢？那你每周两天负责把垃圾丢出去。'很像关于承担更多家务的谈判。感觉十分类似。"

这样的权力斗争和珍妮描述的与诺拉的关系之间的距离难以解释。诺拉的房子是一部分原因——把她的孩子送去那里让珍妮更像客户，而非老板，并且避免了尴尬的亲密，比如脏衣服、隔壁房间的激烈争吵等。但还有其他原因，相对于一名成功的律师或公司高管，这与一名教师对自己掌控的社会权力的认知有关。珍妮的负工资和一年 10 天的病假给她带来的束缚可能会让诺拉感到熟悉，她们都体验了另一种母亲、另一种女性所面对的世界。

妮科尔

对于其他人来说，保姆和雇主的关系要更加复杂。

"我并不想把基本的母职工作交给其他女人，"在一个明媚的春日，妮科尔在午休吃饭时坦言，"但我必须工作。"

妮科尔的观念偏向自由主义，母亲和养家者的双重身份给她带来了巨大的矛盾，她作为雇主对一名全职家政工人的影响一直令她备感挣扎。我们在一座大学校园里的一家咖啡馆进行了两小时的对话，其间，她梳理了她雇用全职保姆18年间记忆最鲜明的特权与需求、愧疚与感激。

很久之前，她还和她的第一任丈夫在一起，两人只有一个孩子。当时，妮科尔婚姻的现实让请保姆成了唯一的选择。"我仍在全职工作，因为在我家我是主要的养家者，"她解释道，"我必须工作。是我在提供医疗保险，所以我别无选择。我的前夫，当时我的丈夫，不会辞职。我们付给保姆的钱比他赚的还多，但为了维持家里的和平，找一个保姆更合理。他不会留在家中，所以我作了一个经济上愚蠢，但对我们的关系负责的选择。"

妮科尔已经对不平衡的权力和不受约束的特权有着清楚的认知，她想找一个本身不太受母职束缚的保姆。"我想找一个养大了自己的孩子的保姆。第一，因为我想找一个理解为人父母的压力的人。第二，我不想找一个把自己的孩子交给别人，再来照顾我的孩子的保姆。那感觉很奇怪。我不想感觉我导致一个母亲离开她的孩子。"

她很快找到了玛尔塔，一位有三个快要成年的儿子的墨西哥女性，她基本不会说英语，喜欢婴儿，在此后 10 年照顾妮科尔年幼的儿子，和此后出生的弟弟、妹妹。玛尔塔爱这些孩子，而他们的父母完全信任她。她每个工作日都和孩子们在一起，照顾他们，做饭，送他们去学校，如果必要，还会留宿。

一名墨西哥保姆的雇主——妮科尔接受她的这重身份时十分犹豫。除了她作为职业母亲的内心矛盾，这种关系的本质，它的亲密和依赖性，令她感到不适。她记得她前夫对玛尔塔说她是这个家庭的一员。"我会说，'别这么说。我是她的老板。'我的看法是，如果我可以解雇你，你就不是真正的家人。"她推理道，"关系真的非常复杂。"

但是像家人一样的感觉没有消失，随着时间的推移，两家人的关系变得越来越紧密。妮科尔帮助玛尔塔应对信贷和债务的财务问题，把玛尔塔的前夫从她的抵押贷款上除名，并就信用卡利率为她提供建议。她推荐玛尔塔的一个儿子到工业界工作，为玛尔塔的一个儿媳举行了毕业派对。玛尔塔的一个儿子盗窃被发现后，妮科尔帮助了他们一家人。"很不容易，"她说道，"因为在某一刻，你像他们照顾你一样，照顾他们一家。"

在一切亲密、矛盾和担忧中，当妮科尔的需求改变后，他们的关系变得更加令人困惑。随着孩子的成长，玛尔塔有限的英语能力与新任务和新环境不匹配，工作要求和她的能力之间的差距变大了。玛尔塔依赖西班牙语好的妮科尔的二儿子和其他人交流，这有损她的威信。孩子们进入初中后，她无法得心应手地管理课后活动的日程。和劳拉与埃里克一样，妮科尔越来越需要一个"能做所有事"的人。

然后又发生了衬衫事件。

"我们和玛尔塔之间发生了一件事，"妮科尔开始讲述，"她在努力多做一些事情，我前夫让她把衬衫送去干洗店，大概15件衬衫。我出远门回家之后去了干洗店，我问：'我们的衬衫在哪里？'店员说：'我们没有收到。'"

回家后，她对丈夫说："一定出了什么问题。"然后拿起电话通过玛尔塔儿媳的翻译与她沟通。

"你确定你都送到了吗？"她问道。

"是的，"玛尔塔坚称，"我送到了。"

妮科尔思考了一会儿，考虑了干洗店的位置，它就在一家慈善捐赠中心边上，然后问："那个地方大概是什么样子？"

"我明白是怎么一回事了，"她解释道，"她把所有衣服都送去了慈善捐赠中心。很好的定制衬衫。太糟了。她很难过。"那时我意识到我没法让她做这些事情。我没法因为她不适合而改变这份工作。我需要更多的帮助。

所以，她提前很久告知玛尔塔她的决定，根据她自己的行业标准计算了 6 周的遣散费，并帮助她找到了一份照顾婴儿的新工作。"然后，"妮科尔补充道，"我还清了她的房贷。"

妮科尔对这一耗资 1.2 万美元的举动作出了两点解释。"她当时可能已经快 70 岁了，所以付清她的房贷可以解决她的一些固定花费，这样她就可以更灵活地生活。真的，我内心的想法是：'她这么大年纪了，应该不用再工作了。'"但她承认，愧疚才是最主要的原因。"让她离开，我真的非常愧疚，我想如果我给她丰厚的遣散费，帮她找到新工作，并帮她还清房贷，就可以不这么愧疚了。"

妮科尔作为一名保姆的老板所感到的愧疚和矛盾不是个别现象。这是母职货币化交易的自然后果。因为移民保姆每天早晨踏进雇主的家门时，就会带来一个难以忽视的充斥着不公的世界。与她接触——给她开支票，问她的家庭情况和直视她的眼睛——就是面对自己在往往残酷的社会中的位置。地区不平等的世界迫使人们移民，又惩罚那些穿越边境的人。在家庭方面充满矛盾的世界，将母职和家务工作视为讨厌的负担，却又因缺席羞辱职业母亲。

无论雇主的心胸多么宽广，无论她对她的雇员的关心多么真挚，家政工人在她的家中工作是因为她的选择少于她雇主的选择。妮科尔清楚无论她作为雇主多么热心和公正，玛尔塔永远是不利的一方，而妮科尔无力改变这种现状。

辞退玛尔塔之后，妮科尔在一家线上育儿中介服务机构发布了一则广告。"是招'管家'的广告，要能够管理这个家庭，安排家电上门维修的时间，送车去保养，负责日常采买，去干洗店，一开始还需要打扫。"

阿迪姆，一名看到广告并前来应聘的受过教育的中非移民，给予了妮科尔她在此后 6 年所依赖的支持。在这 6 年中，妮科尔的事业发展得很好，但对她的要求也很高——三个学龄儿童的需求发生了改变，还发生了带来压力和动荡的离婚。

两名女性都清楚阿迪姆在这个家庭中扮演了传统家庭主妇的角色。"这听起来会很糟糕，"妮科尔承认道，"但她做了一个传统的妻子做的所有事情。我们会就这一点开玩笑。'我雇了一个主妇。'她会回答：'你这么说很有意思，因为我也会这么说。人们觉得这很奇怪。'"这段回忆让妮科尔露出了笑容，"我说：'但这确实就是你。你做了所有我没法做的事情。'"

阿迪姆接管了妮科尔家的日常运营。她接送孩子上学放学，做杂事，管理房屋维修和相关账单，一开始，还负责打扫。经过一番协商，清洁从不断变化的工作任务中被去除，妮科尔雇了一名女佣一周来做三次保洁。随着孩子的成长和个人生活的展开，两位女性变得亲密。但是妮科尔迅速指出她们并不真的是朋友。

"权力格局很奇怪，但我们年纪相仿，有时会以同为女人的身份聊天。我清楚自己要小心，因为尽管我们对彼此不设防，她仍旧为我工作。我是说，我们的亲密度很高，但绝不是平等的伙伴关系。她有很多婚姻问题，她的儿子不是很健康。我们谈论种族，关于价值、宽容以及这个国家发生的事情，我们聊了很多。"

"我们大概并不像朋友，因为她为我工作。权力格局很奇怪。但是，她在我家里，她看着我的婚姻分崩离析。她目睹了一切，可能早就预见到了，她对我的婚姻有一些明确的看法。"

妮科尔真的结束她的婚姻时，阿迪姆起到了巨大的作用。"她的支持让我更能控制我的生活。我的事业没有受到重大打击。我没有因为离婚而严重分心。如果你有一个让你能够工作的保姆，你成功的部分原因可能是有人在家照顾你的孩子。我的离婚比较顺利是因为有一个女人能给我支持。据说在办离婚期间，你的事业会严重受损两年。我受到了一点冲击，但很有限，很大程度是因为在经历这一切时有人帮助我。"

不仅是帮助管理离婚过程，妮科尔承认最早正是阿迪姆在她家中的角色赋予了她选择离开失败婚姻的力量。"我无疑有条件离开那段婚姻。我有支持体系。"

但是，在坚持好母亲应该关注孩子、抚养孩子、作出牺牲，不计回报并时刻在场的形象和言论面前，即便是有能力雇用保姆和管家的人，以及经营公司，管理雇员、部门和预算的人，也无力反抗。她们也无力对抗坏母亲的文化叙事——繁忙的职业母亲不承担自己的家庭责任，把它们推给雇来的替代者。

"我们离婚时，我担心如果打官司，他们会把我描绘成一个不负责任的母亲，因为我工作很忙。'她啊，把小孩丢给保姆，而他很支持孩子。'我知道故事会被讲成什么样，但那不是我们的故事。我在为抗争做准备。这是证据。我不是那样的，所以不要把我描述成一个冷酷的人。"

妮科尔为真相辩护，反对离婚律师经常构筑的虚假叙事时，并没有质疑其核心假设——女性应该付出更多、做得更多，女性因为其母亲的身份，道德上与家庭绑定，而男性则不然。这种沉默并不令我意外。事实上，在和雇主的对话中我逐渐能够预见到这种情况。尽管像妮科尔和劳拉这样的女性对她们成为职业母亲的选择所造成的女性主义方面的影响有深刻的认识，但她们从未质疑过雇来的帮手是替代妻子，管理女佣是妻子的工作的假设。

我在细节中听到这种看法。妮科尔责备丈夫对玛尔塔说她是家庭成员时用的代词。"别这么说，"她对他说，"我是她的老板。"劳拉讲述黛安娜决策失误，把孩子送到夏令营门口而没有送进去的故事时说："结果——你猜怎么着——我搞错了，她不是那周去。"当双方的家庭关系拉近时，女性起到桥梁作用：是劳拉帮助黛安娜处理离婚事宜，妮科尔出钱帮玛尔塔买下了房子。就连珍妮都用单数代词："我清楚我是她唯一的收入来源。"提到她和诺拉之间的雇佣安排时她说道。从来不是"我们"，一直是"我"，永远是女性的工作。

女性负责女佣的管理是因为，尽管女性主义有选择和解放的语言，却未能在更广泛的文化中使女性和家庭的联系失去自然性。因为女性主义最响亮的声音拒绝对母职进行理论探讨，整个性别平等的事业建立在错误的基础之上。[15] 讽刺的是，为了消除女性应该照顾孩子的期待，女性主义论述忽略了很多女性确实在照顾孩子的事实。对异性恋夫妇的家庭劳动的研究一次次显示女性承担大部分家庭无偿劳动，无论其从事什么样的有偿劳动。对 2018 年关于美国人时间使用情况的调查数据的分析显示，整体上，女性花在无偿家务和照护工作上的时间比男性多 37%。这种性别差距在从事兼职有偿劳动的女性身上更为明显，如仅看拉丁美洲裔则达到 50%。[16] 女性应该承担家庭责任的观念并未改变。对于能够雇一两个家政帮手来弥补这种不公正现象的女性来说，她们几乎没有动力反抗这个系统。这一系统变得更加理所当然。

20 世纪末，母职实践的理想标准进一步提高，"女性的工作"的范围急速扩大。很多女性发现自己在回应空气中的某种氛围，这种氛围要求一名母亲在随叫随到和细心周到方面超过她母亲的标准；要求她通过不断的微观管理、无私的情感付出、精心安排的丰富活动和社交，以及源源不断的营养零食，全心全意地培养孩子。这是一种强度很高的育儿，其特征是愧疚、压力和只有部分母亲能实现的理想——这些母亲要有钱支付艺术课程、体育装备的费用，要么不工作，要么雇用一个有驾照而且英语能力足以应对亲子课的长期家政人员。[17]

劳拉对我说"我们如今需要的保姆和我的父母需要的相比已经发生了很大的变化"时，她指的是现代保姆促成并加强的高强度母职实践体系。但是这种育儿方式对于必须在没有"帮手"的情况下管理育儿、工作和家庭预算的多数美国母亲来说是不可能达到的标准。然而只要有钱的母亲作为她们所在领域的领袖和所在社区的重要人物用保姆维持能够做好一切的"超级母亲"的形象，这种理想就不会改变。

即便雇用了家政人员并制定了变通的办法，这种标准，和它带来的羞愧感，都进一步升级了。如今，美国母亲必须试图维持一种像芭比娃娃一样不可能长久的形象。一位好母亲无私地关注孩子们的情感、生理和思想需求，用保健品治好感冒，做小马棒球联赛[①] 投手和刚刚起步的舞台演员的经纪人，通过多年的课外活动规划和深夜肩并肩的作业辅导保证孩子能上好大学。她往

---

① pony league，一项青少年棒球赛事。

往达不到这样的标准。尤其是她还必须应付工薪阶层的现实挑战：住房不稳定，收入相较于孩子的需求十分微薄，公共教育水平低下，医疗保障与她的工作、配偶或"金卡"挂钩——而每天为有条件做到面面俱到的女性工作并为这份工作纳税可能会影响到"金卡"。赌注如此之高时，母亲的付出似乎永远不够。就连雇主亦是如此。

一个时刻定格在我的脑海中。妮科尔和我走路离开我们见面交谈的咖啡馆。我们说起了自己的孩子、家庭和个人生活。我们的孩子同龄；他们上同一所学校，参加了相同的运动队。我们告别前，她讲述了一个最终变成忏悔的故事。她年幼的继女最近参加了一个都是高人气孩子们的派对。妮科尔觉得她应该亲自带小姑娘参加那个派对，考察形势以及人气最高和想要出头的女孩中间的氛围。但她忙着应对繁忙、高要求的工作，其他三个孩子，新丈夫和新生活。最终让儿子代她送妹妹去参加派对。

"我应该去的。"她一边说一边拿出她的手机，翻找照片。她给我看了一张照片：她10岁的女儿带着尴尬的笑容，站在离一群选择了正确的衣服、摆出了正确的造型、在聚会上如鱼得水的女孩很远的地方。妮科尔的眼睛红了："我真的应该在那里的。"

最终，母亲付出的似乎总是不够。无论是私立学校派对的社交雷区还是拥挤礼堂里的一个空位，对母亲能够而且应该管理孩子生活的每一个时刻的期待是有害的负担。时刻在场、无私奉献的母亲的理想——被视为女性的天生属性——是有害的。从美国中产阶级的高强度母职实践到墨西哥和中美洲农村文化中根深蒂固的家庭性别角色，孩子的需求仍然不成比例地落在母亲肩头。它让女性穿越边境，为孩子们创造更好的营养、教育和医疗条件，将她们置入一个家庭和一种关系中，让她们不得不在情感、悔恨和受限的女性主义构成的混乱局面中弥补所有自己的个人"选择"造成的后果，并因此感到愧疚和矛盾。

所以妮科尔为照片上她未能阻止的场面哭泣；萨拉因为她未能防止孩子生病而感到内疚；罗莎为了睡在地上的婴儿抛弃她的移民梦想；珍妮红着眼睛暂时放下工作，为拿不住奶瓶的瘦弱宝宝心痛。她们在内心深处都怀疑一切——家长的缺席、无法被满足的需求、错过的演出和搞砸的申请——是不是都是她们的错，都是好母亲作出错误选择的后果。

随着时间的推移，阿迪姆在妮科尔家的工作结束了。孩子们长大了，妮科尔解释道，她的新丈夫接管了很多家庭管理的工作，日用品送货服务减轻了购物负担。分别很痛苦，尤其是对妮科尔的13岁女儿来说。"她哭了，"妮科尔告诉我，"她真的很想念她。阿迪姆构成了他们生活的重要部分。"

回首往事，她思考自己可能作出的选择并反思她作出的选择。"如果有足够的钱，我可能会……可能不会全职在家，但我一定会考虑这么做。但我别无选择。这样工作非我所愿，"她反思道，"但我没办法。如果没有她们我就无法这样工作。"

"克里斯·罗克[①]有一个笑话，"她带着沉思的微笑补充道，"他说白人不应该抱怨他们的保姆之类的。一方面，他是对的，这完全是第一世界问题：**哦，我的保姆买的肥皂不是有机的**。但是，这是一种非常特别的格局。你试图做一名'清醒的'雇主，但整件事就是有点奇怪。我是说，我一度为此感到有些尴尬。"所以她帮助玛尔塔买下了房子。根据阿迪姆的要求雇了一名女佣，当阿迪姆的儿子需要课后托管时，妮科尔提高了她的报酬。她尽自己所能，以尊重自己的道德价值的方式处理权力差异。但不适感依然存在，因为这种关系仍有问题。

对于妮科尔这样的女性来说，雇用一名"家庭主妇"的想法似乎是非常现实的需求的并不完美的解决方式。这种说法"听起来很糟糕"。她感到有点尴尬。因为"家庭主妇"这个词如今意味着依赖、软弱和琐碎。其工作职责十分具体，包括做晚饭摆上餐桌，去上钢琴课的地方接孩子等，但其在美国集体想象中缺乏言论影响力、经济上微不足道，还有一点可耻。但为

---

① Chris Rock，美国喜剧演员。

了逃避这些联想并解决需求而诉诸母职货币化会产生真实的后果。对雇主、保姆和我们所有人来说都是如此。

当我们雇低薪、公众看不见的木查查女佣顶替家庭主妇时，我们在维持女性多年来一直在抵抗的基于性别的权力体系。因为女性主义革命并没有废除父权制，只是允许部分女性成为父权制权力的一部分。[18]在家庭中，母亲在影响亲密关系的权力等级制度中仍旧处于不利位置。赢家和输家在家政服务的灰色市场中被再次制造出来，保姆、女佣因为我们对家庭主妇价值的认识不足而备受煎熬。

更广泛地说，母职货币化交易加强了我们很多人所面对的不可持续的育儿标准。来自罗莎的农场和萨拉的小村之类的地方的低成本劳动力的稳定供给，助长了关于高强度母职实践的广泛文化理想、对事业成功的期望以及个人选择的幻象。与此同时，一种欺骗在上层和中产阶级美国家庭紧闭的门后发生。女儿们被告知她们可以拥有一切，母亲们相信自己已经找到了面面俱到的办法，夫妻们不再争论谁打扫浴室或请假去学校接生病的孩子。平等已经实现了，只要我们忽略擦洗浴室地板的女佣——她可能也要面对雇主通过雇用她来解决的那种矛盾。

在所有驱动对移民保姆的需求并决定她的居住和工作条件的因素中，最重要的是该职业与"女性"概念根深蒂固的联系。为了避免这种联系，女性主义忽略母职货币化的价值矛盾，并未能反抗这种不公。如果重新认可育儿和家务工作的价值，就有可能陷入本质主义的陷阱。但如果不这样做，我们的孩子会继续学习这个世界教给他们的价值观——关于谁重要、谁不重要，关于谁是好母亲、谁是坏母亲，关于哪些孩子值得被爱护、哪些孩子则必须学会大大降低期待。

第三部分

价值命题

我是有形的——看这张印第安人的脸——然而我是隐形的。

我的鹰钩鼻让他们眼盲，我是他们的盲点。但我存在，我们存在。

格洛里亚·安萨尔杜亚[1]

序曲

一个建立在不稳固的道德基础上的系统会拼命捍卫自己的正当性。它会扭曲认知、给予奖励和惩罚，有策略地质疑，有选择性地赞美。它描绘画面，讲述故事，试图让世界在它触及的人身上看到其扭曲的价值。对于参与母职货币化交易的人来说，这些教训围绕的是深入女性自我意识的好母亲的理想。但并非所有人都能实现这种理想。在美国，道德母性的标准总是和其反面共同发展——长期存在的女性用人阶层，她们的育儿被赋予了不同的文化意义。

纵观美国历史，移民和有色人种女性被一次次推入家政服务。随着欧洲裔女性的女儿们在 20 世纪初离开家政服务行业，有色人种女佣的女儿们被老师、社会政策和联邦项目引回了更具特权的女性的家中。20世纪末，态势开始发生变化，来自墨西哥、中美洲和加勒比地区的女性移民人数增加，非裔美国女性的孙女们——饱受黑人姆妈的刻板印象和戴头巾的杰迈玛阿姨①的影响——积极抵制这种导向和期望。[2]

为了应对这些变化，系统采取行动以确保供给能够满足其不可言说的需求，编造粉饰剥削的故事。从 20 世纪中叶的福利政策到 20 世纪末的移民改革，政治家和专家告诉国民，哪些群体应该得到支持，哪些不应该，他们用关于价值的言论向我们灌输理由。出现了与更容易被接受的寡妇或游手好闲的父亲的受害者截然不同的、懒惰而不道德的黑人"福利女王"的刻板印象。"定锚婴儿"的移民母亲变成了利用"连锁移民"和美国社会福利的骗子。[3] 系统制造愧疚感的一面教授了意义深远的内容：这些女性的母职实践价值较低，她

---

① Aunt Jemimas，黑人姆妈杰迈玛阿姨是美国广告和流行文化中的重要形象，最初是 19 世纪末的一系列松饼预拌粉和糖浆产品的品牌标识，反映了黑人女性是白人家庭忠诚顺从的仆人的刻板印象。

们的孩子不那么珍贵。这样的呈现导致可以轻易从亲子关系中提取她们的劳动，把它变成可被给予其他母亲和孩子的可量化的资源。

要聆听其他的声音。母职在非裔美国人社群中的文化意义与盎格鲁–撒克逊传统中的"居家天使"不同，养家的重要性、另母①和基于社群的育儿也被纳入了良好母职实践的文化理想中。西班牙语裔母亲带来了对职业母亲和母亲与社群的紧密关联的细致理解。[4]

这些其他理想蕴含着变革的潜力，但他们所面临的是内部复杂僵化的现实。当一名母亲因为贫困、移民身份和父权暴力而无法获得福利时，比足球鞋和辅导老师更深层次的需求会牵动她作为家长的自我。面对恐惧或疾病、不尽心的照护者、街头帮派以及通过选择谁理应被保护和谁理应被责备来掩饰其不足的世界给人的残酷教训，她无法保护自己的孩子，算哪门子的好母亲呢？随着政策和意识形态持续在公共领域进行惩罚和奖励，文化形式的反抗兴起又屈服，和本书中提到的人物类似的女性将会权衡母职货币化的价值命题和她们自己的母职理想的相对价值。她们会在保证自己孩子的最基本需求——营养、安全、健康和希望——得到满足

---

① othermother，常用于指代亲生母亲之外的，承担母亲的职责，提供照护、支持和养育的人。养母、继母、祖母或任何在个人成长过程中起到重要作用的人都可以是另母。这一概念强调母职超越血缘关系，涵盖那些承担情感和物质上的养育工作的人。

的同时，在奖惩无常、充满矛盾的文化战场上探出一条道路。

　　穿越交火区时，孩子们旁观并学习。

第六章

孩子们

我们都是上帝的孩子。

特雷莎

萨拉

萨拉的儿子德鲁经常和他的姨妈马里韦尔在一起。放学后、假期、暑假，只要他妈妈工作，他和妹妹就和姨妈在一起。他们现在和她一起在公园，回应她的呼唤和要求，小德鲁总是关注着他的妈妈。他的妈妈坐在我身边，努力讲述她的故事，在某些方面，也是马里韦尔的故事。

"我妹妹认为我妈妈留在家里会更好，留下和我们一起挨饿比离开去为我们提供后来拥有的物质条件更好。因为我妹妹认为和妈妈在一起得到爱和关怀更好。饥饿不重要，我们会很穷，但我们会撑过去。"

"我的妹妹，因为长大的时候妈妈不在身边，12岁就结婚了。所以她生女儿时只有13岁。"

马里韦尔正在沙池另一侧的野餐桌边休息，弯着身子，肩负满足身边4个孩子的需求的重担。我试图在她身上寻找12岁女孩的线条。我试图将她视为一个易受伤害的、没有母亲的女孩，她来自一个女孩得不到保护的地方，在那里每年有成千上万的未成年少女怀孕，强奸是常见的原因。[1]

"我妹妹决定与她的丈夫和两岁的女儿一起移民。当时我们花了1.2万美元才把他们一家三口接过来。但是郊狼没办法带婴儿穿越边境，所以他们决定把我妹妹交给移民官员处置，让他们决定是让她穿越还是把她留在那里。所以他们把她交给了移民官员，他们说：'你有一个婴儿，你是未成年人，你的父母在这里……'他们准许她穿越边境。"

对于深陷居留权、工作许可、绿卡和暂停驱逐出境的混乱法律环境的移民来说，"许可"是一个难以捉摸的词。保护萨拉和她母亲的临时保护身份同时提供了不被遣返的保障和工作许可，使她们免受非法移民身份最大弱点的影响，但其公民参与的权利仍旧得不到保证。大赦是不同的。尽管这个词带有绝对赦免的含义，但实际上，移民相关的赦免涉及一系列法律细则，它们共同作用，给恰好在适当的时间出现在适当的地方的移民赋予一定的合法性。

年纪较大的移民，如罗莎的丈夫阿图罗及萨拉和马里韦尔的父亲，是《移民改革和控制法》和《尼加拉瓜调整和中美洲救济法》赦免的受益人，最终有机会获得公民身份，其他赦免则更偏临时性。[2]各式各样的政策和项目构成了让萨拉这样的家庭受到限制又获得机会的环境，在其中关于"连锁移民"和择优政策的辩论掩盖了陷入部分合法的困惑境地的孩子受到的伤害。

15岁的马里韦尔和她2岁的女儿西莉亚获得的许可，让她们加入了一个被错综复杂的移民身份割裂的家庭：萨拉和她母亲拥有可延期的临时保护身份，她父亲受《尼加拉瓜调整和中美洲救济法》保护，萨拉的两个在美国出生的孩子是公民，而对于他们的姨妈马里韦尔和表妹西莉亚来说，非法身份会导致她们没有保障和机会。这种身份与犯罪联系在一起，在现实中往往导致种族歧视，在学校操场上更是残酷异常，让哭泣的小女孩乞求她还是青少年的母亲把她带回她完全不了解的故乡。

"那孩子，"萨拉继续说道，"我的侄女，想回萨尔瓦多。她想回去是因为学校的孩子叫她'湿背'。"

"但她的学校里一定也有很多其他西班牙语裔孩子。"我回答道，那时我尚不清楚，市内公立学校的走廊和教室里到处胡乱流传着混乱的种族标签——如墨西哥、拉丁美洲裔、黑人、混血、"湿背"。[3]

"当然，当然，"萨拉回答道，"但你知道的，学校里种族歧视很严重。而她想拥有很多其他孩子有的东西。她经常说,'我想见我的爷爷奶奶。'"她停了下来,目光落在和兄弟姐妹及表亲一起玩的孩子身上。"我的侄女身体有点问题。是甲状腺的问题,但因为没有身份,所以她没有医疗保险。她的病导致她一直吃却总也吃不饱。你也看到了,她看起来不像 7 岁的女孩。因为没有保险,她无法得到治疗。"我看向那个小女孩。她大约 7 岁,但看起来不像,衣服紧绷在结实的身体上。一头深色卷发孩子气地勾勒出她的脸庞,一缕缕发丝被风吹乱。她喘着粗气,一直在推秋千,自己却从不坐上去被人推。

"她需要什么治疗,吃药?"

"是的,因为是腺体的问题,是这里,"萨拉抬起下巴,眼睛还是看着我,示意我留意她脖子的中间位置,"我妹妹在尝试给她办'金卡',帮助移民的卡。"

"但这之前她去什么地方看病呢?"

"她没法看病。"

"就连预防性保健都没有吗?"

"没有。"

我想象急诊室的样子,可能是得克萨斯州儿童医院的急诊室,我们曾因为自己的孩子撞到桌角或在人行道上滑倒而去过几次。可能是凌晨 3 点,用我雇主的保险报销后还需要自付 100 美元,除了孩子们柔弱的身体——小小的骨头、薄薄的皮肤——没有什么需要担心的。等待室满是被疲惫的家长抱在怀里的咳嗽的孩子，很多孩子一旦离开这些人手不足、超负荷运转的急诊室就无法得到医生或护士的帮助。年轻的马里韦尔一定就是在这样的地方被告知她的女儿有健康问题。是甲状腺的问题，"在这里，在脖子上。"急急忙忙的医生可能指给她看过，长在那个位置的、应该让她停止进食的腺体不起作用。

尽管西莉亚在全球分界的北方生活，她的来处、种族和地位写在她幼小的身体上。作为全球关爱流失的受害者，保姆的孩子——还有园丁的、女佣的和照顾老人的护工的孩子——得到的仍旧更少。更少的时间、更少的关注、更少的照护。有些人会将这样的关爱称为一项权利。

一些思想家对影响照护实践和价值的道德义务进行了细致的解读。这些道德义务共同构成了"照护道德"，这一概念阐明了母职货币化动态中的核心道德缺陷，年幼的西莉亚的故事极具戏剧性地揭露了这种缺陷。照护道德的基础简单而具有深刻的变革意义：我们是关系性生物，塑造我们的道德实践的是我们在关系中付出和得到的关爱，即便有部分关系不是我们主动选择的，即便在部分关系中我们的权力是受限的。[4]

我们的核心自我是由我们付出和收到的关爱构建的，因此，西莉亚和马里韦尔这样不幸的境遇就成了对我们的集体道德的严厉检验。如果西莉亚理应获得与其表亲同样的关爱，如果所有移民孩子都理应得到与萨拉照顾的孩子相同的关爱——疾病得到治疗，恐惧得到安慰，问题得到解决——那么全球移民和家政工人雇佣共同导致的社区公园里的景象体现了一种集体的道德沦丧。这样不平等的关爱违背了孩子和他们的母亲的基本权利。

很多母亲像萨拉一样，丢下自己的孩子，跟在对她又踢又打，还大喊"不要她管"的美国孩子身后，这样做令她们十分苦恼。

"几个月以前，他开始找我的麻烦。他对我很差，说他讨厌我，要我走，告诉我他不想让我在他家，让我不要再回来。"

这个小男孩现在 6 岁。萨拉照顾他已经两年了，她告诉我，我和她在公园第一次见面时，那个男孩也在场，我随即开始在脑中搜寻他的样子，但只能想起一个一头金发的模糊影子。他的家人都很好，萨拉肯定地对我说。她也打扫女主人母亲的公寓。他们都是好人，很可亲，只是把孩子宠坏了，情况逐渐失控。"他踢我。3 周以前，他打了我两下，很用力。有一天他用球砸我，打到我这里，我说：'不要再砸了！'但后来他趁我不注意又用球砸我，打到了这里——"她扭转身体给我看薄薄的 T 恤和开衫下她后背被砸到的地方。

"一天，他拿着一把剑四处追我，我只能把自己锁在一个房间里。他想打我。所以只要抓到我，他就会开始踢我。"

"那你怎么办？"

"没办法。我什么都做不了。"

"他父母怎么说？"

"'对不起。'多数美国人通过说'对不起'解决一切问题。"

但他们真的是很好的一家人，她坚称，包括这个小男孩，他在这一切开始之前也很好，温柔又有礼貌，她肯定地告诉我。"上周六，他很礼貌地对我说，'请。'"她模仿孩子的声音和英语，"'不要再来我家了。'我很难过，因为我丢下了自己的孩子来照顾这些孩子——"她用的词从单数变成了复数，她所说的不仅是做这份工作时照顾的这个男孩，而是她保姆生涯中照顾过的所有孩子，"我对他们比对自己的孩子更好，因为我必须对他们温柔，满足他们的各种需求。"

满足他们的任何需求。但孩子的需求可能很复杂。比如，泰勒夫妇的女儿，需要她父母无法给予的东西。"那个小女孩，解雇我的那家人的女儿？我很想念她。她太可爱了。她总是叫我'妈妈'。我努力时时刻刻都对她好，做一个好保姆。一方面是因为她不是我的女儿，另一方面也是因为我为她感到难过，她的父母总是在工作。工作，工作，没完没了地工作。他们完全不管孩子，我必须在那里承担所有的事情。"

在新工作中，她努力用同样的方式对待小男孩。

"我尽力做到最好。如果他希望我做什么，我总是说：'好的，好的。'无论什么时候，哪怕我已经累了，因为他们的父母付我工资让我像父母一样陪伴这些孩子，给他们关爱，对他们好。"

"所以你从来不惩罚他们？"

"不，不。首先，因为他们不是我的孩子。其次，因为这个国家有非常严格的法律。不能大声训斥孩子，因为那会给你带来麻烦。我的成长环境与此不同。萨尔瓦多的情况和这里很不一样。在萨尔瓦多，如果一个孩子言行粗鲁，你可以惩罚他——打屁股、让他在墙角罚站或者告诉他什么事不能做。但在这里你应该和善地跟他们交流，把事情解释清楚。他们还不允许我让他罚站——"

"你问过吗？"

"没有。通常在我的工作中，孩子的妈妈会说：'陪孩子玩，如果他们不乖就让他们罚站。'但她没有这么做。她只是说：'说对不起。'所以我想，好吧，孩子知道只要他对我说这几个字就没事了。他会在心里想：'只要我好好说，无论我怎么对她，她都只能受着。'"

"他们真的是很好的人，"她重复道，"但我没法控制这种局面。"

面对拳打脚踢和言语侮辱，萨拉保持沉默，因为没有获得反抗的许可，所以只能尽量安抚。她被要求用和蔼的语气说话，向孩子解释，**你的话会让我感到**

难过。沉默和默许让小男孩更加大胆、更加愤怒，变本加厉地把他的沮丧发泄在面前深色皮肤的女人身上，那个收拾他的玩具，为他准备放学后的零食的女人。他只要说"对不起"就可以了。

对于萨拉来说，这些经历彼此紧密缠绕，母职、职业、移民和美国都遵循同样的权力标尺。让我意识到这一点的是她将自己故事中的不同支线联系在一起的方式。一个小男孩学到错误行为的后果不过是违心道歉的故事引出了她的前雇主莱斯莉的一则逸事。

"养狗的那个？"萨拉说话的语调感情充沛，节奏也加快了，"她会冲我大喊大叫，非常可怕。但她会找到我，给我一个小礼物，说：'对不起，我现在明白了。'她会感到有点后悔，但只会持续很短的时间。她很快就会再次生气发火。"

不为自己的行为承担后果的男孩的故事引出了不为自己的行为承担后果的女主人的故事，又引出了关于移民生活的一段感言："它们是人的经历，我没法解释。做一名移民非常难。在这个国家是非常沉重的负担。第一个问题总是'你来自哪个国家？'然后是'你有身份文件吗？'在这里，身份文件就是一切，决定医疗保险和工作合同；你来自哪里决定一切。"

通过她与打人的男孩和认为违心的道歉就能弥补过错的母亲相处的经历，萨拉讲述了一个因为身份——"你来自何方"而无力的故事。年幼的男孩并不知道萨拉来自何方，但会发现对她不需要像对其他成年人那样尊重，会得出自己的结论——圆脸、深色眼睛的人好欺负。[5]

罗莎

罗莎回墨西哥照顾孩子，作为一个被分隔的家庭的留守妻子当家已经 9 年了。这时她的两个最大的孩子已经去美国了。她们完成了基础教育，将目光投向她们的父亲、美国和那里的机遇，如果留在她们的父母用汇款在切特拉购置的朴素的家中，就会错过这些机遇。老大最先宣布她移民北方的计划，老二很快也说要去。她们的父亲阿图罗不同意。

"他不想带她们过去，"罗莎说道。她模仿她丈夫震惊的反应："什么？她们是女孩！"

但罗莎清楚他的反对是错误的。尽管让她们离开会令她感到难过，但她明白做母亲意味着为了让家人过得更好、为了让一家人团聚作出必要牺牲。就像她过去多次所做的那样，人必须明辨主次。罗莎不是第一次违背阿图罗的意愿，她没有特别理会他的拒绝，把女儿送去了加利福尼亚州，投奔自己的兄弟姐妹。

"孩子离开的时候一定会难过，"她回想道，"但我对她们说，如果想要活下去并且有所作为，就去吧。因为如果你无法满足孩子的愿望，就让她们自己去实现。"

几年之后，一家人再度在他们在墨西哥的家中团聚，这次是为了庆祝二女儿结婚。新郎是另一名来自普埃布拉的移民，新娘、新郎和亲戚都想方设法回家庆祝这件喜事。未来他们会多次返回南方参加婚礼、葬礼或度假，当人生意味着生活而非工作时，他们就会回来。

在婚礼上，罗莎的儿子米格尔在大家饮酒欢庆时找到她。"妈妈，"他说，"我要去找姐姐们。我要和姐姐们一起过去。要不然就和爸爸一起走。"

米格尔当时已经完成了基础教育，罗莎可能已经预料到了他的想法。但看着她眼前的男孩，想到和他一起长大的两个姐姐如今只偶尔回家探亲，另外三个孩子未来可能也会离家，罗莎开始下定决心。到阿图罗下一次探亲时，她已经打定了主意。罗莎绘声绘色地复述了他们的对话。

"要么你留下来，"她对阿图罗说，"要么我过去。你选吧。"

"不，你疯了！你过去干什么？"他反对道。

"你看，现在这里只剩三个孩子了，"罗莎分析道，"我明明可以和你在一起，为什么要在这里度过人生最好的时光？"

阿图罗十分震惊，不愿让步。"你疯了。"

"好吧，如果你不希望我们去，那我们就离婚。我不愿再守活寡了。我是不是该找个新老公了？"

阿图罗慌忙问道："你给我多长时间准备公寓？"

"一个月，不能更长了。我们去的钱不用你操心，我会在这里想办法的。"

一切就这么定了下来。在卖掉家里的所有电器——"电视、音响、录音机、游戏机，所有电器"——之后，罗莎凑齐了自己和孩子的移民费用。罗莎、13岁的莉拉和11岁的马丁会一起过去。

将他们是美国公民的9岁弟弟在拉雷多交给了拥有永久居住权的父亲之后，罗莎和姐弟二人听从郊狼的指示行动。他们夜里长途跋涉，走了5个小时，在凌晨3点到达位于树丛中的一个藏身处，那里被树木遮挡，有很多过去的移民留下的水瓶。一辆皮卡到达后，郊狼命令他们爬进空货箱，孩子们要藏进一个封闭的箱子里。在接下来的半小时里，罗莎躲在她的孩子们藏身的箱子后面。后来，孩子们说他们感觉呼吸困难。然后，皮卡停了下来，郊狼给他们所有人买了汽水，下午5点，一家人在休斯敦团聚了。

"我们脱掉鞋子，脚痛得就像着火了一样，"罗莎告诉我，"脚趾的趾腹被磨破了，在流血。脱掉的袜子上全是血。我们穿越了一段沙漠，或者一块像沙漠的地带，那里到处是仙人掌，我儿子摔进了仙人掌的刺里。我不得不用镊子帮他把刺拔出来。但实在太多了！他掉进了一个全是仙人掌的洞里，而我们的脚全都破了，全都破了。"

但不是每个人都要因为仙人掌、沙漠和卡车黑暗的货箱而遭罪。

"哈哈！你们在受罪，而我们待在酒店里。"小埃迪嘲弄道。他出生在罗莎曾经打扫的房屋里的小房间中，因此拥有美国国籍，此时 9 岁的他冲他震惊的姐姐和哥哥露出了得意扬扬的笑容。"我们去看了电影。你们受罪，走了那么远，而我们在电影院里吃爆米花！"

对于这个和兄弟姐妹斗嘴的孩子来说，这种对比很好笑，他的哥哥姐姐偷偷摸摸，而他如此自由。家里最小的孩子中了幸运大奖。最终，所有人都无须再偷偷摸摸。年纪较小的莉拉和马丁幸运地获得了公民身份，他们先后受益于《移民改革和控制法》给予他们父亲的暂缓驱逐状态、他们父亲的入籍和他为自己的妻子和孩子提出的入籍申请。他们的姐姐们受益于她们丈夫的身份。到 2019 年，除了罗莎的儿媳，一家人都有了美国护照。但在 20 世纪 90 年代初，每个家庭成员与美国合法身份的关系都不同——因此，与希望和恐惧的关系也不同。

在最初的几周里，一家人激动又焦虑。厨房里满是玩笑和对话，还有阿图罗从他工作的公寓里的遗留物品中搜罗来的锅碗瓢盆。"有一家食品店，"他们刚到达公寓时，他对罗莎说，"去花钱买点菜做饭，这样我们就有东西吃了。"厨房很快满是洋葱、辣椒和食用油的气味，孩子们还沉浸在初到美国的兴奋中——流血的脚趾、电影院、宽阔的城市街道上的巨大杂货店。

"啊，妈妈，"男孩们感叹道，"这里太好了！"

但莉拉哭个不停。"她不喜欢来这里。"罗莎解释她13岁的女儿的反应，"她看到警察会逃跑、躲藏。听到警笛声就害怕。她听说这里有很多移民警察，如果被移民警察抓住就会被赶出去。所以每次听到警笛声，她都以为他们来抓她了。"

随着时间的推移，男孩们越过越开心，莉拉却感到越发孤单。她求妈妈带她回家，对她说："妈妈，我去上学，但他们都说不一样的语言。我听不懂他们的话。他们对我说话，但我听不懂。我不知道他们在说什么。我们回墨西哥吧，我们回去吧，妈妈。"

罗莎安慰她，让她不要再提这件事，向她解释不可能回去了，但男孩们不理解她的反应。"你怎么回事？"他们对哭泣的姐姐说，"你疯了吗？这里多棒啊！爸爸带我们去吃汉堡，去公园和各种地方！"

但莉拉并没有得到安慰，直到她遇到一位帮她提高英语的朋友。直到她学会如何应对一名在休斯敦的青少年移民所面对的世界。直到她在一名笑容迷人的17岁男孩身上和直到永远的承诺里找到她渴望的安全感。

"她很年轻就结婚了，"多年后坐在我的餐桌对面的罗莎解释道，"我让她读书。但如果孩子不愿意，怎么说都没有用。她的姐姐们也都结婚了，在加利福尼亚州。我的孩子中只有两个上完了十二年级。出生在这里的那个最顽固。他不愿意上学！他是在这里出生的，他本可以上大学的！"

对于那个 1983 年在地板上哭泣的婴儿来说，上大学是他自由地拒绝的选项。他的兄弟姐妹和其他未成年时被带到美国的孩子能否接受负担得起的大学教育或从事合法事业，取决于梦想者运动 ① 紧张的政治形势。从《梦想法案》到儿童入境暂缓遣返，"梦想者"经历了近20 年的时间和三届不同的政府，变成了一种宣传意义重于实际数字的政治博弈筹码。⁶ 与此同时，未来会被这些立法决定的年轻人屏住呼吸，做好准备，接受命运的挑战。

1992 年移民状态各不相同的罗莎一家到达休斯敦时，"梦想者"的困境尚未影响到他们，但是任何移民或爱着一名移民的人对罗莎的女儿对移民警察的恐惧都很熟悉。无数研究记录了与移民政策相关的长期恐惧对移民家庭中的孩子造成的伤害。孩子需要稳定的环境才能茁壮成长，他们需要安全、相对固定的日常和信任的成年人冷静的引导。莉拉认为警察和警笛意味着穿制服的人要来抓她，用强壮的手把她或她的父

① Dreamer movment，指支持常被称为"梦想者"的未成年时到达美国的无证移民的运动，该运动强调在美国长大的梦想者的独特境况，并呼吁立法解决他们的移民身份问题。

母送"回去"，这样的孩子缺乏稳定的环境和安全感。[7]

在美国移民政策的历史上，恐惧是一个随政治风向变化而起落的有目的的工具。对于强硬派来说，工作场所移民突击检查是制造焦虑的重要工具。在20世纪80年代，突击检查像苹果派一样寻常，到世纪末逐渐减少，后来在"9·11"事件后小布什执政时期又再次激增。最著名的2006年对世味福肉类加工厂的突击检查中，查出了1.3万名移民工人，2008年的突击检查导致艾奥瓦州波茨维尔的人口减少了20%。[8]这些手段是为了制造景观；它们的目的是制造恐惧。作为一种移民执法工具，它们对移民人数几乎没有影响。事实上，在被有些人称为"驱逐队长"的奥巴马执政期间，尽管突击检查次数大幅减少，逮捕和遣返的总量却增加了。鉴于政府只针对最近的越境者和罪犯，在奥巴马执政时期，已经立足的移民恐惧有所缓解，感到稳定。[9]

2019年特朗普的当选带来了移民执法增多的新时期，氛围剧变。在新政府执政的前几个月里，儿童入境暂缓遣返和6个国家的临时保护身份认定被废除，随后美国国土安全部增加了抓捕和遣返，重新审理已行政结案的大量案件，并宣布结束奥巴马时代的检控自由裁量权。[10]随着反抗活动的兴起——从庇护城市政策到权利宣传集会，再到对美国移民和海关执法局的志愿监控[11]——国土安全部调整策略，开始打击移民群体的核心。抓捕从监狱和工作场所延伸到社区。人们在自家门口、送孩子去学校的路上、教堂外或公园里都可能被拘留。没有任何一类移民能够幸免，多年来一直定期向当局报到的无犯罪记录移民、没有犯罪记录的孕妇、寻求人道主义庇护的难民和在逮捕目标移民时恰巧在现场的路人通通无法幸免。当家门被敲响，或穿靴子的移民官员走来时，他们都在劫难逃。[12]

结果，移民社区的商业和活动被冷酷的气氛冻结。特朗普发送移民推文之后的几天，学校会出现空座位。焦虑升级。这主要是景观造成的。孩子们可能无法分辨身份和来源的微小差异，但他们能够感受到恐惧。在得克萨斯州，每三个孩子中就有一个的家长是移民——500万个美国孩子中至少有一个家长是未经授权的移民，在充斥着对被遣返的恐惧的操场上，身份状态变得不再重要。孩子们交谈、聆听并尽力拼凑信息碎片。年幼的孩子甚至经常不知道他们父母的身份状态。基于法律条款、文件甚至国籍的安抚都无法与失去母亲或父亲的景象抗衡。[13]

所以，在1992年，当罗莎的孩子们围着煎锅和汽水齐聚在他们休斯敦公寓的厨房里时，当罗莎试图安抚她女儿的恐惧时，她面对的是一头无法战胜的野兽。2010年，萨拉的外甥女西莉亚因为在学校被人叫"湿背"和患病无法医治而哭着想要回家，她和莉拉以及很多孩子一样，都因为这个自己或父母可能被带走的世界而哭泣。在这个世界里，只有部分人有权上大学、工作、获得驾照、享受医疗保险和行动自由——可以毫不心虚地从学校走到公园，再走回家。在这个令他们哭泣的世界里，他们贫穷的外国人的身份意味着他们应得的比别人少，而且，总是生活在恐惧中。

特雷莎

解释只保护一部分儿童的社会秩序的正当性需要集合意识形态、言论和政策的复杂机制。但寥寥数语就能让我们记起所有孩子都是同样无辜的。"我相信我们都是上帝的孩子。我们都是平等的。"在一个 8 月末的傍晚，特雷莎坐在我的餐桌对面。我们交谈时烘干机在工作；空气中有洗衣液的柠檬气味。我比较大的孩子们在上学，两岁半的女儿阿梅莉坐在另一个房间的沙发上，一边摇晃着赤裸的双脚一边看动画片。幼儿园下周才开学，特雷莎白天来帮我照顾孩子。一天中，她陪我的孩子玩、洗盘子、叠衣服。现在她坐下来，向我讲述她的生活，她移民的决定，和被她留在身后的孩子。

特雷莎从她即将成为女人时公开受辱的经历开始讲述她的故事。

"有句话叫'小镇子，大地狱'，因为小镇上的所有人都彼此认识，所有人都知道你的事情。"

特雷莎的小镇是洪都拉斯北部海岸附近的一个小

村落。她 15 岁时，那里变成了她的地狱。

"一位女邻居告诉我妈妈我怀孕了。他们甚至没有问我是不是真的，就惩罚了我。我没有怀孕，我从来没有和男孩发生过关系。他们要带我去做妇科检查。"

特雷莎体形娇小，聪明伶俐，说话时声音充满活力，深色的卷发在圆脸周围跳跃。尽管已经 30 岁了，她仍旧给人女孩的感觉。

"我经历了他们惩罚我、诽谤我的耻辱和尴尬。所以我离开家去和我男朋友住。我在上学，我在读第三期，相当于九年级，我本来想读完的，但我决定离开，和他一起走，去结婚。不是真的正式结婚，而是和他在一起。"

两年之后，她生下了一个男孩，而她的伴侣因为喜欢喝酒和飙车而多次出车祸，瘫痪在床，需要他并不情愿的未领证的妻子来照顾。17 岁时，她作出了决定。"我对自己说：'这段感情，我对爱情的幻想，结束了。梦结束了。'"

她回到父母家，在一家男装店找到一份工作，每月赚 350 伦皮拉①，约合 20 美元。很快她就看清了自己未来会过什么样的生活。"不，我告诉自己。这不算生活。我不能就这么过下去。"

所以她借了付给郊狼的钱，和一名表亲及一个姨妈

—————————————

① 洪都拉斯货币单位。

一起向北出发。他们乘巴士，藏在汽车后备厢、垃圾车车斗里，在蜿蜒的苏恰特河上乘筏子，走了 1800 多英里。她在墨西哥南部被玛雅原住民社群暂时收留，然后乘车向北走，在一个走私者的安全屋里待了 5 天，接着蹚过里奥格兰德河。其间，她逐渐习惯怀中和心中空荡荡的感觉。

"你的孩子怎么办？"

回答这个问题时她的声音变得低沉了一些。"我丢下了我的孩子。"

"把他留给你妈妈照顾？"

"我把他留给了我妈妈照顾。"她看着我的眼睛，我们都沉默了一会儿。

"他多大？"

"他两岁……零几个月。两岁零三个月。"

她安静地保持微笑。我女儿跟着米老鼠唱歌的声音通过敞开的门传来。

"和阿梅莉一样大。"我说道。

"和阿梅莉一样大。"她回答道。

烘干机继续转动。阳光在餐桌上留下更长的影子。

到达休斯敦之后，特雷莎花了一段时间才站稳脚跟。她竭尽全力工作——在工厂、餐厅和私人住宅里做工，对自己能赚到的钱感到吃惊，并很快攒钱还清了债务。她一直牵挂着鲁本——她在老家等待妈妈的年幼儿子。

"你用了多长时间凑够把孩子接过来的钱？"

"我把他接过来是两年之后。"

"哦。"她的回答，两年分离的钝痛，令我失措，"那时他 4 岁？"

"对。"她回答道。她的姿态——低着头，声带紧绷，身体蜷缩——让这个词显得毫无分量。

她主动解释了当时的情况。思念孩子的漫长两年让特雷莎鼓起勇气去冒险，所以她到处打听。"我开始在一家餐厅工作，在那里能遇到各式各样的人。"

在餐厅，她遇到了一个说可以把鲁本带过来的男人，两人在餐厅厨房的喧闹中商定了安排。郊狼解释了他的计划：他会给孩子办墨西哥签证，让他从特古西加尔巴飞到蒙特雷。然后他们俩再乘巴士到边境。

"在那里，"特雷莎解释道，"要把孩子交给官方。过河，等移民局把他接走。移民局会给他们许可，然后你就去接他。"

其间，特雷莎会在另一侧等待。

"鲁本过来一路上都是跟着这个人？"

"是的。"

"你完全信任他？"

"嗯。"

"绝对信任？"

我们旁边的椅子上响起了电话铃声。我们都没理会它。电话响了一声，两声，三声。隔壁的房间传来动画片的声音。特雷莎没有移开视线，刚才的问题仍旧横亘在我们两人之间。

"我相信他能把我的儿子带过来。我需要他过来——对人没有办法 100% 信任，只能冒险，因为你必须见到他，让他来这里，来你身边，这让你不得不冒险。"

阿梅莉就在隔壁的房间，我想象了一下，她离开我两年，我无法把她抱在怀里。是的，我也会感到绝望。

"他们在路上走了 4 天，"特雷莎继续说道，"他们出发时，他给我打了电话：'我接到孩子了，我要出发了。我现在带他出去。'然后他就再也没有给我打过电话。"

在接下来的 4 天里，特雷莎和那名男子没有任何联系。"总共 4 天。我很绝望。我觉得自己要死了。我什么都吃不下，一直哭。"

第四天早晨 6 点，她接到了电话，赶去移民收容所接她的儿子。

"团聚的感觉怎么样？"我问道。

"哦，"她沉浸在幸福当中。身体里充满喜悦、怀念和如释重负的感觉，"那是我这辈子最开心的事情。"

1998 年，特雷莎从南得克萨斯边境巡逻员手上领回她的儿子时，她信任的是某一政治时期的一系列特定的政策。20 年后，我转录、叙述并想象自己经历这件事时，不由要问："如果是现在会发生什么？"

我第一次想到这个问题是在 2017 年，当时我听说特朗普政府的一条行政命令要求美国移民和海关执法局开始针对到边境接回无人陪伴的孩子的未经授权的移民父母和亲属。如果父母出现，他们就会被逮捕。他们一定会被遣返，还很可能面临刑事起诉和牢狱之灾。[14] 2018 年夏，在休斯敦东区的一场雨中抗议中，我再次想起这个与特雷莎的命运有关的问题。当时，我们在一座拘留所前集会，该拘留所即将被用来接收越来越多沦为国土安全部新"零容忍"政策的受害者的孩子。

根据新程序，任何试图在入境口岸之间进入美国的移民，现在都将被刑事起诉，并在等待诉讼期间被关押在联邦拘留中心。海关和边境保护局受 1997 年最高法院关于移民拘留中儿童待遇的判决的约束，选择将儿童和被拘留的父母分开。[15] 儿童从他们的父亲和母亲的怀抱中被夺走，被安置在收容区，随后被送往庇护所。幼儿、学龄儿童和哺乳期婴儿都是如此。事实上，由于儿童人数过多，当局搭建了临时的铁丝网围栏，并把裹着银色毯子的儿童关在里面等待。[16]

在街头，在雨中，我闭上眼睛，想起了特雷莎和鲁本、罗莎和莉拉、马里韦尔和西莉亚。这些母亲和我一样深爱自己的孩子。我知道她们有多爱自己的孩子，因为我——在社区公园的沙池边，在我的餐桌旁——注视着她们，聆听了她们的故事。

"父母总是想保护孩子，"在我们的交谈进入尾声时，特雷莎对我说，"你总是想给孩子最好的。所以无论是在何方，无论你处于什么等级，因为你是一名母亲，最重要的永远是孩子。我们都是平等的，我们都是上帝的孩子。"

烘干机又开始轰鸣。我的阿梅莉开始坐不住了。特雷莎和我互相道别。离开之前，她手握厨房纱门的把手停了下来。

"我妹妹达妮埃拉刚到这里，"她告诉我，好像刚想起这件事。"她把她的孩子们留在了身后。"她用低沉温柔的声音告诉我她的妹妹被移民丈夫抛弃，一个人带着两个幼儿和一对双胞胎婴儿。两年来，她在洪都拉斯养家糊口的尝试以失败而告终，她选择把孩子留给祖父母照顾，自己来美国加入特雷莎。

"她特别难过，"特雷莎回忆道，"晚上她两只手各搂着一个枕头睡觉。"

她和我对视了一会儿，然后与我告别。

她离开屋子，走进夏日斜阳时，她妹妹的两个枕头还萦绕在我的心头。用两个枕头代替她的一对双胞胎。那画面逐渐融入傍晚厨房里熟悉的声音和空间——洗碗机工作的声音、动画片里的歌声、烘干机转动的轰鸣，以及我年幼的女儿安全地待在隔壁的房间。我把手掌摊平，放在髋部，消化突如其来的真相。无限同情涌上心头。

2018 年 2 月 22 日，美国海关和移民局悄然将其使命宣言从负责"保证美国作为移民国家的承诺"改为"管理国家的合法移民系统……同时保护美国人，确保国土安全并尊重我们的价值观"。[17] 在"移民国家"的字眼被消除后的几个月内，1.4万多名移民儿童会被无限期拘留，400多名父母在不知道自己孩子下落的情况下被驱逐出境。[18]

我们都是上帝的孩子并非很难理解的道理，但在母职货币化的交易中，人类具有平等的价值的主张消失了。母亲和孩子分离。孩子被关在铁丝网或冷冰冰的庇护所里，与父母分离，充满恐惧。那么，尊重我们的价值到底意味着什么呢？

帕蒂

孩提时代，帕蒂很早就明白孩子需要的不仅是温柔的关爱。"你不能只靠爱过活。"她宣称。但成年之后，她逐渐意识到她错过的爱和她母亲给予他人的爱是同一枚硬币的两面，而她在这场交易中付出了无法挽回的代价。

她是在一个周一的早晨坐在车上时清醒地意识到这一点的。她的妈妈玛丽亚开车，帕蒂坐在副驾，玛丽亚照顾的最小的孩子坐在后座——这个少年从小在他的阿妈身边长大。

"那天，她送我去上班，送那个男孩去上学。与他告别时，她说：'我爱你，亲爱的。'然后拥抱亲吻他，对他说'再见'。"

她讲这个故事是为了说明这份工作在所有方面都与众不同，但在逻辑和推理中，情感突然将她吞没。她声音哽咽，肩膀颤抖。

"我知道我妈妈非常爱我们。但问题是，我们来到这里时，她不对我们这么说。她用行动展现她的爱，却不直接告诉我们。她不会走过来，拥抱我，对我说'我爱你'。过去 25 年的空白让她无法现在开始做这些。我来了之后，看到我妈妈和这些孩子相处，在我面前对他们说'我爱你，亲爱的，保重'……"她无法继续，努力忍住泪水，呼吸也变得急促，"——在我面前。我想问：'为什么？为什么对他说，却不对我说？'"

故事和解释中断了，只剩帕蒂的抽泣声和婴儿监护器传出的安静的摇篮曲，咖啡桌上的纸巾盒没被动过。

"我也是一样，"她继续说道，"我从来没有对我的妈妈说过：'妈妈，我爱你。'我尝试对她这么说，但做不到。我张不开嘴。就是说不出口。我想要拥抱她，那对我来说很难。这是因为我们之前一直分隔两地。那天她对那个男孩说'我爱你'的时候，我立刻把一切从头到尾分析了一遍。我想：'这是符合逻辑的，这是合理的。我想告诉她我爱她，但我做不到。她也一样。'"

她从纸巾盒中抽出一张纸巾擤了擤鼻涕。她直起肩膀，挺起腰杆，抬起脸颊。她朝我的方向看了看，擦拭她的眼睛和脸庞，好像突然意识到自己暴露的伤口，好像后悔与我分享她意识到自己失去的东西不可挽回的那个瞬间。

"那是符合逻辑的，"她总结道，"是合理的。"

但留守儿童感到的强烈情感，和他们学到的教训是没什么逻辑可言的。

2002年，记者索尼娅·纳萨里奥对一名名叫恩里克的男孩进行了跟踪报道，恩里克离开了他位于洪都拉斯的家，试图北上与在他5岁时离开了他的母亲团聚。在他的8次尝试中，恩里克被腐败的警察勒索，7次被送回，被帮派成员残酷殴打，歹徒还将他从火车上扔下去，任他自生自灭。他被打得遍体鳞伤，躺在路边的临时担架上，对照顾他的女子说："我要去找我妈妈。"他终于成功到达之后，他和母亲很费劲地重新认识彼此。在系列报道的最后，恩里克敦促他的女友，他们年幼婴儿的母亲，来北卡罗来纳州和他会合。"如果有机会，我会去的。"她向他保证，"我们必须把孩子留下。"这一点两人都同意。[19]

恩里克的执着与逻辑相悖，可以将其置于帕蒂、萨拉和特雷莎的儿子鲁本等留守儿童的情感经历造成的各种有害的心理和社会影响之中理解。从幼儿对与父母的关系感到困惑，到青少年叛逆、成绩下降和高风险行为，这些孩子都能切实感到他们的父母的缺席。他们的照护者往往分身乏术——姨妈有自己的家庭和孩子；年长的祖父母没有精力管教孩子，因为没有受过教育而无法在学业上帮助他们。在社交方面，无论有多少邻居和同学处境相似，他们仍会因家长缺席而受辱。[20]

这样的结果让很多家长的移民希望落得一个讽刺的结局——孩子成绩一落千丈，认为可能性仅存在于充满不确定性的北上旅程之中。就连帕蒂这样长大后生活充实、人际关系完备的孩子受到的情感伤害也很深，足以让她在15年后的一个10月的下午坐在沙发上崩溃。难怪如此多这样的孩子会被北方吸引，走上父母铺就的道路，这条道路承诺知识和人脉，父母缺席期间创造的移民生活的种种舒适条件，和亲人团聚。我也爱你，妈妈。

其他孩子也在学习母职货币化。比如埃莉·史蒂文森，从出生就由帕蒂照顾的5岁女孩。在帕蒂第一次怀孕期间，埃莉习惯了保姆的孩子的概念，亲吻帕蒂的肚子，给她拿维生素，承诺会照顾小梅拉妮。她的父母鼓励她把梅拉妮视为他们世界的一部分。他们不仅承诺允许帕蒂带着婴儿来工作，还积极让自己的孩子做好帮忙照看婴儿的准备。

在帕蒂孕期的最后几周，埃莉和她的弟弟继续他们的日常，每天晚上在保姆离开他们的家时与她告别。5月的一个周五，帕蒂照顾了史蒂文森家的孩子一整天，在周日上午，她的怀里多了一个新生儿。她只想休息一个月，但史蒂文森先生坚持让她多休息一段时间。"不，那太短了，"他说道，"你好好休息，不要担心。"所以帕蒂将她计划的休假延长了两周，从未想到她的产假会变成充满不确定性的一年。

"是我运气不好——是运气不好的问题——就在我回去工作前几天，先生失业了。先生对我说：'目前，他可以照顾孩子，但他会回去工作，那时我们会需要你。你的工作不会变的。'一年就这么过去了，我一直在等他们给我打电话。"说这些话时，帕蒂的语调充满苦涩的回忆。"等他们给我打电话。"她重复道。

帕蒂等待了一年。新生儿变成了婴儿，又长成了幼儿，她时不时为史蒂文森夫妇临时照顾孩子，不愿放弃史蒂文森夫妇允许她兼顾工作和育儿，不用在两者之间作出选择的承诺。经济压力让帕蒂年轻的家庭不堪重负，她向史蒂文森太太求助，希望找一份临时工作。"但你们需要我的时候，"她向女主人保证，"我一定会回来的。"

"但是她知道，"帕蒂坚称，"她会在跟别人说的时候加上'她是我的保姆，只是暂时需要工作'。"她把这个词又强调了一遍，"暂时，仅限我们不需要她的这段时间。所以其他人并不是很愿意联系我。"

说到权力的平衡开始偏移，善意开始受到考验时，帕蒂的语气变得严厉了起来。愿意为怀孕后的帕蒂做出调整的史蒂文森太太在她们的关系中处于完全支配的地位。让保姆带着自己的孩子工作的承诺对帕蒂来说非常重要。还有他们所做的其他准备，对埃莉和她的弟弟所说的话。史蒂文森夫妇甚至在工作时间给帕蒂配了一辆车，这样她就可以让梅拉妮和两个大一些的孩子一起坐在后座。"谁会做这样的事情？"帕蒂问道，仍旧对这一切感到困惑，"就为了让我可以带着我女儿出去？我怎么可能不等他们呢？"

到了3月，等待再次为史蒂文森夫妇工作已经近一年、大女儿还不到1岁的帕蒂发现自己又怀孕了。她告诉史蒂文森太太这个消息时，不确定第二次怀孕会如何影响她的工作。但她的肚子很快就会变得很明显，她别无选择。而且，当时她认为这种坦诚是他们关系的自然组成部分，"尊重和沟通的一部分"。

"我还在等你们让我回去工作，"她对女主人说，"我希望为你们工作，我愿意，即便怀孕亦是如此，就像我怀另一个孩子的时候一样。但如果你们觉得不合适的话，我理解。"她继续说道："因为我知道怀孕加上生孩子可能会给你们带来麻烦。如果你们想的话，可以找其他保姆，但如果你们不想那么做，我想要工作。你们的孩子们和我在一起安全又快乐，我会尽我的一切力量做到最好，但你们有权决定是雇新的保姆还是继续用我。"

"所以，"帕蒂吸了口气，说道，"我把决定权留给了她。夫人思考了一会儿，然后回答：'不，没关系。

我们会另找一个人。'"

我等待更多的解释。帕蒂的电话响了起来。在我们的对话中，她的故事被这些打破下午的寂静的声音打断——楼下街道上开过的汽车，公寓楼里的关门声和脚步声，消息提示声和婴儿监护器中传来的音乐声。她关掉了手机铃声，然后继续讲述。

"短短几天后，她给我打电话，告诉我她的丈夫找到了工作，他们找了一个新的保姆。只过了短短几天，连一周都不到，我就不再为他们工作了。我是一个很成熟的人，我明白是怎么回事。我不需要解释。这是符合逻辑的，是合理的。他们要照顾好两个孩子。我能理解。"她停下来整理思绪，调整了一下坐在沙发上的姿势。"但令我难过的是，我一度以为——"强烈的情绪让她再次说不出话来，接着讲述时她一直在做深呼吸，肩膀也一直在颤抖，"——他们对我好是我的努力换来的。我以为他们说友善的话语，对我好，是因为他们看到了我对他们的孩子多么尽心。"

"哦，帕蒂，对不起。"

她泣不成声，我们再次暂停。我听她的身体讲述了一个语言上的因果关系无法成立的故事。因为母职货币化的逻辑突破了这种语言的限制。保姆和孩子直观地理解照护工作和情感纽带之间的关系。这些纽带可能会被破坏，工作的交换价值可能比关系的完好更重要，这是必须学习的一课。

故事的下一个章节在 7 月下旬展开，帕蒂同意一直工作到新保姆到岗。那个女孩从智利直飞过来。她会在休斯敦半工半读，帕蒂解释道。

"她很年轻？"我问，"单身？是在大学学习吗？"

这三个问题的答案都是"是"。我开始理解这个年轻女孩能为史蒂文森一家提供什么帕蒂无法提供的东西——一种超越日常育儿劳动的阶级价值教育。对于很多像史蒂文森一家这样的家庭，这是十分寻常的转变。随着孩子的需求从尿不湿和游乐场变为作业和钢琴独奏，有些父母会寻找社会地位更接近的照护者。"不，不对，"互惠生 ① 指导道，"你要算上余数。""你的第一根手指应该在这里弹 C 和弦，像这样。"[21]

史蒂文森太太把新保姆——帕蒂强调道："她非常漂亮。"——接回家之后，对帕蒂说："如果你现在不带孩子出去，就哪里都不要去了。把车给那个姑娘，让她去买东西。"

"那个姑娘来了之后，"帕蒂解释道，"当然住在那个我住了 7 年的房间里。他们把为我买的车给了她。她一来，他们就把信用卡也给她了。他们还在我面前给了她一部手机。我想：'和我想的不一样。我以为他们对

---

① au pair，通常是来自国外的年轻人，在寄宿家庭中居住，提供家务劳动和照顾孩子方面的帮助，同时学习当地语言和文化。作为交换条件，寄宿家庭提供食宿和小额零花钱。

我特别关照，但他们并没有特别欣赏我或者看重我。他们只是对任何人都很好。'"

她一点点清醒过来。真相与表象截然不同。没有个人感情，她并没有赢得尊重。史蒂文森一家只是对任何人都彬彬有礼，帕蒂总结道。那是他们的世界中的人奉行并推崇的行为，他们也会教导他们的孩子这么做。

"夫人晚上给我打电话，对我说：'请给孩子们穿好衣服。帮他们打扮得漂亮一点，因为我们要去吃晚餐。'那是欢迎晚餐。"帕蒂解释道，"他们要带新来的女孩出去吃饭。"她的声音带着苦涩，笑容颇为勉强。

"他们带你出去吃过饭吗？"

"7年里，他们从来没有邀请过我。"

第二天，小埃莉告诉了她的阿妈一切。"我们去了一个高级的地方，"帕蒂模仿孩子的声音，"很漂亮，而且很贵。"这段回忆，它所意味着的一切和小姑娘所不明白的事情，让她露出了微笑。"新保姆的事对我来说并不重要，"她回忆道，"伤害我的是我再也不能和孩子们在一起了。"她再次崩溃，哭得更伤心了。"令我难过的是我失去了我的工作。"她越发痛苦地抽泣，"我很伤心，因为我需要工作，但我怀孕了，还有一个婴儿，实在太难了。"

她吸了吸鼻子，擦干泪水，努力找回自己所依赖的理性。"不是任何人的错，"她总结道，"不是新保姆的错，我怀孕也不是我老板的错。但这也不是我的错。

一切就这么发生了。"

自从母亲离开，帕蒂就努力学习这种和解的语言。但她爱的孩子尚未经历过这样的残酷，在帕蒂的最后工作日，埃莉坚持对未来抱有希望："帕蒂，你的孩子出生后，新的孩子，他长大以后，你可以再来我们家工作。我会照顾梅拉妮，你照顾小宝宝和我们所有人。因为你是我们的后背保姆。"

"后备？"我确认道。

"不，后背。"帕蒂说，"她总是给我们排序：'帕蒂，你是第一名。然后是谁和谁，然后是她，之后是她。但你排第一名。我们最爱你。'"想到这些，帕蒂露出了微笑。但那一天她知道她应该帮助埃莉，提醒小姑娘她未来可能也会一样爱新的保姆，她要做一个好女孩，要努力。"你也要爱她，因为她会照顾你。"我想象她们两人的样子，她们之间难以命名的关系——埃莉可能坐在帕蒂身上，她出去吃晚餐穿的漂亮连衣裙搭在角落里的椅子上，她仔细聆听帕蒂的话，照顾了她 5 年的保姆仍旧在教导她，仍旧爱她。

"这是孩子的愿望，"帕蒂总结道，"但这些事情是父母决定的。这只是一个 5 岁小女孩的想法。"

在她长大成为她父母世界的一员之前，埃莉这样年幼的孩子会学到她所在的社会如何评估其成员的价值。她的第一课：有的保姆值得用高级晚餐招待，有的则不值得。第二课：只有一些关系值得维系。这些女性和她们爱过的孩子们还会得到很多教训：

一个家庭无法仅靠爱生存。

有些孩子永远不会原谅。

深色皮肤、口音很重的保姆不会惩罚人。

在这里出生的弟弟可以上大学。

在这里出生的表亲可以去看病。

在陌生人的陪伴下走过1800英里的旅程是值得冒的风险。

有些墨西哥人是好人。

有些墨西哥人生的孩子太多了。

如果保姆生的孩子太多，她们就得离开。如果妈妈找不到好工作，她们就得离开。

无论你有多需要她。

在《全球女性》(*Global Woman*)的引言中，阿莉·霍克希尔德和芭芭拉·埃伦赖希思考了移民保姆和家政人员照顾的孩子见证了什么。她们写道："他们在自己的客厅里接触大量全球政治的悲惨现实。孩子们会观察。但他们也会学会如何忽略他们所看到的。他们会向成年人学习，学会如何让可见的事物变得不可见。"[22]

被消除的不仅是清洁和照护的工作以及从事这些工作的女性。我们也学会忽略依靠这些女性的孩子所经历的亲密暴力。对于留守儿童来说，痛苦源自母亲的缺席：他们与照护者关系紧张，成绩不稳定，高风险行为增多。和移民母亲住在一起的孩子经常经历另一种痛苦：他们在家承担更多的责任，在学校机会更少，通过和母亲雇主的交往对自己和母亲的社会地位建立深刻的认识。[23] 然而这一切，工作、女性和痛苦都真实且迫切需要被看到。要想对其视而不见，需要多年被灌输什么有价值，什么没有。

或许需要被检视的是价值的概念。在爱、劳动和孩子的纯真构成的复杂领域中，商品化的幽灵混淆了价值的本质。如果照护者是被雇用的，如果她获得了酬劳，那么她增加的价值必须按照市场逻辑计算——她提供的服务、工作的时间和获得的报酬都根据供求关系的无情现实计算。但是这种工作与众不同，不是吗？帕蒂为她的妈妈对其他孩子的爱哭泣时明白这一点。妮科尔出于愧疚为她的保姆付清房贷时明白这一点。埃莉·史蒂文森坚称她和帕蒂要照顾彼此，她们属于彼此时明白这一点。

这样的照护实践既有"工具"价值又有"内在"价值。[24] 它是可量化的生产劳动，能够也应该在经济模型中被计算，但这并不是它的全部，不能无视人际关系的无形价值。保姆的工作和她的爱不可分割，母亲的爱和她的工作不可分割，不能对工作仅运用市场逻辑，对爱仅运用情感逻辑。应该运用人际关系的逻辑。[25] 孩子明白这一点。向他们灌输其他观念本身就是一种暴力。

　　通过将住宅和家庭与全球政治分开，我们忽视了育儿和家政的经济价值，也妖魔化了它们的商品化。移民保姆在中间地带分辨是非，他们所爱的孩子亦是如此。埃莉默默得到的教训和在我们的边境发生的暴力事件有直接的关联。从她叫不上名字的关系开始，在绝望遇到铁丝网笼的地方结束。这些事情值得被讨论。它们很重要。它们是我们教给孩子的人生课程。

第七章

爱 与 劳 动

我的朋友对我说："不要这样爱他们，因为不知道哪天你可能就要离开他们。"

帕蒂

萨拉

去年的母亲节，萨拉的儿子德鲁把她惹哭了。那是一个周一，她去学校接他。她儿子所在的学校有很多有共同语言和习俗的拉丁美洲裔孩子，在那里，墨西哥母亲节变成了所有人的母亲节，无论是周几，无论当天是否有人需要工作，墨西哥母亲节都是 5 月 10 日庆祝。[1]德鲁世界中的所有人都知道这件事。但是萨拉的雇主离德鲁的世界很远。

"他们学校有庆祝活动，所有的妈妈都去了，"萨拉解释道，"我上班不能请假。所以，他等我出现。他以为我会去。后来，我停下车，问他：'今天过得怎么样？一切都好吗？午餐吃了什么？'"

"很好。但你知道吗，妈妈？我所有朋友的妈妈都来了，就你从来不在。我一直在等你，但总是等不到你。你为什么不来？"

在萨拉的复述中，她儿子的话语变得更加锋利，一种成年人的评判从孩子的口中说了出来。这种评判引起了共鸣。我也曾因为确定地知道其他妈妈一定都在场而感到羞愧。

"现在，"她继续说道，"我很抑郁。因为两天前，我的儿子对我的妹夫说，他希望他能有表妹西莉亚的妈妈那样的妈妈。因为她妈妈不大喊大叫，不总是发火。他说他想要一个不一样的妈妈，因为他的妈妈总是生气，总是不在家，也从不去参加他的活动。"

她提高了嗓音，话语中透出挫败与愤怒。"我去上班，我照顾的孩子对我很不好，回家时我感到沮丧，自问他们为什么这样对我。我给予他们的只有爱，他们所需要的所有的爱。我对他们极尽温柔，从不大声说话。所以我回家后感到沮丧、没有耐心，因为工作了 8 个甚至 10 个小时而易怒和疲惫。然后他又开始闹，而我则一点耐心都没有。"

她暂停并叹了口气，整理孩子情绪的含义。"我一心扑在工作上，忽视了我的孩子，我在失去我孩子的爱。我理解我母亲，因为她也是这么做的。为了让我们过上更好的生活，她离开了我们。唯一的区别是距离。"

萨拉和我已经聊了好一会儿，孩子们开始坐不住了。一只狗大叫起来。她的女儿走过来喃喃地问了一个问题。"亲爱的，"她答道，"我们很快就走。"她的儿子插话。"就待在那里，"她说道，"宝宝，亲爱的，你到我这里来。"她的外甥在哀求。"是，亲爱的。"她回答道。他们个个要这要那，不断哀求，难以满足，不好伺候。萨拉一边继续集中精神讲述，一边不断编排她的回答——亲爱的，宝宝——这些充满爱意的话语要完成一个重要的任务，即让孩子们确信她时刻给予了她的全部关注，无论她要承担什么职责，无论她手头有什么工作。

对萨拉来说，在我们交谈时她耐心地照料这些要求众多的生物这一点并不重要。是她挣钱让他们有家、有鞋、有未来，是她漫长的工作时间构筑了他们的美国梦，她的每个工作日都在充满孩子要吃晚餐的哭闹、脏衣服和没做完的作业的家中结束，这一切都不重要。萨拉只看到她对一个孩子不够关注，不够耐心、温柔和怜爱。她永远都不够好。

在不同的文化和社会阶级中，母亲必须在场和牺牲的观念都持续存在。无论她是追求教育与事业，还是被厨房和围裙束缚，抑或是被认为应该为丈夫和孩子服务。无论她是否能够请求伴侣的"帮助"或有条件管理家务外包的细节，一位"好母亲"必须以优雅、耐心以及最重要的——持续的情感关切来应对孩子的需求。女性获知这么做才是好女人。[2] 就连努力将复杂叙述的多条线索编织成一个整体时，萨拉都在遵循这种教导，安抚不耐烦的孩子和外甥——*马上，亲爱的；别走，宝宝*。但她没有意识到这些关怀孩子的习惯本质上是符合文化观念的好母亲被熏陶出的做法，又因为一个不支持她育儿的世界而岌岌可危。

正是同一个世界让她的母亲得不到支持，为了满足所有的需求和期望在贫困、充满暴力的婚姻中挣扎。

"我有点理解我的妈妈，"萨拉承认道，"她为了给我们创造更好的条件抛下了我们。我买了房子，以为自己可以为孩子们创造更美好的未来。但买房子意味着我必须拼命工作，因为我既要当妈又要当爹。但我买房子的时候，没想到要这样长时间地离开他们。"

萨拉此前曾告诉我，对于她和妹妹们来说，她的母亲"既要当妈又要当爹"。她和母亲何其相似。如果萨拉无法既当养家的父亲又当贤惠的母亲，她的儿子德鲁怎能不像他的姨妈马里韦尔那样心生怨恨呢？

"我妹妹现在 21 岁了。她来到这里之后，就一直在家照顾孩子。她从来没有把孩子交给任何其他人照顾过，因为她不希望她的孩子像她一样想念母亲。我妹妹无法原谅我的母亲。她无法原谅她丢下孩子来美国的行为。她无法原谅她做的很多事情。"

萨拉说话声音很低，她的妹妹就在游乐场对面。孩子们不断打断我们的对话。一个孩子叫她时，她回答道："来了，马上就来。"她对我说："稍等一下。"然后向公园另一侧的野餐桌走去，她的女儿、儿子、妹妹、外甥女和外甥在那里玩，他们需要她、呼唤她。低声说了几句话之后，她回到我身边，继续讲述她的故事，列举了她作出种种选择所带来的结果与孩子期望的差距。

　　"我很担心，"她总结道，"因为我儿子个性很强。我不认为他会改变。他不像其他孩子会说：'好的，我理解；妈妈要工作。'他不是这样的。他想要一切。"

　　只要孩子需要，母亲就必须给予。但需求不是固定的，取决于我们希望他们拥有什么以及被他人告知他们应该得到什么。"爱、哺育、安全和教育"，说起来简单。但萨拉所作的决定比这些抽象的概念复杂得多——是参加母亲节庆祝还是优先考虑报酬丰厚的工作，是为了让孩子们有安全的居所去赚钱还是下午陪伴他们玩耍，是紧盯游乐场上的幼儿防止他跌倒还是抓住机会向这个似乎处处为难她的世界解释她的处境。对于萨拉这样的女性和其他很多母亲来说，她们作出的决定和对孩子需求的回应成了她们道德自我概念的底色——身份和价值合二为一之处。[3]这种自我意识是我们共同人性不可或缺的组成部分，和餐桌上的食物、安全的街道和移民之路上的希望一样重要。

罗莎

罗莎和她的孩子们 1990 年从切特拉的小楼搬到没有家具的休斯敦公寓时，她知道一家人团聚的代价是多年的辛勤工作。

"我们刚到时，没有食物。没有坐下或者睡觉的地方。我们必须从零开始。"

在之后的艰难岁月里，罗莎通过节衣缩食、辛勤工作和四处奔忙为美国生活打下了基础。养家糊口意味着要找到工作，在她打拼的世界里——在雇主之间非正式的推荐和保姆在游乐场的交谈的驱动下运转，一名工人的名声是决定其能否找到工作的关键因素。工人要聪明、能干、有经验，最重要的是，值得信赖。得到一名雇主的推荐就能解锁一整个网络。

但是，随着时间的推移，罗莎的名声对她来说很快就不只是一种达成目的的手段。她与工人和女性的身份紧密相连，他人对她的信赖成了她自尊的源泉。

罗莎在休斯敦当清洁工和保姆的所有工作中，影响最大的是她在我哥哥家工作的 13 年。尽管我当时没有意识到这一点，但我的孩子和表亲们玩耍时，我与她在厨房和车道上的闲聊让我进入了一个雇主的网络，对于网络中的其他雇主来说，我的话就像是锚定硬币的金锭。

20 年来，随着关系的加深和工作安排的变化，我经常和罗莎见面，并看到我的侄子们对她的依赖和他们的父母对她的信任与日俱增。随着孩子们到达学龄，日常安排发生改变，罗莎请我帮她在需要的时候找额外的工作。我会打电话给我的邻居，发消息给我的朋友，我的每次推荐都暗含着一种不言而喻的承诺：你可以信任她。我当时不知道这种背书的重量，电话那一头的潜在雇主多么需要这份放心——知道她的孩子是安全的，她的家庭会受到保护。多年后我才真正直面我影响罗莎前景的力量，那一天她红着眼睛、喘着粗气出现在我的门口，要求我打一个电话。

那之前，在我对她进行采访之前，罗莎偶尔会给我打电话。如果她因为需求改变而失去工作，她会打电话来请我帮忙寻找一户新的人家，在我哥哥一家人搬走之后，她也会打电话来询问我侄子们的近况。很快，我的侄子们主动和她建立了联系，她骄傲地告诉我，他们在她生日时给她打电话，在社交媒体上把她加为好友。她非常骄傲，对他们的感情很深，这一切都与她赢得的信任紧密相连。

随着推荐越来越多，罗莎逐渐进入了一种新的工作状态，她的名声、经验和越发稳定的经济状况让她可以选择雇主、商讨薪酬并要求得到她应得的尊重。这时，她的收费是打扫一座房屋100美元，她很少接按小时计费的工作，报酬低于每小时20美元的工作绝对不做。[4]

但保持良好的关系很重要，所以当罗莎的雇主请她帮忙为朋友打扫时，罗莎会出于善意接受每小时 13 美元的工作。但她时常得不到尊重。"我去帮她，但他们一家人坐在那里吃饭，不仅不为我提供食物，就连一杯水都不给我倒！什么都没有。我是说，应该给干活的人倒杯水或者汽水，不是吗？他们难道觉得清洁工不会饿也不会渴吗？我再也没有去过。"

这段被怠慢的回忆让她想起了早年的经历，那时，工作的数量比质量重要。"我不是说我现在很有钱，但以前，在我真的走投无路的时候，我接了太多的工作，报酬都太低了。"

所以在罗莎过去走投无路的时候，她为了手头的现金牺牲了尊重。就像她多年前为了她还在吃奶的宝宝牺牲了和丈夫在一起的机会，为了有所成就的机会牺牲了家庭的完整。面对相互矛盾的种种高标准——比如移民必须比其他人工作更努力，同时还要照顾家庭、学习英语、耐心等待可能永远不会到来的身份文件；比如母亲必须永远在场，女佣不应该感到口渴，作出这些选择并不容易。这些混乱的标准会损害一名女性的自我意识。

相较于被解雇、怀孕，或在边境被腐败的警察勒索的故事，深刻的内心矛盾更难以叙述。在这些采访中，这些冲突从这些女性讲述的故事的边界溢出，渗入那些"叙事失调"的时刻。在罗莎的故事中，那个时刻始于她敲响我的房门。

那是我们开始正式采访一年多后的事情。是一个周末下午,周六或周日。我丈夫和我都听见了三声清晰的敲门声——砰,砰,砰。我打开门发现罗莎站在门口,她抱着双臂,涨得通红的脸上满是泪痕。"伊丽莎白女士,伊丽莎白女士,"门一打开她就对我说,"克里斯蒂娜污蔑我。她说我偷东西。我没有偷她的东西,太太。我为什么要偷她的东西呢?"

"哦,罗莎,来,坐下。"我丈夫扶着她在门廊上的一张塑料椅子上坐下,然后静静聆听发生了什么。"但克里斯蒂娜是谁?"我问道。

"克里斯蒂娜,你的朋友,"她重复道,"你向她推荐了我。"

我一开始十分困惑,但又问了一两个问题之后,我想出了她说的是谁。她不是我的朋友,我解释道,是几个月前办返校的事情时遇到的一个人。我们一起排队,她刚来到这里,询问了学校、杂货店的情况,还问我知不知道做保洁的人。对,那就是克里斯蒂娜。

"她说我偷她的耳环。我怎么会偷耳环?我自己有很多耳环!我不要她的耳环。"罗莎坐下之后仍旧抱着手臂,她语速很快,音调时不时迅速升高。她怒火中烧。

我靠着她的新越野车,对她说发生这种事我也感到十分难过。"但是罗莎,"我问道,"你想要我做什么呢?"

"我想让你给她打电话！"她愤怒地大声说，"我想让你告诉她我不偷东西！"

所以我轻轻地跨过了分隔我的观察和罗莎的经历的那道线，拨了克里斯蒂娜的电话。我的手机里还存着她的号码，备注是在"制服店遇到的克里斯蒂娜"。

她接了。我再次自我介绍并解释道，"我现在和罗莎在一起。她很难过。"

"哦，"她沉默了一阵，"这样啊。"

我把我对罗莎的了解告诉了她，她曾多年照顾我哥哥的孩子，多次临时照顾我的孩子。我告诉她我认识的很多人对罗莎的工作都很满意，我从来没有收到过任何投诉。我告诉她我多么信任罗莎。她赢得了我和我的家人的信任。她在无人监督的情况下已经在我们的家中工作了很多年。

克里斯蒂娜解释她的遭遇时声音很低，语气平和：耳环不见了。罗莎在那里。所以……"我很伤心。"她多次强调。她告诉我他们多么喜欢罗莎、她对他们来说就像家人时，话语中饱含情感。像家人一样。"但……"耳环丢了，不是吗？最终这一切并没有意义。我们都表达了自己的观点：我多年一直认识并信任罗莎。克里斯蒂娜发现她的耳环不见了，而罗莎在那里。

我们道别，我把我们的对话告诉罗莎。她问能不能也让我哥给克里斯蒂娜打电话，我承诺我一定跟他提这件事。她的呼吸逐渐平复了下来，她再次告诉我们她有很多自己的耳环。她的脸不再通红，她笑着说如果要偷东西她会选能让她直接退休然后回墨西哥的东西。太阳在一棵得克萨斯丁香树后落下，傍晚的车道热意逐渐消退。我们进入下降剧情①，即将迎来结局。罗莎表明了她的立场。

多年来我从罗莎这样的女性口中听过很多诬陷的故事。当雇主掌控一切时，如何捍卫自己话语的真实性？雇主说她的雇员"就像家人一样"也很普遍。在家中朝夕相处的亲密容易让人产生这种情感，但一旦出现工资或工作任务方面的冲突，它就难以持续，更不能与无法确认的怀疑相容。"我们很喜欢她，但……"但是相较于其他故事，我离这个故事要近得多。克里斯蒂娜的声音和话语不是冷漠、残酷而无情的，而是温和、难过和矛盾的。或许她只是不知如何面对相互矛盾的道德叙事——她熟悉"保姆就像家人一样"的说法，但也时常听说"女佣喜欢偷东西"。

我问罗莎她经济上有没有什么困难。她拍了拍手，打消了我的顾虑。她工作很多。克里斯蒂娜甚至说她什么也不会告诉另一个也雇用罗莎的朋友。她已经不那么在意工作介绍了。她周末下午开车来找我不是为了找

---

① descending action，故事情节结构中的一个阶段，通常位于高潮之后，在这个阶段，故事的紧张氛围开始逐渐消退，主要冲突已经解决，角色们开始应对事件的后果，并逐渐走向故事的结尾。

工作。她渴望修复的是更深层次的东西，是她的自我意识，就像她的经济状况曾经容易被工作的随机变化影响一样，她的自我意识易被评判的暴力伤害。她需要修复的是罗莎在人际关系中、在信赖关系中的内在价值。

我们问候了彼此的家人，然后道别。坐进越野车的驾驶座之前，罗莎向我转身问道："先生，他也会打电话的，对吧？"

他一定会的，我向她保证。毕竟，罗莎对他们来说，就像家人一样。

帕蒂

帕蒂离开史蒂文森一家时，孩子们在上跆拳道课，她只能和女主人告别。经历了等待、怀疑、新保姆和高级晚餐之后，帕蒂讲述了她受到的最后一击。

"她只是说：'好了，这是你本周的工资。你的孩子出生后要告诉我们。我们保持联络。'我说：'行，好的。'"她眼含热泪，怒火中烧，努力控制自己的情绪，"我为什么会想让他们见我的宝宝？我都知道我们之间没有任何特别的关系了。在他们看来，他们和我之间只有工作关系。完全建立在工作上的关系。没有工作，就没有关系。而我不是这么想的。我认为我们的关系很亲密。但他们不这么看，他们从来没有认可过我。"

如何理解这种复杂的情况？我们无法分类和命名这种超越交易却与交易的背景不可分割地紧密相连的关系。人们感觉爱和金钱不应该被混为一谈，尽管无法逃避的真相是它们总是混在一起，从每周零用钱到联合银行账户再到养老院和遗产。我们努力限定交易，或压制情感，因为我们已经学会认为两者是互不相容的——金钱的交易削弱爱的可靠性，凌乱的情感损害交易的理性逻辑。[5]

这种矛盾显现在帕蒂的叹息和愤怒之中。我感受到了她的愤怒，试图在她的故事中寻找答案。

"他们介绍新保姆给你认识的时候，"我问道，"她显得尴尬或难堪吗？"

"不，不。我的意思是，这不是任何人的错。"

"你要知道，你人很好。因为他们的行为是对你的不尊重。"

我是这么回答她的。我忍不住。我说了出来。我希望她听到这些话。我只想让她——怀着孕哭泣的她，仍是她向我讲述的故事中那个被丢下的小女孩的她——知道自己被欺凌了，知道自己不应受到这样的待遇，理应被更好地对待。我希望让她知道这一切都是不公平的。可能合理，可能符合逻辑，但一定有不正确的地方。这些合理、符合逻辑的算计伤害了你，厘清它们如何、为何造成伤害的空间是存在的。

在这个空间里，事物形成现状的逻辑会显现出来，让我们更加顽强地去问责。因为如果帕蒂的处境不是任何人的错，那么她的痛苦就一定是错置的，她只是这个冷漠匿名世界的牺牲品。但我们冷漠的世界不是匿名的。它源自我们传播的故事，被我们忽略的、未宣之于口的疑问，我们擦掉眼泪、深呼吸然后咽下似乎不应存在的苦痛的时刻。在合乎逻辑的选择和无法解释的痛苦的交界处停留一会儿，就是在故事的齿轮中打入楔子。故事应该在这里停下，得到探讨。

"令我沮丧的是这种关系没有人情味的一面，"帕蒂思考道，"我爱孩子们，"她用坚定、清晰的声音说道，"我很尊重他们一家人，我想我会永远感激他们。但是，你知道的，很多人对我说，'听着，他们会利用你。'我说，'不，而且即便如此……我靠我的工作过活，所以我不是被他们就是被其他人利用。如果说他们利用我，我也在利用他们，因为我需要工作，而他们需要有人做这些事情。我看重的是做得开心。如果某天出了什么事情，那也没办法。'"

谁能判断是哪一方在被利用？这种关系比能被用来形容它的词汇——保姆、女佣、木查查女佣、帮佣——要复杂得多。这种关系不仅是工作安排和赚取工资，这些词汇不足以表现其令人困惑的情感状态中特有的亲密。资源有限时——只有一名女性的时间和精力能被投入照顾史蒂文森家的孩子和帕蒂自己的孩子中——适用语言的缺失让帕蒂无法谴责手里的工资信封和随意的告别。"这是你的支票,我们保持联系。"

帕蒂对史蒂文森家的孩子的感情与此截然不同。"对我来说,照顾我的女儿和照顾这些孩子是一样的,我对他们一视同仁。只不过我需要 24 小时照顾我的女儿,因为她是我的女儿,是我的,她让我感到完整。她可以叫我'妈妈',我听了会很开心。但是对他们的爱,欣赏以及看到他们长大,开始说话,走路或自己吃饭时感到的快乐是相同的,他们带给我的喜悦和我女儿带给我的没有区别。所有人都批评我,让我不要这么做。"她低下头并深深地叹了口气,"唉。"

"无论去哪儿,我的钱包里都带着他们的照片,而不是我女儿的照片。"她继续说道,"一开始,我丈夫嫉妒那些孩子,为我女儿不平。他对我说,'你什么时候把照片换掉?'但我告诉他:'它们是照片,照片而已!换掉照片不会改变他们在我心目中的位置。'我对他说:'你爱我不代表你就不爱你的妈妈或者姐妹了。每个人都会得到足够多的爱。'"

"但是现在,我不知道,为了避免受伤害,我是不是应该不让自己去爱他们,因为他们不是我的孩子。我爱他们,但像我那样爱他们是不健康的,因为现在我和他们分开了——"帕蒂再次崩溃,她的身体不断冲破她的意志,"我想我再也无法亲近他们了。"

她又一次泣不成声,情绪失控。我再次默默等待。

关于照片的细节让我想到了我曾经读给孩子们听的一本故事书，那是我怀小儿子时送给大女儿的礼物。在那个故事中，一个蓝色的袋鼠玩具深受每天都带着它睡觉的小主人喜爱，但当小姑娘有了越来越多的毛绒朋友时，它觉得自己被顶替了。每个生日派对或节日之后，小姑娘的床就变得更加拥挤，蓝袋鼠则被不断挤向边缘。

我的孩子们非常喜欢这本书，我们经常一起读，以至于我可以背出每一句话，随时回忆起书中精致的插画。但这个故事的大团圆结局令我困惑。因为，尽管故事传达的道理是好的——每个人都会得到足够的爱——但让蓝袋鼠确认它在小姑娘心中地位的事件是，小姑娘用很多其他玩具把沮丧的蓝袋鼠从她弟弟手上换了回来。"这些都可以给你，"她大喊道，"但蓝袋鼠不行。"[6]

爱是无限量的资源吗？或许是。所有孩子，母亲和另母都拥有足够的爱吗？我们迫切希望这是真的。然而蓝袋鼠，以及曾经的留守儿童和后来的一旦怀孕就不再被重视的"后背保姆"，难以仅凭一个承诺就相信尽管时间和金钱是有限的，但爱是无限的。跨国家庭的孩子应该享有父母的陪伴、爱抚和交流。对于受雇的保姆，这种特殊的关系应该被命名，她的身份概念应超越"保姆"，超越交易，表达其成为雇主家庭的一部分的特殊地位。否则，与她对并非自己亲生孩子的爱紧密相关的自我意识，会被轻看为她讲述的关于钱包里的照片的一个故事。

帕蒂冷静下来，再度诉诸逻辑。"但另一方面父母总是想给孩子最好的。这是合理的。"她再次坚称，"如果我处于他们的位置，我会说，'有两个孩子的保姆没法像照顾她自己的孩子那样把我的孩子们照顾好。'"

"但在你看来，如果他们的孩子由你照顾，他们会受苦吗？"

"不！恰恰相反。当然，我的女儿永远是第一位，但照顾那些孩子是我的责任。在我工作的那些日子里，我会为我的孩子感到难过。我给史蒂文森家的孩子们做早饭或者午饭的时候，会把我女儿放在摇篮里，她会哭喊：'妈妈，妈妈，妈妈！'我会想：'最好还是不要工作了。我需要工作，但我女儿也需要照顾。'"

"但他们的母亲也会这么做的，如果她生了第三个孩子。"我笑道，想到我自己最小的孩子，为了去处理从锅里溢出来的晚餐或应付发脾气的其他孩子，我时常顾不上她，任由她哭到睡着。这是会心的、悲伤的笑，因为我明白帕蒂的感觉——家长的资源是有限的，孩子的需求不是总能得到满足。

"是的，但是情感上这会让我很煎熬，"帕蒂说道，"我会想：'我做不到。我真的做不到。没办法。我没法把一切都做好。'"

一根线将我无奈的笑、帕蒂的泪水和挫败感串联在了一起：尽管清楚我们能做的有限，我们仍旧相信自己应该能够面面俱到。想到摇篮里我的第三个孩子和桌上已经写了 10 年的书稿，我露出愤恨、羞愧交加的苦笑。帕蒂反思对家人的重视和工作责任的区别，以及两者之中皆有的爱与冲突，她痛哭流涕，又迅速压抑自己的情绪。她一遍又一遍地说："是合理的。"

对于我、帕蒂和史蒂文森夫人来说，境况决定了我们能在多大程度上实现我们心目中的母职实践理想，这种理想在许多方面都有文化差异，但都以同样的原则为基础：母亲应该养育孩子，让他们为未来需要面对的世界做好准备，陪伴、支持他们，而社会对父亲则没有这样的期待。因此，帕蒂暗示离开孩子去工作不对时，史蒂文森夫人感觉受到了伤害。因此，我因为让孩子在摇篮里哭得太久而感到羞愧，帕蒂因为呼唤**妈妈**的孩子和让她先为史蒂文森一家人准备午饭的责任感之间无法调和的矛盾而情绪崩溃。她要用心准备完美的午餐。毕竟，这正是雇用她的理由——确保至少在一个家庭里有人履行母亲时时刻刻陪伴支持孩子的职责。

"我做不到，"帕蒂重复道，"我无法面面俱到。"

诗人阿德里安娜·里奇（Adrienne Rich）对从事母职实践的体验——其意义构建和矛盾，蕴含的温柔与愤怒——有精彩的论述。她从个人经历中发现母职被公众视为一种社会制度——一种被信仰体系及其催生的义务和社会需求所定义的角色。该制度的运作依赖道德价值的逻辑：一个人每时每刻都爱孩子胜过爱自己，就是好人。在她关于这个主题的第一篇文章中，里奇回忆道："现在 21 岁的大儿子评论道：'你似乎觉得你应该每时每刻都爱着我们。但人类之间不存在时刻爱着另一个人的关系。'他说得没错，但我尝试向他解释，女性——尤其是母亲——被认为应该这样爱着自己的孩子。"[7]

毕竟她们是母亲。

母职货币化不加批判地将有偿劳动与对母职的道德期待结合在一起，将两种互不相容的价值体系结合在一起。一种认为有足够的爱四处分配，钱包里有足够的空间放下所有照片。另一种用有限的资源交易——时间、金钱和体力。当母职货币化的相对价值相互冲突时，帕蒂、罗莎和萨拉这样的女性被迫违背她们自己的道德准则。她们无法同时养育和保护；无法在有条件雇佣的限制下无条件地爱；她们无法既通过在公共空间劳动为孩子创造希望，又通过在私人空间在场给予孩子持续的爱。

然而，世界告诉她们一切都是她们的选择造成的。这种冲突对女性来说尤为严重，女性从小就被教导从关系的角度——作为女儿、妻子和母亲——去认识自我。[8] 这种冲突十分深刻，足以威胁被我们称为"完整性"（integrity）的自我的完整，即欲望和道德与选择行为交会时，人性的完整。这是力量的源泉，发声的原动力。帕蒂这样的女性讲述她的故事时能够一定程度上修复这种完整性。在个人叙事中，她的体验具有终极的权威性，是无可否认的、有价值的叙事组建原则。在讲述中，她选择叙述什么、弱化什么，解释什么、强调什么以及何时只低声用一个词回答，迫使听众去问接下来发生了什么。尽管我与这些女性的对话也受到影响她们工作和公共生活的权力结构的限制，但故事的核心源自母职货币化威胁的对完整性的渴望。所以叙述的真相就在于讲述方式本身。

　　一幅肖像出现了。复杂的女性——坚强、脆弱、有缺陷、有能力，总是在反抗被强加在她们身上的限制。女性虽受到母职货币化的道德伤害，却仍在行使权力。她们利用雇主的需求，塑造子女的观念，并紧紧抓住自己的意志和信念所带来的自由。因此，在本质和形式上，在充满有害的选择和令人窒息的限制的叙事中，仍有权力和能动性被行使的时刻。

第八章

讲述故事

感谢上帝和美国的恩典。

罗莎

萨拉

快到需要离开的时间了。我和萨拉的孩子们都开始焦躁。在这个谈话被迫终止的时刻，有必要弄清这一切的意义。在此刻、此地，选择意味着什么？

"最后一个问题，"我朝萨拉倾身，小心地问，"你妹妹说你们一家人都留在老家，穷但是在一起，会更好。你认为呢？"

萨拉叹了口气，讲述了一个最后的故事。

"我们来到这里之后，我的家庭破裂了。那很不幸，因为我的父母分开了。我妈妈又和另一个人结婚了。我的家分崩离析，大家各奔东西。"

"你认为这是之前的分离引起的吗？还是与来这里有关？"

"是因为来到这个国家。"她迅速而有力地回答道。

"在萨尔瓦多，女人被培养成家庭主妇，要服从她们的丈夫。她们来到另一个国家，在这里，女人是自由的，习俗截然不同，女人可以自由作出自己的决定，无须事先征得丈夫的同意。想象一个来自农场的女孩，她就像新生儿来到一个全新的世界一样。所以这样的女孩来到这里会发现——哇！做什么都可以。如果她们的伴侣……"她暂停，搜寻合适的词汇，"家暴，更是如此。在萨尔瓦多，这很普遍。在那里，丈夫，大多数丈夫，打他们的妻子，对她们无所不为，而女人只能沉默，只能接受。因为她们害怕丈夫会离开她们，因为她们经济上依赖男人。所以她们来到这里之后，一切都改变了。"

在萨拉的小村这样的社区里，女人和女孩的脆弱是显而易见的。厌女现象普遍存在，在农村比在城市严重，在穷人中比在富人中严重。萨拉所描述的这种家庭暴力产生于历来的厌女症，地区腐败和犯罪活动造成的广泛社会不安全感，和让性别暴力不受惩罚的政治制度。从社会对家庭虐待的接受，到萨尔瓦多 5% 的杀害女性定罪率和被用作帮派复仇手段的对姐妹和女儿的制度化强奸——所有这些因素都源自贬低女性价值的社会和文化意义体系。[1] 女性是性对象和仆人，被用来标榜荣誉或羞辱他人，是不配被公正对待的受害者。

在美国，萨拉母亲这样的女性看到了另一种可能性。

"我父亲不是最好的丈夫，"萨拉继续说道，"来到这里之后，他还是和以前一样，会打我妈妈。他会打她。但一天，她说：'我受够了。'她告诉他在这里不可以这么做，告诉他在这里我们女人会得到很多支持，告诉他她决定离开他。"

萨拉的妈妈迈出这一步时，依赖的不仅是在美国遇到的价值观，还有新获得的经济独立和行动自由——在萨尔瓦多的小村，她不可能拥有这一切。² 但是文化价值、个人经历和个人欲望以复杂的方式交织在一起，萨拉考量她母亲的选择时，并没有反对。事实上，萨拉描述她的母亲时——她作为家长和妻子的侧面，有时会让人感觉她其实是在说自己。

尽管她的丈夫很少在我们的对话中被提及，萨拉描述他的语言与她妈妈故事中的颇为类似。除了他们结婚的事实，她只在我问起她丈夫在育儿中扮演的角色时提过他一次。

"你的丈夫呢？"我问道。

"我的丈夫，"她低声说道，"不是最好的丈夫。"

这些话语反映了母亲和女儿类似的经历。但萨拉就如何讲述她的个人故事所作出的选择呈现了一种不同的反应。萨拉表现出了一种对过去的，对她母亲作出的这类选择尚未成为可能的时代的渴望。在这一天，在萨拉坐在拉斐特公园的铁凳上的此刻，她的渴望化为一种悔恨。

"如果我们留在老家，我的爸爸妈妈可能不会分手。那会是一种不同的生活，但我认为那样更好。因为到头来，我们分开之后过得并不好。随着时间的推移，你会发现我们的经济状况改善了，但在情感方面，我们的情况很糟糕。很不好。因为……你看我的妹妹。她还很小的时候我就离开了她，现在她有了自己的孩子。她结婚时年纪很小，还只是个小女孩，"她用力重复这个词，尖锐的语气戳破纯真少年时代的幻象，"她当时只有12岁。"

12岁。在萨尔瓦多，三分之一的新生儿来自青少年母亲，四分之一的女孩表示她们的第一次性经验是非自愿的。[3]

"所以，我们并没有过得很好，我们所有人。我妈妈赚到了钱，我们的生活条件改善了，但是……"

萨拉继续寻找合适的形容，她的讲述因为生硬的开头和残缺的想法而变得磕磕绊绊，失去了此前流畅的叙事节奏。她似乎想在这作出评判和构建意义的最终时刻，将失落的少女时代、被留在身后的婴儿和双刃剑一般的自由全都汇聚在一起，然后把它们用一两个句子条理分明地概括出来。她渴望用一个具有足够决定性的结局——圆满或不圆满——阐明因果链，这条因果链多年前始于查帕拉斯蒂克火山的山脚下，如今在一个温和的冬日午后，在得克萨斯州休斯敦的一个社区公园里画上句号。

"所以，如果我能让时间倒流，我会留在故乡。"

"真的吗？"

"真的。我确定。一点也不犹豫。因为我想，如果我的孩子在老家，我会和他们在一起，这样他们会更喜欢我。"

就在方才，萨拉告诉我，她为孩子们买房子的事情。她坚称自己迫于境遇既当爹又当妈——满足物质需求，提供住处，确保安全，让孩子们享有充满希望的美国未来。就在方才，她说到自己英勇地为她的家人实现美国梦——让他们拥有一幢自己的房子、教育、工作和储藏柜架子上一瓶瓶液体黄金一般的菜籽油。她 14 岁时踏上移民旅程，找到了工作，存了钱，生了孩子。她从第一次收到工资支票起就把钱汇给老家的外祖父母和妹妹，至今仍在这么做。这一切，萨拉都记得清清楚楚。

但她的故事中有让她感到悔恨的矛盾，一种无法用房子、鞋子和在美国的未来满足的对好母亲的道德要求。她的儿子想要一个能够出席母亲节集会、总是面带微笑的妈妈。她应该时刻笑容可掬。让他产生这样的期待的和让萨拉认为自己应该这么做的，是同样的声音。抱有这样大男子主义观念的人结束一天的工作之后就跷起腿来享受，而她下班之后还要乘巴士回家做饭。强大的声音告诫她应该对低薪和不稳定的工作心怀感激，因为她在夜里穿越了边境。小城里的声音让被侵犯的 12 岁女孩"结婚"。脆弱、受伤的声音将留守儿童对父母的无力渴望归咎于母亲绝望的选择。很少有公开的发声为萨拉和她的儿子指出更大的原因。没有社会服务官员解释糟糕的医疗系统的问题，公园里的同事也不会争取工作场所权利。[4] 没有声音在父权制、恐外症和无视劳动人力成本的经济政策的宏大版图上描绘她选择的形状。萨拉只身一人，独自选择。

通过将悔恨融入她的叙事，萨拉回应了这些声音，同时仍旧为她实现美国梦——房子、汇款以及孩子们未来的康庄大道——保留了骄傲的空间。在我们坐在公园长凳上进行的对话中，她可以既是养育者又是养家者，既是母亲又是父亲。通过展示她愿意牺牲她所得到的一切，她让自己完全满足母亲身份的道德要求，并把一个名字赋予了母职货币化有害的矛盾：悔恨。即便如此，世界上所有的悔恨也不足以消除驱动母职货币化在北方世界发展的强大推力和拉力。

"最近，"我们起身告别时，萨拉说道，"我的一个姨妈准备移民，把她的孩子留在萨尔瓦多。所以我妈妈所做的事情仍在发生。"

罗莎

"我们在这里买了一幢房子，感谢上帝和美国的恩典，因为在这个国家可以前进，能够有所作为，来这里不是闲坐的。所以你会发现我总是在工作。最主要是因为我喜欢。我们过了很久的苦日子。现在有条件了，我们应该开始新的生活。"

"你觉得来这里对你有好处吗？"我问道。

"是的，有的。现在我的一个孩子已经买了房子。他们都过得很好。我的孩子们工作一直都很努力。因为我丈夫教会了他们好好工作，认真负责。我的孩子都渴望有所作为。"

房子、保障、孩子们的未来，罗莎的叙述像一个普通、老套的移民成功故事。这是一个关于道德价值和人格力量的故事，在这个故事中更好的物质条件是经历苦难、保有希望、咬牙坚持的回报，是她通过辛勤劳作创造的。但罗莎如今上了年纪，她感到了故乡小村和一种不同的生活方式的吸引。她一只脚在这里，另一只脚在边境的另一侧，思考她在美国创造的生活，并将她的墨西哥美国梦的所有碎片拼在一起。

"现在，我们努力了这么多年，"罗莎反思道，"条件已经不错了。我们想退休——回墨西哥。我对留在这里没有兴趣。生活方面，我不喜欢这里，不想在这里生活。工作可以，但如果不工作，我要回墨西哥生活。"

这种论调很常见，在罗莎的话语中，我听到了很多移民的话语中都有的一种情感：在这里工作可以，生活不行。美国是梦想成真的地方，因为这里有报酬丰厚的工作，但总少了些什么。在这个国家，罗莎认识到，工作机会多、报酬高，但工作就是一切。必须工作，物质上才能有保障，生病和衰老总是伴随着经济上的不稳定，幼儿不通过复杂的私人变通就无法得到照料。最终，罗莎已无法从工作等于希望的公式中进一步受益，她的退休梦想是红、白、绿三色的。[①]

正如很多移民发现的那样，时间总会替我们修改计划。2019 年春天，我和罗莎见面进行后续采访时，墨西哥危险的新局势让拥有钻石耳环和樱桃红色越野车的成功移民返乡安度晚年的计划变得难以实现。2019 年，罗莎和阿图罗舒适地在他们的女儿莉拉位于休斯敦的房子中安顿了下来。我们在一个温暖的春日见面，我的手机放在我们之间的咖啡桌上，红色的录音键在屏幕上闪烁。

莉拉朴素的家是一座二层房屋，开放式客厅很明亮，摆满了小饰品和玩具，紫色的装饰墙上点缀着装有孩子们照片的相框，罗莎和我在这里回顾了她之前讲述的故事。熟悉的情节中浮现了全新的细节，同样的语调展现了不同的角度。罗莎仍旧时不时工作，阿图罗亦

---

① 红、白、绿是构成墨西哥国旗的三种主要颜色。

是如此，但他们只做想做的工作，而且为了一连几个月待在他们的另一个家——普埃布拉小村中的家——严格控制工作时间。那个小村是她的根，有她的家庭和社区，是她想要好好生活，而非为了工作活着的时候想要回去的家。多年来，罗莎回家过节或参加庆典，比如他的儿子马丁初遇他后来的妻子胡列塔的那场 15 岁成人礼。

胡列塔 2016 年第一次告诉我她的故事，那是一个安静的秋日下午，她还是婴儿的儿子在走廊另一头的房间里午睡。她一动不动、神情自若地坐在一张擦得很亮的餐凳上，轻声讲述她和罗莎的儿子马丁相恋后长期分离、风险重重的岁月。他们分居于边境的两侧恋爱了 3 年，举行婚礼后又经历了 6 个月的分离，穿越边境时在午夜遭遇了车祸，在荒漠中迷路数小时。在休斯敦打扫房屋赚取现金一年之后，夫妇二人冒险为胡列塔申请居留许可，却导致她被遣送回墨西哥。后来，她在墨西哥等待了两年，与此同时，马丁与一名律师一起对拒绝决定提出上诉。最终他们成功了，夫妇团圆，共同辛勤工作多年。

在此后的几年中，胡列塔周末打扫房屋，周中做时薪 14 美元的全职保姆兼女佣。"我工作了 4 年，"她骄傲地对我说，"通过那 4 年的工作，感谢上帝，买了这幢房子。值得，拼命工作是值得的。我丈夫知道我工作是为了让我们能够有所作为。"

但在实现她的美国梦的过程中，成为母亲让胡列塔的故事变得复杂。首先，怀孕影响了工作——育儿方面的困难限制了胡列塔的工作时间，4 年来一直雇用她的女主人不愿意妥协，所以胡列塔被解雇了。其次，孩子的到来让回家的梦想破碎，"我丈夫，在我们结婚之前，在普埃布拉买了一小块地。我们想在那里建点什么，开一家小店，卖衣服，开便利店也行，或者开一家小文具店。⁵ 但我一直清楚我只能一个人回去了。"她语带哽咽，镇静全失，"因为我的儿子，他来自这里。他出生在这里。所以他会想要留在这里。"胡列塔轻声地哭了一会儿。

3 年后，当胡列塔走进大姑子的房子，加入我和罗莎时，她的眼中没有泪水。她在我们聊到一半时到达，前门发出的声音、脚步声和两个年幼的孩子冲进来的声音打断了罗莎的叙事。胡列塔走进房间时穿着运动服和网球鞋，她黑色的直发和过去一样扎在脑后，她有些犹豫地和我打招呼，然后坐在了我对面的皮沙发上。她叹了口气，在一边听了一会儿。我在她身上感受到一种熟悉的疲惫，在过去的几年中她肩负着一系列沉重负担——满足需求，照顾孩子，准备三餐，处理深夜孩子的咳嗽，面对充满不确定性的未来。还要应对大家庭复杂的人际关系。

"她到这里的时候，"罗莎说道，她指了指儿媳的方向，但眼睛还是看着我，"没有像我们一样吃那么多苦。她在穿越边境时受了苦，这我们所有人都经历过，但饿肚子、无处可坐、没有地方睡觉的是我们和我们的孩子们。我们到达这里时，不得不从零开始。但到了她过来的时候，感谢上帝，情况已经改变了，因为我们已经站稳了脚跟。她来的时候，我甚至已经有了房子。"

胡列塔仍旧陷在她的座位中，但眼睛盯着孩子们的动向——她5岁的儿子就是我们上次交谈时正在午睡的婴儿，2岁的女儿则是上次采访后不久出生的。我朝她的方向看去，思考她所经历的车祸、边境穿越和多年分离。

"我以前拼命工作，"罗莎继续说道，"我家里有两个孩子，但我不得不工作。那时候更加艰难。但你看她，"她再次朝胡列塔的方向指了指，"她可以不用工作，过得轻松一点。她全职照顾孩子。因为时代不同了。"罗莎的语气很肯定，脸上的表情很轻松。

"不，我工作的，"胡列塔坐直身体，加入了对话，"现在我每周工作两天或三天。"

"对，但不是整周，"罗莎打断了她，"不是全职。我带孩子的时候，是全职工作的——"

"有孩子，"胡列塔再次插话道，"就要找人照顾他们或者送他们去托儿所。"

胡列塔解释她可以在儿子上学的时候工作，但需要为女儿找临时保姆。罗莎提醒她说，过去她每周照顾小女孩两次，现在她仍在不工作时照顾孙辈。

但胡列塔澄清道："我把她交给一个朋友照顾。"

"你给那位朋友钱吗？"我问道。

"是的，我给——"

罗莎插话道："在这里，伊丽莎白，都是收费的。没有人会无偿劳动。"

上一次采访后的这些年里，为了平衡工作与育儿，胡列塔尝试了各式各样的安排——与马丁轮流工作，请祖母照顾，使用付费育儿服务，留在家中等。夫妇二人努力工作和存钱，卖掉了公寓，买了一幢房子。从各方面来看，他们的故事都是移民取得成功的故事。但我记得胡列塔曾静静哭泣，为她未来回到墨西哥必将导致至亲分离而难过。3年后，我在罗莎宽敞的客厅里坐在胡列塔对面，打量她的瑜伽裤和运动鞋，扔在咖啡桌上的钥匙和屡屡被打断的话语。我注意到她沉重佝偻的体态，与我们初次见面时她一直保持的挺拔身姿截然不同。我深深地认识到即便我们坚持不变的梦想，也仍难逃命运之手的揉搓塑造。

"之前，你们都对我说想回老家，未来想在墨西哥生活。我想知道你们是否还——"

"关于这一点，"我的问题还没问完，罗莎就开始回答，"由于现在我所有的孩子都在这里，我不知道还会不会……"她越说声音越小，停顿了一会儿直到重新组织好语言，"我希望经常两边跑跑。但永远留在那里，现在……已经不是我的心愿了。"

她经常回墨西哥老家待很长时间，她解释道，一次一个月。她告诉我上一次回去是参加一位嫂子的葬礼，我点头微笑，与此同时留意胡列塔的反应。"你呢，胡列塔？我记得你以前说过未来想要回去。你还这么想吗？"

"是的，因为我清楚这里是我的孩子们的故乡，所以我无法把他们带回去。他们会留在这里，所以我知道我只能独自回去——"

"——不会的！"罗莎打断道，"不是一个人！和马丁一起！"她的话的效力被她自己的笑声削弱，她朝我的方向看了一眼，冲我挤了挤眼睛。

"对，"胡列塔迅速表示赞同，"不是一个人！"我们都笑了，一个玩耍的孩子开始尖叫，胡列塔的解释几乎被噪声淹没，"但一个孩子都不在家，和一个人没有什么区别。"

所以，通过打断、挤眼睛、笑和控制故事展开的走向，罗莎的故事占据上风：感谢上帝和美国的恩典，这个墨西哥家庭有所成就。没有回顾失去或感到悔恨的空间，只有一个在边境两侧生活的大家庭，在这里——休斯敦，和在老家的农场。

"为我描述一下你们说的'农场'，因为，墨西哥人经常用'农场'这个词，然后——"

罗莎笑了笑，然后率先开始解释，"我们叫它'农场'

是因为——那是一个特别小的城镇——"⁶

胡列塔紧随其后，"就是——"

"——只有 6 幢房子，"罗莎打断道。

"嗯，"胡列塔接着说，"房子的话，可能有十几幢，但是有人住的——"

"——不对，"罗莎再次插话，打断了胡列塔，所以我没有听到她们描述的农场里到底住了几户人家。

"我们几乎都是亲戚，"罗莎总结道，"但可惜那里没法养家；留在那里的人靠在这里的人汇回去的钱生活。但那里什么工作都找不到。"

罗莎的家庭所在的农场很小，总是他们回墨西哥的第一站。马丁买的地就在那里，在罗莎和阿图罗的房子边上。胡列塔的故乡胡埃特兰奇科更大一些，但也位于普埃布拉，胡列塔关于退休生活的梦想就源于那里安逸的生活。

"我父亲已经退休了，"她 2016 年告诉我，"他在那里过得很舒适。他一个人住，但走路就可以去商店。他周日去做弥撒，然后可能去看比赛，有时朋友会邀请他参加派对。他不担心付房租或者电费。他没有我们的这些担忧，越过越幸福。"

胡埃特兰奇科距离罗莎的家大约 20 分钟车程，所以胡列塔、马丁和孩子们每年回墨西哥会在那里度过几周，在两地之间往返非常方便。

"在墨西哥，这些孩子很开心。"罗莎大声说道，她笑容满面，眼睛闪闪发亮。

"是的，"胡列塔微笑着说道，"他们开心是因为——"

"——他们每年都回去！——"

"——他们很自由，可以去外面。他们可以在乡下玩，而这里，多数时候——"

"——这里没有乡下！"

我尝试想象那个地方，孩子在野草中奔跑，老人走向市场，6幢有人居住的朴素住宅边上是空置和未完成的房屋，它们等待着边境另一侧的人返回，弥补这里现在的残缺。但就在我想象出一直向北眺望的小镇的样子时，胡列塔深深的叹息传回了故乡，那里，与遥望北方的视线相遇。守望与渴望共同构成了某种特别的完整。[7]

"在农场的每个人都有在另一边工作的亲戚吗？"我问道。

"一般都有，"罗莎回答道，"几乎所有住在那里的人都有在这里的亲戚。"

"住在那里的是不是几乎都是老人？"

"不，不是。"

"那他们做什么工作？"

"有工作。"罗莎回答道，然后停顿了一下尝试为她自相矛盾的说法寻找解释，"因为有能过得下去的人，所以有工作，有的人能够生存。我有一个舅舅——他不仅是我的舅舅，也是很多其他人的舅舅——他种庄稼，在田里工作。他们种洋葱、花生。这样的人为其他人提供工作。因为有活儿要干。只是没有这里的工作好。但人们凑合着过。我们在那里的时候，能够生存。虽然很穷，但大家勉强能过下去。"

"但那里不适合给自己设定一个目标然后实现它？"

"不适合。"罗莎说道。

"不行，"胡列塔说道，"那里只适合休假时待上一段时间。"所以墨西哥适合生活，不适合工作。只能勉强过活，无法有所作为。那里只能养老，或者存在于梦想之中——人们梦想回到一个只要有一幢房子，口袋里的钱足够去市场，就能再次过上平静生活的地方。

"在那里生活的人都有在这里的亲戚给他们汇钱，"罗莎继续说道，"让他们造房子。所有人的房子都不错，那是因为，感谢上帝，我们在这里工作。在这里工作的人给留在老家生活的人汇钱，帮助他们盖房子、做家具。"

"因为，那里有有钱的人，"她停顿了一下，补充道，"有拥有牛、土地的人，是的，他们过得不错。但是挣工资的人不行。他们过不下去。所以我说，对于渴望过上更好生活的人来说，这里更好。对想要更好生活的人来说，是吧？"

罗莎和胡列塔描绘的图景清楚地表明了移民在这里，在这个适合工作的地方，过上的更好的生活不仅仅使其本人获益。移民为了参加庆典、平静生活和有人陪伴而返回的农场直接从移民劳动中受益，在那里生活的人用移民的汇款建造房屋、购置家具。作为回报，农场照料他们的长辈并养育他们的下一代——马丁的妻子，和她的移民姨妈一起做清洁工作的外甥女。这是一个跨国社群，空间上不同处一处，却仍是一个完整的集体，来自共同的家乡却散落在各处。[8] 和跨国家庭一样，跨国社群也是被紧密交织的集体身份和经济依赖凝聚在一起的，而且就像那些分居的家庭一样，这样的社群在边境的一侧照料亲人和生活，在另一侧赚钱打拼。所有的房屋，或空置或有人居住，都体现了移民肩负的压力，他们要面对每月的账单、不时发生故障的汽车、一旦怀孕就会被解雇的工作——他们生下的墨西哥子宫孕育的美国孩子会对家乡有不同的理解。

农场中的这些房屋在北方也有对应物，拉斐特公园边上的西班牙风格两层住宅、现代农庄式平房、三室两卫的联排别墅和多层公寓楼，代表着罗克韦尔式的家庭 ① 和白色尖头栅栏构成的过时的美国梦。它们仍是人们渴望拥有的对象，仍是工作、成功和一名男性——或一名女性——的道德品质交会的地方。这些北方的房屋

---

① 指美国画家诺曼·罗克韦尔（1894—1978）在其作品中描绘的理想美国家庭形象，这些家庭通常快乐、和谐，过着以传统价值和美国梦为特征的典型美国生活。

很多是移民建造的，由移民清洁和维护，这些劳工怀抱双重梦想——他们每周在边境这一侧完成房屋相关的工作，以在另一侧，在家乡，拥有永久的房产。

最终，罗莎坚持的墨西哥美国梦包含两个层面：一方面是用美国工资有所成就、改善家庭和社群生活的墨西哥梦。另一方面是美国梦，它意味着拥有一切——碧绿的草地、白色的尖头栅栏、好学校和稳定的廉价劳动力供给，而这些劳工的健康和退休都是另一个社群的事情。

如果说罗莎版本的墨西哥美国梦掩盖了事情的两面性，胡列塔对这种叙事的态度至多只能算是矛盾的。

"你们两人——各自——"我直接看着胡列塔，"会如何描述美国梦？"

"在我看来，"罗莎率先回答（罗莎总是第一个说话），"它代表未来。但不是做白日梦，因为在这里，你必须努力才能实现美国梦。很多人无法实现是因为他们不努力。他们来到这里之后没有努力工作。他们过来之后只是生存，得过且过。在我看来，那不是美国梦。"罗莎停了下来，注意到我仍看着胡列塔。她笑了笑。"我不知道她怎么想。"她朝儿媳的方向挥了挥手。

我们一起转向她，"那你呢，胡列塔？"

"对我们来说，"她开口道，"是一种成就，实现你努力做的事情。那感觉很好。实现你为自己设定的、有希望达成的目标。"

这回答很合理，符合怀抱希望、努力前行，有所成就而不是得过且过的精神。但胡列塔的答案和她的整体态度让人感觉她似乎仍旧怀有与美国无关的梦想。

胡列塔的矛盾可能体现了其与移民、风险、工作的房屋、分居的家庭和跨国的想念更复杂的关系。但在 2019 年的这个下午，在罗莎和儿孙一同居住的，墙壁刷成紫色、挂满家人照片的房屋里，罗莎的故事占据了上风。她之所以获胜是因为她发挥了叙事能动性——通过打断和盖过他人的声音积极塑造自我，并将两个故事合二为一。这里有一个家，故乡还有一个，银行里有存款，文件在柜子抽屉里被妥善保存。

最终，一位好心的老人对罗莎进行了针对年长申请者的简化版入籍测试，为故事画上了圆满的句号。这个测试对英语没有要求，没有笔试，只有一个正确率 50% 的问题。

"最后一个问题关于一场战争，"罗莎解释道，"战争发生于哪一年，是什么战争之类的。我说：'应该是什么呢？'那位先生说：'我来帮你。是第一次还是第二次？''第二次。'我说道。'恭喜！'他说，'你现在是美国公民了！'"

帕蒂

"我学到一个道理，"帕蒂说道，"事情发生都是有原因的。"初次采访 8 年之后，帕蒂的眼睛闪闪发光，脸庞仍旧圆润。我们在社区图书馆二楼的一张小桌边坐下后，她急切地开始诉说。那是 2019 年 6 月，我记忆中那个轻声细语、十分脆弱的女性如今充满活力、风风火火。她头顶架着一副巨大的墨镜，夹杂着颜色略浅的发丝的头发扎在脑后，戴着在她笑的时候会跳动的小巧金色耳环。

经过几周的短信往来，帕蒂终于抽出了与我交谈的时间——在孩子上午的活动结束之后，下午的游泳课开始之前，她有一个小时的时间。趁她的孩子们和爸爸一起在楼下的童书区找书，帕蒂向我讲述了她被史蒂文森夫妇解雇之后 8 年来发生的事情。在她现在的讲述中，当时被背叛的感觉平息了，8 年前发生的事情变成了一个更大的、冥冥中顺应上天安排的叙事弧①的一部分。

8 年前，帕蒂快速掠过了她等待再次被全职雇用的那一年，如今她详细地描述了那段时间她的感受。她告诉我她变得多么疲惫，怀着孕，一边当保姆一边照顾一个幼儿。"前三个月非常可怕。我会和我的女儿一起在

---

① narrative arc，指故事情节发展的轨迹，一般包括引子、冲突、发展、高潮、结局五个要素。

地板上睡着。上午忙完之后，下午接孩子、做饭、做一些打扫，非常辛苦。"她无法在健康和收入之间作出选择，后来女主人替她作了决定。

但最终，那位受邀享用高级晚餐并上过大学的保姆接替帕蒂之后没能坚持到年底。做了 6 个月之后，她提出辞职，然后第二天就不干了，导致孩子突然无人照顾，给一家人留下了雇员不负责任的糟糕回忆。帕蒂从她仍在为史蒂文森一家做清洁的朋友那里听说了这一切——新保姆不帮小埃莉梳头，把脏盘子留在水槽里，并认为女佣应该打扫洗手间，穿着睡衣下楼给孩子们做早饭。

史蒂文森夫人给帕蒂打电话，央求她回去工作，仅仅几个月前她刚刚把最后的工资支票给帕蒂并解雇了她，接到史蒂文森夫人的电话时，帕蒂感到这一系列事件似乎让她因祸得福，是上天出手帮助她解决工作、怀孕和照顾幼儿之间不可调和的冲突。"6 个月，"她强调道，"怀孕最漫长和辛苦的 3 个月——我挺着大肚子，带着女儿，精疲力尽。还有宝宝出生后的 3 个月。"

在修订版的故事中，帕蒂没有工作的 6 个月——没有收入、没有保障、她作为保姆的价值得不到认可——成为通往回报的道路上的毅力考验。通过考验之后，她得到了：她以前的工作、更高的时薪和对她的尊重。

"在那 6 个月里，他们看到了什么人真正关心他们的孩子，关注他们的利益。所以，他们一定意识到'帕蒂对我的家庭的贡献远超我付给她的工资'。所以我说,"她总结道,"事情发生都是有原因的。"

但照顾两个家庭的种种需求很快就让她难以招架。"压力太大了。做饭,跑来跑去,婴儿要睡觉,其他孩子需要我,去接孩子,迟到,祈祷,在大房子里追着孩子不停地上下楼梯,两岁的孩子到处跑,而我在楼上给婴儿喂奶,压力实在是太大了。回去工作一年半之后,我累垮了。我要照顾两个家庭。我的孩子经常哭。他们生病。我感到,不能再这样下去了。"

史蒂文森一家宣布要迁居国外时,帕蒂感觉命运似乎再次介入,帮她作出了决定。后来,3 年后,在她正想离开一名吝啬的雇主时,再度得到了命运的垂青。史蒂文森一家回国并请帕蒂回去工作。她立刻接受了。在她看来,这一切都像是上天的大计,事情按照早已注定的因果链发展,所有人的需求变得彼此契合。一环扣着一环。

从我在安静的图书馆角落占据的有利位置观察,我看到了帕蒂故事的另一面。我看到了一名女性承担维持两家人的家庭生活运转的所有工作。一名屡次濒临崩溃的女性,无暇停下脚步思考大环境中的种种因素造成的影响。没有寓言或故事的叙事传统让她感到愤怒或想要反抗。她所能依靠的只有自己的经验和她习得的对这个冷漠无情世界的预期。

如今,帕蒂和史蒂文森夫人相互配合,把一切都打理得井井有条。"我们总能把问题解决。总有邻居女士愿意帮忙。我们都是母亲，母亲之间相互扶持，就能把一切都处理好。"

女主人和保姆，母亲和另母，在这个将家庭和住宅中的工作视为不存在的世界中，女性集团创造性地管理家庭与住宅。

所有母亲都不例外。

帕蒂的母亲玛丽亚通过移民到 1800 英里外的地方，创造性地解决了餐桌上食物不足的问题，而帕蒂在第二次怀孕后失去了工作。有的母亲为两个家庭劳动不堪重负、精疲力竭，她们同为母亲的姐妹姨婶无法提供帮助，史蒂文森夫人和她雇用的女邻居们亦是母亲。所有的母亲都在不平等的环境中勉强支撑，限定这种环境的是区域、社会阶级、种族的种种不平等以及它们与母职、工作、婚姻和移民状态的种种相互影响。母亲管理我们的物质生活和人际关系——家长、孩子、伴侣、邻居之间的关系，还有形成于公园、学校停车场、杂货店货架间的社群内部的关系。

无数此类互动构成了社会组织的实质，然而它们被视为不存在，就连一生从事此类工作的女性都认为怀孕后惨遭解雇，或因为工作和育儿的双重压力濒临崩溃的经历属于个人叙事，是一个女性个体受到的个人化考验。帕蒂用尽可能积极的方式理解自己的人生境遇，我却注视着硬币的另一面，这种工作的不可见性体现了显著的社会失败。我们的社会对我们养育孩子，照料老者、弱者的责任视而不见。我们将此类照护工作女性化、渺小化，让其从我们的视线中消失，导致母亲别无选择，只能挣扎或忍受——或将此类工作外包给边缘化的他者，而她们不得不独自承担双重负担。这一切都压在一名女性肩头。[9]

随着我们的对话进入尾声，帕蒂的女儿在安静的青少年图书区静静地靠在她母亲的肩膀上，我问了最后一个问题。

"你妈妈还好吗？"

"哦，"帕蒂微笑道，"很好，感谢上帝。她已经干了34年了，还住在同一间车库公寓里。现在女主人独自生活。我妈妈管理房子，做饭，为她准备咖啡。"

最后的细节在我心头久久萦绕，一名年迈的寡妇清晨享用同样日益年长的陪护者为她准备的咖啡。这一简单的清晨习惯一定拥有超越雇主和雇员之间的合同的内涵，而其内涵又必须被限定在合同以及其牵涉的生活中种种复杂因素的范围内。权利和工资，关怀，绝望，对需求的无数种解读——孩子的需求、母亲的需求，女主人和保姆。尽管存在不公、特权、不负责任和广泛的社会失败，这杯咖啡中蕴含着强与美。这一点毫无疑问，而我们讲述的故事亦是如此。

"痛苦和可能性。"反思这些女性在生活和讲述中展现的能动性时，我被玛丽亚·伊巴拉·德拉卢斯对移民保姆经历的诗意描述所吸引。[10] 她们的故事中无疑充斥着痛苦——被迫背井离乡，与亲生孩子分离，与在照料过程中日益亲近的孩子分离。她们没有资源以及医疗保险等社会保障，怀孕和过劳者得不到劳动保障。还要承受自己的劳动以及这种劳动带来的关系得不到认可带来的痛苦，以及公众对仅存在于个人表达范围内的生活的缄默带来的痛苦。所有我未能听到的声音中一定也蕴藏着痛苦。有些女性礼貌地拒绝了我的采访，有些我未能见到，有些人的故事在荒漠或河流中，在冒险穿越边境时消逝，或因为紧锁的门后的暴力而终结。

但是对于本书中的女性和许多其他女性来说，这场赌博确实带来了很多重要的回报，饱含可能性。从小被灌输只能依赖他人的女性被赋予了力量，成了自己人生的主人和赚取工资的养家人。从小被教育要服从的女性被解放，得到了要求她被尊重的社群的支持。身处阴影中的劳工通过儿童游乐场中的对话塑造自己的工作，有所成就，同时她具有利用正在扩张的有组织反抗的网络的潜力。

痛苦和可能性。这些女性不只是受害者，也是立体复杂的个体，这些故事的叙事内容证明了她们的物质能动性。这些女性作为讲述者通过她们的选择发挥着巨大的力量，她们发出了能够塑造现实的独特声音。帕蒂将莫名被背叛的故事重写成意外走运的故事时，让自己不再扮演脆弱的受害者角色。作为叙事主体，她赋予故事形式和情感，赋予自己的经历意义，为骨架增添血肉。罗莎将充满挣扎、冲突和模棱两可的回报的一生塑造成一则成功的移民故事。萨拉讲述了一则具有两面性的悲剧故事——作为养家者的她成功了，但作为母亲的她失败了。阿莉西亚下定决心说出了那句"还是不行"。

　　讲述是很重要的，是一种充满勇气的行为。"这是我的故事"的意思是"不要对我视而不见"。讲述蕴藏着力量，因为故事有流传的潜力。女性的话语，作者的理解，读者专注阅读时小心的呼吸。

结语

我身边的棕肤母亲

多年前，我难以应对家务和育儿的压力，这导致我和丈夫之间产生了矛盾。于是，心情烦闷的我造访了一位朋友。我不记得我和丈夫吵架的原因是什么——可能是洗碗或者做晚饭，也可能是叠衣服。我坐在朋友家客厅的沙发上细数我的种种挫败时，她的丈夫坐在我们对面的躺椅上，手里拿着电视遥控器，随意地听着。我和朋友的对话进行到一半时，他就我的挫败提出了自己的看法。"你只要雇一个女佣，"他说道，"就不会有问题了。"

当时，朋友和我都不知如何回应，我们沉默，感到被冒犯，紧紧攥着手中的霞多丽葡萄酒。如今，我经历了深夜喂奶和家务协商，聆听了多名女性以育儿和家务为中心构建自己人生的故事，明白将这些工作外包给比我更绝望的女性绝不是真正的出路。支持这一结论的原因有实际层面的，也有道德层面的，对我们所有人都很重要。

母职货币化的代价 [1]

当代社会秩序的架构构建于薄弱的基础上：我们错误地假设支撑家庭生活和家庭关系的是取之不尽的、不具备经济价值的爱。这些故事揭示了基础上的裂缝。遭受重创的地方经济以满足西方对劳动力的需求为己任，遭遇了为了政治利益而无视经济现实的移民语言和法律。女性主义在公共领域取得的进步遭遇了停滞不前的性别角色和为了个人成功牺牲家庭和社区的工作文化。无度的美国个人主义和自力更生的意识形态与社会组织最根本的真相——社会中的个体并非彼此完全独立——相悖。我们对彼此负责，共同对下一代负责。

那个夜晚拜访朋友之后，我又坐在其他的沙发上、餐桌边或公园长凳上，与其他人进行了很多次交谈。我在明亮的阳光下在车道或人行道上停留；我阅读和反思，与此同时聆听故事。这些故事共同揭示了研究无法揭露的结论，即相较于思考，我们更多地通过感觉知晓公共世界对个人的影响。这是一种影响身份和感受的价值体验。自我意识和个人历史无法与我们被迫作出的决定和左右我们想法的文化叙事分开——此类故事往往符合他人意识形态方面的利益，却教导我们应该如何行动。

这些女性的故事解释母职货币化不是一项产业或一种移民模式，而是一种价值导向。造成伤害的是不可见性，女性的劳动、女性本身和女性面对的选择都被视

母亲的选择：看不见的移民保姆与女性工作

为无足轻重。这种工作从公众的视线中消失时，对女性在家庭和工作中的文化期望亦是如此。如果这样的女性被等同于一种家庭开销，其选择的余地受限于供求关系的冰冷现实，她的人性因价值等级制度而受到损害。这种等级制度导致母职货币化的不同方面——在场和养家，劳动与爱——相互矛盾。最深的伤害来自将这些冲突描绘成她自己选择结果的语言。

如果母职货币化源自女性和移民理应低人一等的公共价值体系，其最大的暴力在于助长这种信仰体系，并将其植入我们所有人心中。面对这些移民保姆的完整人性，我们要对母职货币化的道德伤害作出回应。[2] 这一任务十分艰巨。要瓦解系统，消除根深蒂固的价值，凝聚集体意志，谈何容易。在结束被工作、平衡、担忧、乏味和喜悦占据的一周之后，面对这一切的往往只有两名坐在厨房吧台两侧的女性。

这里是一个起点：仔细聆听并明智选择。

购买同情[3]

全情投入地聆听他人的故事就是暂时抛开自我，走进他人的生活并沉浸其中。工作一天之后，当我们渴望拥抱在家或托儿所由他人照顾的年幼孩子时，我们会知道移民保姆和自己的孩子被几千英里和严酷的边境分隔是什么感受。当我们迫于工作的要求和预算，慌乱地找人照顾孩子时，我们就会感受到怀孕的家政工人经济上的焦虑，或无法参加学校庆典的保姆情感上的矛盾。我们能够理解，因为我们感同身受，无论移民供给多么稳定，没有女性可以满足这些需求。从这种同情出发，我们可以作出明智的选择——作为母亲、雇主、同盟和社区中的意见领袖。

我们可能无力解决全球不平等、地区不稳定或严酷移民政策的不人道，但我们确实拥有一定的力量应对美国母职文化的问题。源自我们在育儿和家务方面日常选择的高强度母职实践，造就了我们关于孩子需求的集体观念。除非重新定义这些需求，否则造成这种局面的不可能达到的期待不会改变。拒绝报名兴趣班和盛大的生日聚会，让孩子独立完成任务或独自哼哼唧唧地度过没有安排的时间，这些举动具有政治意义，能够化解我们很多人因为未能顾及保姆的孩子有什么需求而感到的羞愧。

作为雇主，我们可以选择制定符合自己在工作方面期望的合同和福利。我们可以转变作为雇主选择的语言，从"我需要一些帮助"转变为"我选择雇用一名员工，遵守法律法规，并时刻牢记打扫我的住宅、照顾我的孩子的女性也有她自己的房子和家庭"。我们可以作为盟友，追随致力于规范该行业并让其合法化的倡导者。全国家政工人联盟等组织助力家政工人就自己的权利相互教育；他们建立了新形式的合作保洁服务机构，发展雇主教育，并努力提高女性和该行业在更广泛的公众视野中的可见性。[4]

除了雇主措施和行业改革之外，我们所有人都可以用语言和声音，表达围绕家政和照护工作的实质和意义进行广泛社会改组的必要性。变革的途径很多——从伴侣共担责任，到全覆盖的学前班和课后班，到带薪育儿假和对育儿进行补贴。我们只是缺乏集体意志。但是这样的意志取决于共同的价值观，面对改变根深蒂固的意义体系的零散任务，或导致母职货币化的全球不公的深层次问题时，故事仍旧能带来希望。

在这方面，我坚信大一写作课上一位客座讲师向我阐明的真理。那位讲师是一名拥有终身教职的移民社会学家，他在移民农场工人中长大，后来出版了著作，享有盛誉。他坐在一张桌子上，用这样一句话解释他的动机："我想书写这些人，因为我知道当你写作时，没有人能够否认你的存在。他们也不能否认你笔下的人的存在。"[5]

价值的革新始于这个简单的故事：我存在。

我们都能够听到这些话语。我们都能够放大这些声音。这是我所知的对母职货币化的实际和道德伤害的最真实的回应。仔细聆听，明智选择，并明辨他们完整的人性。这么做就是认识到公共世界对亲密空间的影响不仅作用于坐在餐桌另一侧的女性，这种政策和实践、选择与叙述构成的现状也会无形中加深我们对自己价值的认识。对我来说，复杂的真相被一个简单的第二人称代词所揭示。

我身边的棕肤女性

2010年，我在拉斐特公园的橡树下采访萨拉时，我们此前并不认识。我在第一次见面时提出对她进行采访，她立刻就同意了。几天后我们坐在一起时，我一为她创造表达的空间，她就打开了话匣子。她讲述她的故事时，交谈的对象不是她的姐妹、朋友或另一名保姆，不是社工或领事馆人员或学校行政人员。她交谈的对象是我，一名有护照、信用卡和博士学位，未来会把孩子送进大学的说英语的美国女子。我同情她们的遭遇，想要聆听她们的故事。我很可能认识她的雇主，我的邻居们未来可能会雇用她。尽管如此，或正因为如此，我请她分享她的经历。这也就是用另一种方式问"你是谁"。

我们开始交谈后不久，我发现自己在不知不觉中开始使用西语中称呼熟人的"*tú*"（你），而不是更正式的"*usted*"（您）。[6]进行了多次采访后，我有时会搞错。我会忘记我和哪些保姆已经建立了可以用"你"相互称呼的关系：特雷莎有时像我的朋友，我感到埃莱娜和我在年龄和社会阶级方面很相似。也有我一直用"您"称呼的人：年长的罗莎以及矜持且说话更小心的帕蒂。

我不确定如何称呼萨拉，但不自觉地用了"你"。我问道："我可以用'*tú*'称呼你吗？"我有点紧张地笑了笑，不确定她会作何反应。她说道："没问题。"她回答得很快，几乎因为被打断而不耐烦，"为什么还要特地问？"她是对的，在我和她之间，关于如何称呼她的决定权在我手中。所以我开始用"你"。不是因为这是我的习惯，而是——现在我认为——因为在我们的交流中我放松，不会被反驳。我认为她渴望表达，热情，善于反思，不具威胁性。无论我多少次尝试让她以同样的方式称呼我，对于她来说，我永远是"您"。

刚刚开始这项研究时，我计划写一部描绘一位拉丁美洲裔保姆和雇主的小说。中心思想是：这两位女性，无论意图多么好、内心多么善良，永远无法成为朋友。当时我从社会阶级的角度理解这种态势。差异太多了。相较于国籍，社会阶级对世界观的影响更大。相较于美国人和萨尔瓦多人之间的区别，上流社会和工薪阶层、受过高等教育和只完成最初级的学业、拥有资金充足的401K退休金账户①和一旦生病就可能无家可归所带来的差异更大。但我关于社会阶级不同造成的文化差异会

---

① 401K指美国雇主提供的退休储蓄计划，允许员工将部分税前收入存入税收优惠的投资账户。

妨碍像萨拉和我这样的女性结下友谊的看法是错误的。因为不同的境遇和文化确实是巨大的障碍，但它们远不及主仆之间的距离。真正分隔我们的是权力。在拉斐特公园的长凳上，把我和萨拉隔开的是权力。"我可以用'*tú*'称呼你吗？"她回复道，随便怎么叫都行。

故事交换和亲密交流伴随着孩子的尖叫和呼啸的寒风，一个下午即将过去，我们——萨拉和我——各自面对权力、称呼和我们之间的距离。我会带着对她的故事的理解离开，她会带着那些话语、语调和悲剧度过夜晚，继续书写这个故事。我会听录音、转录文字、翻译、剪切并编辑，她大概会给家人做晚餐，擦桌子，隔着卧室门提醒孩子们做作业和刷牙。或许她会在从厨房走向卧室时，或者上床在丈夫身边入睡前，停下来回想一下她和我共度的两个小时。回想她的故事和声音，她母亲的选择和她自己的选择。或许那几个小时会赋予她选择塑造的自我新的意义。它们对我就产生了这样的影响。

我开始做这个项目已经十多年了。这背后有很多原因。最主要的是育儿。尿不湿、学饮杯、足球鞋逐渐变成返校节和大学论文。在这个过程中，我教书赚钱，以保证橱柜中食物充足，维持住宅舒适，送孩子去上戏剧课、参加吉他练习，购买手机。我们要为孩子重现一种我们认为自然的生活方式。我有成堆的学生论文要批改，还有成堆的脏盘子要洗，孩子们流着鼻涕大哭或因为在他们看来全世界最重要的事而用力甩上门。我写这本书花了 10 年时间是有原因的。

但是，10 年前的我写不出现在这本书，因为这段时间、在交流中建立的深刻亲密关系，让我不仅学会了倾听，更学会了理解。处理这些采访时，我遇到了与此刻写下这些文字的人颇为不同的、各式各样的自己。我会不耐烦地打断，紧张地等待我预期中的答案，有时我以为自己听到了答案，但更深刻的真相隐藏在与我交谈的女性的话语之下。

不知何故，尽管我希望听到一个足够响亮、能够对抗这个充满责难的世界的声音，但我最终学会了聆听她们选择发出的声音——那个美妙的、隐喻性的声音，不仅是声音，还象征着见证者的真实体验。学会这一点需要采取两项艰难的行动：摒弃我受到的训练让我期待听到的故事，把空间留给另一种故事。

最后的话

"你还有什么想说的吗？未来人们可能会读到。"

萨拉，2010 年 1 月

　　这个国家给予你的东西很多，但也会夺走很多。夺走的比给予的更多，因为它给予你经济生活，却夺走家庭，夺走你和孩子一起度过的时间。这里的生活非常艰难。为了照顾其他人的孩子，你必须把自己的孩子交给他人照顾，甚至不知道他们有没有得到良好的照顾。在这里，美国妈妈对育儿的要求很高。你必须把所有事情都做好。如果我们有点脾气，她们就会解雇我们，不让我们继续工作。还有西班牙语裔同胞。我会雇一名和我来自同一个城镇的西班牙语裔女人。她清楚哪怕她不好好对待我的孩子，我也什么都不会做。我不会知道的。婴儿没法告状。因为这一切，如果时光可以倒流，我会留在祖国。因为我认为，如果我和孩子们一起留在祖国，他们会对我有更好的印象。

罗莎和胡列塔，2019 年 4 月

　　"现在和 5 年前或 10 年前感觉有什么不同吗？"

罗莎

有了身份之后就会感到自信和快乐。但对于没有身份的人和被驱逐出境的人，这里的情况变得很糟糕。因为被遣返的人非常多。我们不担心，因为我们有身份，但没有身份的人很多。

胡列塔

所有新闻媒体都说移民部门正在制定的法律会带来改变。我很快就要成为公民了。是的，要么获得居留权，要么成为公民……但其他人不是这样。无论是朋友还是熟人，你都会因为他们的遭遇而感到不舒服。因为尽管我没有问题，但其他人不是这样。

罗莎

总之，人不能自私。我的意思是，我们过去也没有身份。那些可怜的人们。我听说他们在遣送家庭。受苦的是谁？是孩子，是孩子们啊。

特雷莎，2008 年 8 月

他们应该给自己认识更多的人的机会，因为他们（会说）："哦，他们是白人吗？那我就和他们说话。"或"他们是黑人？那我不和他们说话。"肤色并不重要。我认为——我或许并不聪明，我不知道——但我相信我们都是上帝的孩子，我们是平等的。

埃莱娜，2012 年 2 月

我有另一种粗浅的观点。是这样的，在你的祖国，你没有机会学习。你来到这个满是机会的国家，为什么只是一个劲地生孩子而不提升自我呢？我昨天去参加弥撒。有好多孩子，三四个小孩，然后妈妈还怀着孕。我只有一个都照顾不过来。那些已经有三四个孩子还在怀孕的人都不思考吗？西班牙语裔工作非常努力，但他们也有问题；他们喜欢生很多孩子。"什么，生孩子不要钱吗？那我要生 20 个！"这是我的看法，有什么办法呢？

帕蒂，2011 年 10 月

这一切令我很痛苦。我是一个成熟的人，但同时，经济状况很差，非常非常糟糕。我要怎么去找工作呢？谁会给我工作呢？因为我的工作性质。因为我是保姆。现在，这是我能做而且想做的。或许我可以在办公室工作，他们不在乎我是否怀孕。但几乎没有人明知我怀孕还给我工作。我总是说，事情发生都是有原因的。这是我的人生格言。事情不是无缘无故发生的。所以，我不知道，静待未来吧。但我能理解，每个人都要作出自己的决定，我们活在一个自己的决定比他人更重要的世界里。

帕蒂，2019 年 6 月

"现在你和你母亲的关系如何？"

和我的家庭？我们一家一切都好。我们很亲密。我妈妈住的地方离这里只有 5 分钟。我们一有机会就会见面。我们举办家庭聚会，一切都很好。和另外一家人，我老板一家？我们一起想办法彼此迁就。比如我重新开始工作时，她对我说："你要一直做到孩子们高中毕业，到他们去上大学。"但现在，我什么都能接受。如果提前结束，没关系。如果不提前结束，也行。

玛格达莱娜，2008 年 4 月

只有一点，我希望美国人改变他们的想法。因为，有很多很多像我一样的女性，来到这个国家不为别的，只为找到一天的工作，下班后我们回家给孩子或丈夫做饭，然后第二天再出门，希望能再工作一天。我们不想伤害美国人的孩子或他们本人，也不想伤害这个国家。我们想要的只是工作、工作、再工作。

而且我们很尊重你们，希望你们能给予我们一些重视。因为我们都值得和想要被尊重。有人用英语对我不敬的时候我能听懂，我也会用英语以牙还牙。但与此同时，我们很尊重和欣赏你们，因为这个国家对我们西班牙语裔来说有很多机会。我们无意伤害任何人，我们只是想工作，仅此而已。

致　谢

　　首先，我要感谢所有与我分享经历的女性们。我认为，像她们一样讲述自己的生活是非常勇敢的。这样做会暴露自己的内心，但也会获得力量。我向她们的勇气致敬。

　　这个项目多年来得到了很多人的支持。我要感谢我的代理人杰茜卡·帕潘相信这本书并帮忙完善它，感谢我的编辑埃莱娜·阿特万，她的洞察力和敏锐目光令我对她十分信任。我衷心感谢杰茜卡、埃莱娜和灯塔出版社（Beacon Press）的团队，感谢他们用自己的才华、正直将他们相信的书带给世界。

　　非常感谢莱斯大学写作与交流项目的人们：用资源和鼓励为该项目提供支持的特蕾西·沃尔兹和珍妮弗·威尔逊，以及无论是否有饼干都前来写作的项目成员们。

　　衷心感谢拉克尔·盖坦承担转录工作，并贡献她的观点和对语言及文化的微妙之处的洞察。许多才华横溢的作家、读者和思想家阅读草稿后给了我宝贵的反馈——尤其是马塞拉·萨拉斯、伯克·尼克松、凯蒂·加纳、阿纳德利·本科莫、艾琳·特鲁瓦克斯、塔伊布·坎瓦尔。你们都以各种方式影响了这本书。

在这本关于为母之道的书中，我要感谢影响我个人经历的母亲和另母们——我的姐妹莉萨、特里西娅、克莱尔和伊丽莎白；照顾我的孩子的保姆安杰莉卡、玛丽卢、朗迪和卡门；我的婆婆卡罗莱娜，我的姨妈玛丽，当然还有我的妈妈，我相信她还有很多东西可以教我。

索菲娅、卢卡斯、阿梅莉——谢谢你们容忍这个占用了太多精力的项目。戴维，我该说什么好呢？如果没有你的叙事能力和你所展现的巨大耐心，我不确定我能否学会真正的聆听。

注　释

引言　公园长凳

1　撰写这本书时，拉斐特公园已经改变了——游乐场设备被更换，橡树因病害死去。铁凳、孩子们和他们的照护者仍在那里。

2　保姆、她们的家人以及雇主的姓名均为化名。

3　移民女性化的加剧是一个全球现象。来自亚洲、北非、南美洲和中美洲以及墨西哥和加勒比地区的移民，到亚洲和南美洲的较富裕国家、中东和海湾国家、欧洲和北美洲工作。截至2014年，因照护工作而移民的女性是全球移民女性中最大的职业群体。Mary Romero, Valerie Preston, and Wenona Giles, "Care Work in a Globalizing World," in *When Care Work Goes Global: Locating the Social Relations of Domestic Work*, ed. Mary Romero, Valerie Preston, and Wenona Giles (Farnham: Ashgate, 2014). Barbara Ehrenreich and Arlie Hochschild, "Introduction," in *Global Woman: Nannies, Maids, and Sex Workers in the New Economy*, ed. Barbara Ehrenreich and Arlie Hochschild (New York: Metropolitan Books, 2003)。史密斯·席尔瓦提醒移民的"女性化"一词"掩盖了移民劳动被'母职化'及其对母亲和她们的孩子的后续影响"。Dorsía Smith Silva, Laila Malik, and Abigail Palko, "Introduction," *Mothers, Mothering, and Globalization* (Toronto: Demeter Press, 2017), 11。

4　Barbara Ehrenreich and Arlie Hochschild, "Introduction," *Global Woman*, 3.

5　邻里公园是像我遇到的保姆这样的移民劳工内部创建社群的重要场所；在这里，文化身份得到加强，价值得到肯定，家政工作的不成文标准被协商。Tamara Mose Brown, *Raising Brooklyn: Nannies, Childcare, and Caribbeans Creating Community* (New York: New York University Press, 2011)。

6　Elena Poniatowska, *La noche de Tlatelolco: Testimonios de historia oral* (México: Ediciones Era, 1971), and John Beverley, *Testimonio:*

On the Politics of Truth (Minneapolis: University of Minnesota Press, 2004)。里戈韦塔·曼朱是一名危地马拉原住民女性和 1992 年诺贝尔和平奖获得者，她的转述见证文学作品 *I, Rigoberta Menchu: An Indian Woman in Guatemala* (London: Verso, 1984) 引起了围绕事实、真相和话语在见证文学体裁中的作用的巨大争议。Gayatri Chakravorty Spivak, "Can the Subaltern Speak?" in *Marxism and the Interpretation of Culture*, ed. Cary Nelson and Larry Grossberg (Urbana: University of Illinois Press, 1988), 271–313。

7   关于母职的对话时常忽略女性—母亲联系中一个固有的不明说的假设：女性被生理性别定义，生理性别含有简单的、固定的二元性，而社会性别和生理性别都与某种育儿方式对应，导致"照护养育"与"女性"无法分开。这样认为人的身份类别是其生理本质的反映的本质主义（essentialism），是解决女性在家庭中长期遭遇不公待遇的主要障碍。

8   Evelyn Nakano Glenn, "From Servitude to Service Work: Historical Continuities in the Racial Division of Paid Reproductive Labor," *Signs* 18, no. 1 (1992): 1–43; Denise Segura, "Working at Motherhood: Chicana and Mexicana Immigrant Mothers and Employment," in *Women and Migration in the U.S.–Mexico Borderlands: A Reader*, ed. Denise Segura and Patricia Zevella (Durham, NC: Duke University Press, 2007); and Michelle Walks and Naomi McPherson, "Introduction," *An Anthropology of Mothering* (Bradford, Ontario: Demeter Press, 2011)。这些名词与阿德里安娜·里奇首先提出的"母职社会制度"（social institution of motherhood）——共同定义母亲在社会中的角色的实践、政策、法律和文化内涵——密切相关。Adrienne Rich, *Of Woman Born: Motherhood as Experience and Institution* (New York: Norton, 1976)。

第一部分　抛硬币

1   Francisco Cantú, *The Line Becomes a River: Dispatches from the Border* (New York: Riverhead Books, 2018), 222.

2   尽管这些标签有时会不一致，我用"南方世界"和"北方世界"分别表示经济增长较少和较多的地区（经济发展相对落后和发达的地区）。见 Eliot Dickinson, "Introduction," *Globalization and Migration: A World in Motion* (Lanham, MD: Rowman and Littlefield, 2017); Barbara Ehrenreich and Arlie Hochschild, eds.,

Global Woman: Nannies, Maids, and Sex Workers in the New Economy (New York: Metropolitan Books, 2003)。

3　关于广泛的经济和社会变革，见 Pierrette Hondagneu-Sotelo, *Gendered Transitions: Mexican Experiences of Immigration* (Berkeley: University of California Press, 1994); Denise Segura and Patricia Zavella, "Introduction," *Women and Migration in the US–Mexico Borderlands: A Reader*, ed. Denise Segura and Patricia Zevella (Durham, NC: Duke University Press, 2007)。关于加工出口工厂，见 José Vargas, "Impacto de las maquiladoras centroamericanas en el crecimiento económico y el empleo," *Aldea Mundo Revista sobre Fronteras e Integración* 14, no. 28 (2009): 19–27。关于地方犯罪，见 Steven Dudley, "Transnational Crime in Mexico and Central America: Its Evolution and Role in International Migration," Migration Policy Institute, November 2012, https://www.migrationpolicy.org/research/RMSG-CentAm-transnational-crime。

4　D'Vera Cohn, Jeffrey S. Passel, and Kristen Bialik, "Many Immigrants with Temporary Protected Status Face Uncertain Future in U.S.," Pew Research Center, November 27, 2019. "Temporary Protected Status," US Citizen and Immigration Services.

5　全球化中服务业的发展赋予了历史悠久的家政服务新的面孔。Saskia Sassen 评论道："为中产阶级白人职业女性服务的移民女性的形象已经取代了几个世纪前为白人主人服务的黑人女性仆人的形象。""Global Cities and Survival Circuits," in Ehrenreich and Hochschild, *Global Woman*, 262。

第一章　祖国

1　20 世纪 80 年代在危地马拉和萨尔瓦多发生的"冷战"时期的冲突生发自本地压迫和地缘政治意识形态的复杂交织，导致数以万计的平民死亡。卡特和里根政府都支持这些国家的压迫性军事政权，这一战略立场使得那些逃离其政府暴行的人无法获得庇护。William Leogrande, *Our Own Backyard: The United States in Central America, 1977–1992* (Chapel Hill: University of North Carolina Press, 1998); "Mass Atrocity Endings," World Peace Foundation, August 7, 2015。

2　在 20 世纪 90 年代的工作场所突击检查和大规模驱逐中，很多中美洲难民的孩子被驱逐出境。曾是"野蛮萨尔瓦多人"和"18 街黑帮"成员的人被驱逐后保留了他们与洛杉矶的联系，一个万事俱备的跨国网络就此形成并用 20 世纪 80 年代游击队使用过的非法丛林走廊运输毒品和人口。Dudley, "Transnational Crime in Mexico and Central America." Alma Guillermoprieto, "The New Ganglands of El Salvador," *New York Review of Books*, October 10, 2011。

3　关于以女性移民从事家政工作为家庭生存策略，见"Global Cities and Survival Circuits"。

4　郊狼（*coyote*）一词在墨西哥和中美洲常用，指的是受雇协助未经授权的移民进入美国的收费向导。该词——和其代指的人一样——具有不断变化的、文化上微妙的内涵。David Spener, *Clandestine Crossings: Migrants and Coyotes on the Texas–Mexico Border* (Ithaca, NY: Cornell University Press, 2009)。

5　对于未经授权的移民来说，穿越沙漠是有生命危险的，圣迭戈的"边境天使"组织和美墨边境索诺拉沙漠一段的"人道边境"组织只是 20 世纪 90 年代以来正式成立的多个移民援助组织中的两个。

6　Spener, *Clandestine Crossings*; Hondagneu-Sotelo, *Gendered Transitions*.

7　"跨国家庭"这个名词指跨越国境维持家庭关系和身份的家庭。Joanna Dreby 在 *Divided by Borders: Mexican Migrants and Their Children* (Berkeley: University of California Press, 2010) 中展示了这样的家庭运用的维持团结的策略。另见 Ernestine ávila and Pierrette Hondagneu-Sotelo, "'I'm Here, but I'm There': The Meanings of Latina Transnational Motherhood," in *Women and Migration in the U.S.–Mexico Borderlands: A Reader*, ed. Denise Segura and Patricia Zevella (Durham, NC: Duke University Press, 2007); Rhacel Salazar Parreñas, *Children of Global Migration: Transnational Families and Gendered Woes* (Stanford, CA: Stanford University Press, 2005); Arlie Hochschild, "Love and Gold," in Ehrenreich and Hochschild, *Global Woman*; and Leah Schmalzbauer, "Searching for Wages and Mothering from Afar: The Case of Honduran Transnational Families," *Journal of Marriage and Family* 66 (2004): 1317–1331。

8　20 世纪 70 年代，为应对经济疲软，墨西哥政府以牺牲小规模和自给农业为代价支持大规模农业，这种做法引发了 20 世纪末墨西哥的大规模社会转型，导致产业格局日益城市化并催生了大批国内外移民。Hondagneu-Sotelo, *Gendered Transitions*; Segura and Zavella, "Introduction," *Women and Migration*。

9　"Archbishop Oscar Romero," Kellogg Institute for International

Studies.

10 可以把加工出口工厂产业理解为在全球经济中解决地区贫困这一深刻而复杂问题的权宜之计。该行业出现于 20 世纪 70 年代，是应对经济危机的区域反应。北美自由贸易协定于 1994 年生效后，该行业从中美洲蔓延到墨西哥。加工出口工厂以获取廉价劳动力为唯一目的，支付的工资极低，在 21 世纪第一个 10 年只有每月 50 美元。Vargas, "Impacto de las maquiladoras."

11 Barbara Ehrenreich and Arlie Hochschild, "Introduction"；Mary Romero, Valerie Preston, and Wenona Giles, "Care Work in a Globalizing World," in *When Care Work Goes Global: Locating the Social Relations of Domestic Work,* ed. Mary Romero, Valerie Preston, and Wenona Giles (Farnham: Ashgate, 2014); Dorsía Smith Silva, Laila Malik, and Abigail Palko, "Introduction," *Mothers, Mothering, and Globalization* (Toronto: Demeter Press, 2017).

12 Barbara Ehrenreich 和 Arlie Hochschild 称这种生存策略为"全球化的女性暗面"，"Introduction," 3. On "the feminization of survival"，见 Sassen, "Global Cities and Survival Routes"。

第二章　穿越边境

1 David Spener 在跨境者中发现了一种郊狼文化，通过雇用郊狼移民从基于信任和熟悉的社会关系内部应对不断变化的边境执法。*Clandestine Crossings*。

2 《移民改革和控制法》呼吁加强雇主责任，为 260 万名未经授权的移民提供获得合法公民身份的途径，并大幅增加移民执法的拨款和人员配备。该法案导致边境安全支出从 10 亿美元增加到 2002 年的 49 亿美元，边境执法人员也从 20 世纪 70 年代的不到 1 万人增加到 2003 年的 4 万多人。Muzaffar Chishti, Doris Meissner, and Claire Bergeron, "At Its 25th Anniversary, IRCA's Legacy Lives On," Migration Policy Institute, November 16, 2011; David Dixon and Julia Gelatt, "Immigration Enforcement Spending Since IRCA," Migration Policy Institute, November 2005; Melissa del Bosque, "Checkpoint Nation," *Texas Observer*, October 8, 2018.

3 "行动"一词早在 1954 年就已被使用，当时移民及归化局执行了臭名昭著的"湿背行动"（Operation Wetback），驱逐了至少 30 万人，其中包括美国公民。20 世纪 90 年代的行动在边境穿越量最大的地区建立了一道全天候的边防人员构成的"墙"。Hondagneu-Sotelo, *Gendered Transitions*。

4 萨拉穿越边境时，有郊狼协助的、从萨尔瓦多到美国的移民一般需要几千美元。2017 年，价格上涨到 8000 美元。Juan Carlos Rivera, "Coyotes les cobran hasta $8,000 a los 'mojados,'" *La Prensa*, January 23, 2017。"人头费"是偷运者向沿途的犯罪组织支付的一种佣金，一般按人头计算。Dudley, "Transnational Crime in Mexico and Central America."

5 特朗普政府 2018 年的"零容忍"政策，在最高法院关于未成年无证移民待遇的裁决的限制范围内，导致作为家庭一同到达边境的孩子和父母的系统性分离。"The Trump Administration's 'Zero Tolerance' Immigration Enforcement Policy" Congressional Research Service, February 2, 2021。

6 Lina Newton 追溯了 20 世纪 80 年代末和 90 年代移民改革言论中这种叙述的出现。她发现一种将非法移民构建为"本质上异常的人群"，将边境构建为"法外之地"的转变。*Illegal, Alien, or Immigrant: The Politics of Immigration Reform* (New York: New York University Press, 2008)。类似的关联发生在 2003 年，当时新成立的国土安全部负责移民和海关活动，在移民和安全之间建立了结构性的联系，导致移民和罪犯之间的联系显得很自然。Episode 1 of *Homeland Insecurity*, RAICES, May 27, 2020。事实上，马歇尔项目对犯罪和移民的交叉的详细研究发现两者之间并没有联系。Anna Flagg, "The Myth of the Criminal Immigrant," Marshall Project, March 30, 2018。

7 在世纪之交，几乎一半未经授权的移民——来自墨西哥、中美洲和加勒比地区，以及东南亚、菲律宾和非洲——都是签证逾期居留者。从法律上讲，他们的罪行与那些秘密越境者相同，都是在民事法庭被起诉的轻罪。"Modes of Entry for the Unauthorized Migrant Population," Pew Research Center, May 22, 2006。Laura Jarrett, "Are Undocumented Immigrants Committing a Crime? Not Necessarily," CNN, February 24, 2017。

8 墨西哥 20 世纪 80 年代的经济危机——始于 1976 年的比索贬值危机，恰逢美国对低工资建筑和服务工作的需求增加，导致移民人数急剧增加；这种增加刺激了 20 世纪 90 年代加强边防的移民改革。

9 Hondagneu-Sotelo, *Gendered Transitions*.

10 罗莎的语言很生动。她的原话是："脸皮越厚，偷得越多。"

11 联邦司法警察，*los judiciales*，2022 年被废除。

12 20 世纪中叶的南得克萨斯民俗学家 Américo Paredes 最早研究了可利多民谣——一种诗歌形式，生发自 19 世纪中期文化相通的社群被粗暴地强行分割所引发的冲突——内在的反抗精神。Américo Paredes, *With His Pistol in His Hand: A Border Ballad and*

Its Hero (Austin: University of Texas Press, 1958)。

13   "*Lo que sufrí lo he recuperado con creces / A los mojados les dedico mi canción.*" Los Tigres del Norte, "Tres veces mojado." 正文中是我的翻译。

14   尽管严格来说不是荒漠，但南得克萨斯—塔毛利帕斯边境周边的土地地势崎岖，长满带刺的豆科灌木、霸王树和金合欢，旱季缺水，夏季酷热，气温可达100华氏度以上。Spener, *Clandestine Crossings*, 70。

15   Christiane Harzig 指出在任何移民系统中，"就像促进移民的国家政策和招聘机构一样，成功的故事多于失败的故事以及个人联系对移民系统的维持至关重要"。"Domestics of the World (Unite?): Labor Migration Systems and Personal Trajectories of Household Workers in Historical and Global Perspective," *Journal of American Ethnic History* 25, no. 2/3 (2006): 48–73, 50。

16   Luis Alberto Urrea, *The Devil's Highway* (New York: Bay Back Books, 2004).

17   Dudley, "Transnational Crime in Mexico and Central America"; Jacobo García, "La masacre de 72 migrantes que conmovió a Centroamérica, impune siete años después," *El País*, August 24, 2017.

18   关于预防性避孕用品，见 Guillermoprieto, "The New Ganglands"; Rebecca Cammisa, dir., *Which Way Home*, Documentress Films, 2009。关于边境巡逻员袭击，见 Manny Fernández, "They Were Stopped at the Texas Border. Their Nightmare Had Only Just Begun," *New York Times*, November 12, 2018; Manny Fernández, "'You Have to Pay with Your Body': The Hidden Nightmare of Sexual Violence on the Border," *New York Times*, March 3, 2019; Chris Boyette and Emanuella Grinberg, "US Border Patrol Agent Accused of Sexual Assault," CNN.com, May 22, 2019。

19   "Deaths by Border Patrol," Southern Border Communities Coalition, last updated March 10, 2021。除了这些关于人身暴力的报道外，有大量证据表明美国海关和边境保护局自2003年成立以来内部存在腐败问题。专家称，不正规的背景审查和结构性问责制的缺失导致了这种情况的发生，而且历史上这种情况在大幅扩招时会进一步恶化。Mia Steinle, "13 CBP Employees Arrested for Corruption this Administration," Project on Government Oversight, April 23, 2018。

20   在这一段落中，前边境巡逻员 Francisco Cantú 将这种暴力在其复杂的背景中呈现，描述了引发这种暴力的策略和最终的仁慈。"但，"他写道，"我还是做噩梦。" *The Line Becomes a River*, 33–34。

21 Urrea, *The Devil's Highway*, 16.

22 Jay Root and Todd Wiseman, *Beyond the Wall: A Texas Tribune Documentary on Immigration and Border Security*, Texas Tribune, March 29, 2017.

23 尽管她的哥哥已经先去了，但帕蒂使用的都是指代女性的代词，这与移民路途上女性特有的脆弱性相一致。

24 广义上的"边境区域"是沿美墨分界线北侧延伸的100英里宽的地带，在其中海关和边境巡逻队设立不受逮捕令约束和无须取得同意的官方检查点。Del Bosque, "Checkpoint Nation"; "The Constitution in the 100-Mile Border Zone," American Civil Liberties Union。

第二部分 硬币的另一面

1 ire'ne lara silva, "Cortando las nubes, or, Death Came on Horses," *Flesh to Bone* (San Francisco: Aunt Lute Books, 2013), 51.

2 Arlie Hochschild 将全球照护产业链定义为"以付酬或不付酬的照护工作为基础的，世界各地的人之间的一系列个人联系。"在她2001年的文章"Love and Gold"中，她描写了随着全球产业链各个环节上照护质量的下降，全球照护产业链演变成"关爱流失"的种种方式。Arlie Hochschild "Global Care Chains and Emotional Surplus Value," in *On the Edge: Living with Global Capitalism*, ed. Will Hutton and Anthony Giddens (London: Jonathan Cape, 2000), 130–146。

3 Wendy Chavkin 观察到了这一时期的母职实践的碎片化，在其中照护工作和生育被越来越多地以保姆、代孕母亲和被收养的孩子的形式外包给第三世界。由于这种转变，母亲的社会价值被提升，而母亲的生理和照护功能则被贬低。Wendy Chavkin "The Globalization of Motherhood," in *The Globalization of Motherhood: Deconstructions and Reconstructions of Biology and Care*, ed. Wendy Chavkin and Jane Maree Maher (New York: Routledge, 2010), 3–15。

4 关于全球关爱缺失现象的更全面的讨论，见 Chavkin, "Globalization"; Hochschild and Ehrenreich, "Introduction"; and Salazar Parreñas,*Children of Globalization*。

第三章 工作的性质

1 美国授予的临时保护身份始于 1998 年 10 月，当时飓风米奇袭击中美洲，引发了国际响应，包括暂缓驱逐很多居住在美国的洪都拉斯和尼加拉瓜移民。2001 年，一系列地震和其他天气事件发生后，临时保护身份被授予萨尔瓦多人，2010 年发生毁灭性的地震之后，被授予海地人。截至本文撰写之时，来自尼加拉瓜、洪都拉斯和萨尔瓦多的移民的临时保护身份状态尚不确定。Cohn et al., "Many Immigrants"；"Temporary Protected Status"；Gabriel Lesser and Jeanne Batalova, "Central American Immigrants in the United States," Migration Policy Institute, August 15, 2019; Jill H. Wilson, "Temporary Protected Status and Deferred Enforced Departure" Congressional Research Service。

2 1997 年 11 月 19 日通过的《尼加拉瓜调整和中美洲救济法》，暂缓驱逐来自危地马拉、萨尔瓦多和部分原苏联加盟共和国的、1990 年前进入美国的获批移民。"Nicaraguan Adjustment and Central American Relief Act," *Immigration History*, University of Texas at Austin, 2019; Sarah Gammage, "El Salvador: Despite End to Civil War, Emigration Continues," Migration Policy Institute, July 26, 2007。

3 在美国之外，在阿联酋等地，恶劣的工作条件和公然虐待的界限往往在制度层面消失，导致弱势女性的福利取决于雇主的意愿和心情。Rhacel Salazar Parreñas, "Labor Regimes of Indenture: A Global Perspective on Migrant Domestic Work," lecture, Rice University Chao Center for Asian Studies, April 10, 2019; Joy M. Zarembka, "America's Dirty Work: Migrant Maids and Modern-Day Slavery," in Ehrenreich and Hochschild, *Global Woman*, 142–153。

4 全国家政工人联盟进行的一项广泛调查记录了从口头到身体再到性方面的虐待。不直接抵抗的最常见原因是担心影响当前和未来的工作机会和移民身份状态引发的恐惧。National Domestic Workers Alliance, *Home Economics: The Invisible and Unregulated World of Domestic Work* (NDWA, 2012), 33–34。

5 2018 年，仅得克萨斯州就报告了 23.4 万起劳工贩卖案件，"Houston, We Have a Problem: The Scourge of Human Trafficking," Texas Medical Center, December 17, 2019。有关美国劳工贩卖问题的概述，见 "Labor Trafficking of Domestic Workers at a Glance," Polaris Project, 2011。Joy Zarembka 研究通过外交或其他签证，作为引进家庭用人引入的，外国出生的家政工人中的

劳工贩卖的普遍现象，"America's Dirty Work."据估计，全球强制劳动的受害者高达 1230 万人，其中 250 万人是劳工贩卖引进的。

6 "木查查"是女孩或年轻女子的通称。该词为称呼家庭帮佣的常见拉丁美洲名词，这种用法与称呼非裔美国人和西印度群岛女佣"女孩"——无论其多大年纪——的做法类似。

7 在美国以外的地区，选择可能更加有限，部分地区系统化的移民劳工项目通过将劳工的合法移民身份与其雇主完全挂钩限制她的流动性，如阿联酋，或设置标准期限，在该期限内，家政工人必须为她的雇主工作，然后才能申请居留权，如加拿大。关于"狂野西部"，见 Ai-jen Poo 的采访，"'You're Mostly Isolated and Alone': Why Some Domestic Workers Are Vulnerable to Exploitation," *PBS Newshour Weekend,* August 12, 2018。

8 Pierrette Hondagneu-Sotelo, *Doméstica: Immigrant Workers Cleaning and Caring in the Shadows of Affluence* (Berkeley: University of California Press, 2001)。Mary Romero1992 年对丹佛墨西哥女性的研究显示她们明显偏好白天的工作。*Maid in the USA* (New York: Routledge, 1992)。在美国东北的来自西印度群岛的保姆中，也存在同样的从住家到不住家的轨迹，但通往合法居留的途径和不同的背景让很多女性最终完全脱离照护工作。Shellee Colen, "'Just a Little Respect': West Indian Domestic Workers in New York City," in *Muchachas No More: Household Workers in Latin America and the Caribbean*, ed. Elsa Chaney and Mary García Castro (Philadelphia: Temple University Press, 1989); Tamara Mose Brown, *Raising Brooklyn: Nannies, Childcare, and Caribbeans Creating Community* (New York: New York University Press, 2011)。

9 在萨拉的家乡萨尔瓦多，青少年怀孕率是美国的近两倍，而且低龄怀孕也很普遍以至于有专项数据：2015 年，每 1000 次分娩中有 3 次是 14 岁及以下的女孩进行的，*Mapa de embarazos en niñas y adolescentes en El Salvador 2015*, Fondo de Población de las Naciones Unidas (FPNU) El Salvador, July 2016。尤其是在农村地区，贫困、有限的受教育程度和极端的父权保守价值共同导致低龄怀孕和童养媳的普遍存在；活动家和人权组织引述了年仅 12 岁的孩子被家人——迫于贫困并因为家庭名声的社会重要性——逼迫与强奸她的人结婚的常见例子。Anastasia Moloney, "In El Salvador, Girls Under 12 Most at Risk of Getting Pregnant by Rape: U.N. Study," Reuters, November 24, 2016。

10　Judith Rollins 在她 1985 年对非裔美国家政工人的研究中描述了女主人—女佣关系中传统的家长主义，*Between Women: Domestics and Their Employers* (Philadelphia: Temple University Press, 1985)。Romero 在她对在美墨西哥女性的研究 *Maid in the USA* 中提倡严格的商业关系。然而，Hondagneu-Sotelo 在对洛杉矶的拉丁美洲裔女性家政工人的研究中发现，她们明显渴望与家长主义中隐含的居高临下和服从所不同的个人关系。Hondagneu-Sotelo, *Doméstica*. Colen 发现她在纽约采访的西印度群岛照护者最在意在社交中展现对她们的尊重，这是她们文化的重要组成部分。Colen, "'Just a Little Respect.'"

11　这种影响的重要组成部分是与在美国的非裔美国女性联系在一起的、有害的"黑人姆妈"的刻板印象。关于这种以及其他与黑人女性有关的、涉及母亲的刻板印象，见 Patricia Hill Collins, "The Meaning of Motherhood in Black Culture and Mother–Daughter Relationships," in *Maternal Theory: Essential Readings*, ed. Andrea O'Reilly (Toronto: Demeter Press, 2007), 274–289。另见 Rollins, *Between Women*; and Brown, *Raising Brooklyn*。

12　女主人—女佣关系类似恋爱关系的体验不是萨拉所特有的。在她探讨当代母职的作品中，Katie B. Garner 发现雇主也常用类似的语言描述他们和家政工人的关系："与我交谈过的很多女性都用恋爱关系的语言表述她们和保姆的关系。"Personal correspondence, June 2019。另见 Katie B. Garner, "Mirroring a Mother's Love: A Chodorowian Analysis of the Complicated Relationship Between Mothers and Nannies," in *Nancy Chodorow and the Reproduction of Mothering*, ed. Petra Bueskens (London: Palgrave Macmillan, 2021)。

13　这一时期的焦虑情绪也充分体现在了对黑人母亲的妖魔化中，不值得同情的"福利母亲"被用来评判母亲，只有白人、中产阶级、异性恋和已婚的母亲例外。Molly Ladd-Taylor, "Mother-Worship/Mother-Blame: Politics and Welfare in an Uncertain Age," in *Maternal Theory: Essential Readings*, ed. Andrea O'Reilly (Toronto: Demeter Press, 2007), 660–667。

14　Francisco Ayala, *Oppenheimer* (Mexico: Fondo de Cultura Económica, 1942).

15　跨国移民一般不是最贫困的人。无论是否获得授权，安排移民都需要资源。学者们在菲律宾照护工人以及西印度群岛保姆和家政工人中对此现象进行了追踪。这两个群体都以有专业背景的中产阶级女性为主，她们受到比祖国的专业工作报酬更高的家政服务行业的吸引而移民。Rhacel Salazar Parreñas,

Servants of Globalization: Women, Migration and Domestic Work (Stanford, CA: Stanford University Press, 2001); Colen, "'Just a Little Respect'"; Brown, *Raising Brooklyn*。

16　移民教堂网络不仅提供工作介绍。墨西哥和中美洲移民日益求助于福音派社群以满足广泛的精神和物质需求，这是应对在阴影中生活的另一种生存策略。"The Shifting Religious Identity of Latinos in the United States," Pew Research Center, May 7, 2014。

17　关于雇主和雇员网络的角色，见 Romero, *Maid in the USA*, Romero et al., "Care Work in a Globalizing World," Hondagneu-Sotelo, *Doméstica*, and Brown, *Raising Brooklyn*。有些雇主表示他们在提供带薪休假等福利或提出支付高于行价的工资时遇到了很大的阻力，Hondagneu-Sotelo, *Doméstica*, 84。在 21 世纪向零工经济的转变过程中，Care.com 等保姆中介服务也变成了行业监管的重要来源。

18　埃莱娜提到的克扣工资现象在保姆和家政工人，以及零工工人和建筑工人间同样普遍，很多倡导团体代表未经授权的移民讨要被克扣的工资。休斯敦本地的信仰与正义工人权利团体致力于让这些人了解追讨被克扣工资的法律选择。Tamara Rose Brown 在 *Raising Brooklyn* 的第七章中描述了家政工人工会（现名全国家政工人联盟）采取的策略。

19　关于美国种族化的家政工人阶级，见 Evelyn Nakano Glenn, "From Servitude to Service Work: Historical Continuities in the Racial Division of Paid Reproductive Labor," *Signs* 18, no. 1 (1992): 1–43。关于政府福利政策在维持有色人种女性被指派为白人中上层女性的需求服务方面所起的作用，见 Grace Chang, "Undocumented Latinas: The New Employable Mother," in *Mothering: Ideology, Experience, and Agency*, ed. Evelyn Nakano Glenn and Grace Chang (New York: Routledge, 1994)。

20　阶级流动性可以被理解为父母与子女收入之间的关系，发达地区的阶级流动性高于发展中地区。然而，经济政策研究所的一项正在进行的研究表明，在一代人到下一代人的经济改善的实际机会方面——尤其是在贫穷和工人阶级中——美国排在多个经济实力类似的国家之后。Elise Gould, "US Lags Behind Peer Countries in Mobility," Economic Policy Institute, October 10, 2012。

21　这些关联源于 19 世纪"家庭生活崇拜"和新的家庭消费经济的同步发展。Romero, *Maid in the USA*. 关于消费的语言，见 Hondagneu-Sotelo, *Dómestica*, xi, 12。

22　对美国中产阶级面对的经济压力的讨论，尤其是在住房和育儿方面，见 Alissa Quart, *Squeezed: Why Our Families Can't Afford America* (New York: Ecco, 2018)。

23 美国卫生与公众服务部认为，如果育儿费用占家庭收入的7%或更少，那么就是可负担的。根据经济合作与发展组织2016年的报告，美国家庭平均在育儿上花费双亲家庭收入的25.6%，单亲家庭收入的52.7%。"The Cost of Childcare in Texas," Economic Policy Institute, last updated October 2020; Jacqueline Howard, "The Costs of Childcare Around the World," CNN, April 25, 2018。

24 在经济合作与发展组织的34个国家中，美国在幼儿教育方面的排名几乎垫底，是唯一不保障职业母亲产假的发达经济体。Sara Mead, "Child Care Laggard," *U.S. News and World Report*, February 23, 2017。

25 20世纪末，美国的平均周工作时间大大延长。能够支持职业父母的社会结构，如补贴托儿所以及带薪家庭假和医疗假，未能应对这一变化。Ehrenreich and Hochschild, "Introduction," 8–9。

26 尽管面临这些挑战，劳工组织在家政工人中取得了越来越多的成功。最明显的是全国家政工人联盟一直是这些女性的重要支持者和政治代言人。在休斯敦，信仰与正义工人中心专门在家政工人群体中工作，告知本地女性她们的权利并创建自我支持的工人社群。Brown 在 *Raising Brooklyn* 一书中详述了在纽约的西印度群岛保姆群体中进行组织工作的成功和重大挑战。

27 其他人也有同感，比如萨拉，她哀叹道："照顾一个美国孩子真的很难。家长对一切都很小心。现在我为一位特别小心的女士工作，我带孩子去公园，他连一点擦伤都不能有，不然她就会吵翻天。"

28 社会阶级和对童年需求的文化认识相互影响，塑造了保姆与她照顾的孩子和保姆与自己的孩子的关系。Julia Wrigley 在 *Other People's Children* (New York: Basic Books, 1995) 中讨论了变化中的学龄儿童的保姆—雇主关系中社会阶级再生产的重要性。Mary Romero 在 *The Maid's Daughter* (New York: New York University Press, 2011) 中指出家政工人的孩子——和大多数工薪阶层的孩子——经历的依赖期比他们的母亲照顾的孩子要短。

29 家政工人表示他们通过协商争取对工作过程的控制权，并明确表示喜欢不进行微观管理的雇主。Romero, *Maid in the USA*; Hondagneu-Sotelo, *Doméstica*。

30 "*machismo*"（男子气概）来自代指男性的西班牙语词汇 *macho*，指的是一系列将男子气概抬高到可被理解为"超男子气概"（hypermasculinity）的程度的文化价值。男子气概像任何文化现象一样，与被其影响的个人和社群一样复杂多样。关于多种角度，见 *Muy Macho: Latino Men Confront Their Manhood*, ed. Ray González (New York: Anchor Books, 1996)。奥克塔维奥·帕斯在其颇具影响力的文章《马林切的儿子们》中，从对原住民母亲马林切的认知的角度解释了 20 世纪中叶墨西哥观念的形成——马林切是一名历史和神话人物，传统上在圣母—娼妓的模式中，时而被解读为被动的受害者，时而被解读为应被谴责的叛徒，*El laberinto de la soledad* (Mexico City: Cuadernos Americanos, 1947)。此后这种解读被女性主义者修正；如，见 Margo Glantz 对《马林切的儿子们》的女性主义解读，*Debate Feminista* 3, no. 6 (1992): 161–179。

31 母职货币化让关系从属于交易，保姆们就避免真情实感、转而进行情感表演的情感劳动的益处展开争论。Arlie Hochschild 的情感管理理论可以解释不被承认的情感劳动——一种能够损害某人的自我意识的虚假体验——的影响和意义。*The Managed Heart: Commercialization of Human Feeling* (Berkeley: University of California Press, 1983)。

32 全球关爱流失的一个方面，"全球情感错位"的比喻，是 Arlie Hochschild 在 "Love and Gold" 中创造的。社会学家对跨国母亲的留守儿童进行了细致的研究，发现他们的体验因年龄和社群而异，但他们的状态普遍充斥着一种很少能完全被消除的失去感。Salazar Parreñas, *Children of Globalization*; Dreby, *Divided by Borders*。

33 Joan C. Tronto, "The 'Nanny' Question in Feminism," *Hypatia*, 17, no. 2, special issue: "Feminist Philosophies of Love and Work" (2002): 34–51。在她关于经济交易和亲密关系的混合的研究中，Viviana Zelizer 强调信任会影响移民保姆和她们服务的家庭的关系这样的亲密关系。*The Purchase of Intimacy* (Princeton, NJ: Princeton University Press, 2005)。

34 全国家政工人联盟组建的手拉手家政雇员网络（Hand in Hand, Domestic Employers Network）为雇主提供了大量资源，包括合同样本和关于适用于家政工人的现行劳动法规的信息，https://domesticemployers.org。关于对为改善家政工人体验可采取的各项措施的讨论，见 Hondagneu-Sotelo's *Doméstica*, "Inside the Job"。

35 "Wages and the Fair Labor Standards Act," US Department of Labor; Hondagneu-Sotelo, *Doméstica*, 212–215。家政工人 1938 年被排除在第一版《公平劳动标准法》的范围外，他们 1974 年才得到获得标准工资和加班报酬的权利。该职业仍被排除在《职业

安全地和健康管理局》规定的工作场所安全保护，以及《家庭和医疗休假法》承诺的产假和其他家庭福利之外。在全球，只有 10% 的家政工人享有与其他工人同样的权利，近 30% 被排除在所有劳动法的保护之外。Romero et al., "Care Work in a Globalizing World." 关于独立承包劳动和家政雇佣的区别，见 "Nanny: Independent Contractor or Employee?" HomeWork Solutions。2021 年，年收入不低于 2300 美元的家政工人被归为雇员。

第四章　怀孕的种种麻烦

1　萨拉指的是得克萨斯州健康和公众服务部的办公室，其管理医疗补助和儿童健康保险计划（Children's Health Insurance Program，CHIP）。

2　描述抽象的颜色时，西班牙语中表示黑色的词是 *negro*；但对人进行分类时，*moreno* 更常被用来指代非洲裔的人。然而，尽管在西班牙语世界中种族间的社会分裂普遍存在，对于很多西班牙语裔来说，白人、黑人、拉丁美洲裔等语言概念是北美独特的区分。

3　关于这一点政策非常清楚，只有孩子的移民状态与其对儿童健康保险计划的申请相关联。尽管有这一保障，医疗保健和法律系统过于复杂并不断变化，错误的信息和滥用比比皆是，经常导致有权依法享受国家资助的健康保险的人失去权利受损。这尤其对 100 多万名在得克萨斯州出生的、父母均不是公民的孩子造成了巨大的挑战。事实上，尽管有儿童健康保险计划和其他类似的计划，移民父母的公民孩子在美国更容易没有保险，而拟议的对公共负担政策的变更将会大大降低他们获得保险的机会。Samantha Artiga and Anthony Damico, "Nearly 20 Million Children Live in Immigrant Families That Could Be Affected by Evolving Immigration Policies," Kaiser Family Foundation, April 18, 2018; Anne Dunkelberg, *Immigrants' Access to Healthcare in Texas: An Updated Landscape* (Center for Public Policy Priorities, October 2016)。

4　在一些拉丁美洲国家遣散费被列入法律保护范围，在另一些国家则是工人组织起来争取的目标。Merike Blofield, "Feudal Enclaves and Political Reforms: Domestic Workers in Latin America," *Latin American Research Review* 44, no. 1 (2009): 158–190。

5　Alissa Quart 讨论了当代美国工作场所的怀孕歧视，并展示了削弱了 1978 年《禁止歧视怀孕法》（Pregnancy Discrimination Act）

的效果的解读性限制。Quart, *Squeezed*, 15–17, 28–29。

6 罗莎的讲述有时自相矛盾——孩子的年纪、穿越的时间。但我尝试复述她讲述的故事。

7 阿莉西亚来自圣尼古拉斯，伊达尔戈州帕丘卡市附近的一个城镇。

8 这样的安排很可能是雇主和她的兄弟们达成的，任何此类问题都由他们回答。感谢 Raquel Gaytán 提供此见解。

9 *pulga*，或跳蚤市场，是一些未经授权的移民用来找工作的假证件的常见来源。"他们从来不检查的。"阿莉西亚确定地告诉我。

10 Adrienne Rich 在对母职进行开创性的思考的著作 *Of Woman Born* 中用大量篇幅探讨了母亲的矛盾心理，该书分析了母亲被认为天生具备哪些品质。

11 Marla V. Anderson and M. D. Rutherford, "Evidence of a Nesting Psychology During Human Pregnancy," *Evolution and Human Behavior* 34, no. 6 (2013): 390–397.

12 Arlie Hochschild, *The Managed Heart*, 7; "Emotion Work, Feeling Rules, and Social Status," *American Journal of Sociology* 85, no. 3 (1979): 551–575。关于用人充当倾听者所需的情感劳动，见 Rollins, *Between Women*。关于家政人员进行的情感劳动的范围，见 Romero, *Maid in the USA* 和 *The Maid's Daughter*；和 María de la Luz Ibarra, "Mexican Immigrant Women and the New Domestic Labor"。最近，"情感劳动"一词被用来指代女性经常从事的更广泛的劳动，既包括承担"女性的工作"——家政和照护，又包括满足社会强加的基于性别的、取悦他人——老板、孩子、伴侣、邻居——的期待。Gemma Hartley, *Fed Up: Emotional Labor, Women, and the Way Forward* (New York: Harper One, 2018)。

13 社会再生产的概念源于马克思主义的唯物主义框架，有时会超越生育和育儿，延伸到教育、医疗保健和其他公共服务。见 Nakano Glenn, "From Servitude"。其他人扩充了这个概念。Mary Romero 的研究展示了雇员和雇主的孩子被融入社会阶级、种族、性别和国籍的等级制度，因此再造不平等和不公的过程。Viviana Zelizer 认为社会再生产不仅具有"工具性的"价值，她提出照护工作具备"内在"价值，能够培养对文化、社会和道德的更深的理解。见 Zelizer, *The Purchase of Intimacy*, 32。

14 Marilyn Waring, *Counting for Nothing: What Men Value and What Women Are Worth*, 2nd ed. (Toronto: University of Toronto Press, 1999); Nancy Folbre, *The Invisible Heart: Economics and Family*

Values (New York: New Press, 2001).

第五章　雇主们

1　20 世纪末，在整个拉丁美洲，"五分之一到三分之一的女性劳动力从事家政服务"，Elsa Chaney and Maria Garcia Castro, "Introduction," *Muchachas No More: Household Workers in Latin American and the Caribbean*, ed. Elsa Chaney and Maria Garcia Castro (Philadelphia:Temple University Press, 1989), 3。Magdalena León 认为 20 世纪末哥伦比亚"工人"怀着和家庭主妇"一样的为他人服务的思想"工作。见 León, "Domestic Labor and Domestic Service in Colombia," in *Muchachas No More*, 324–349。见 Alfonso Cuarón 2018 年的电影 *Roma*，该片优雅地描绘了一名家庭帮佣在墨西哥城中产阶级社区的生活。

2　在休斯敦，2019 年的平均生活成本是每月 1918.94 美元，也就是说黛安娜的工资足够在这座城市俭朴地生活。Tim Gallen and Olivia Pulsinelli, "How Houston's Cost of Living Compares to the Biggest US Cities," *Houston Business Journal*, August 27, 2019。作为比较，休斯敦独立学区 2019 年为新教师提供的起薪是 5.5 万美元。

3　Ann Crittenden 在 *The Price of Motherhood: Why the Most Important Job in the World Is Still the Least Valued* (New York: Metropolitan Books, 2001) 中追溯了美国家庭主妇被从公共经济中抹除的故事。Mary Romero 也描述了家庭主妇角色的演变，指出了从生产者到消费者再到监督者的转变，这条轨迹将家政服务从基于任务的高技能工作变成了零散的、按时计薪的低技能劳动。见 Romero, *Maid in the USA*。

4　Ann Crittenden, *The Price of Motherhood*, chapters 3 and 4, "How Mother's Work Was Disappeared," and "The Truly Invisible Hand."

5　Ann Crittenden, *The Price of Motherhood*, 63.

6　著名经济学家已经建立了将无偿劳动纳入对经济健康的衡量的模型。见 Folbre, *Invisible Heart* 和 Marylin Waring 对未计入买卖商品的劳动和资源的经济价值的基础研究，*Counting for Nothing*。

7　关于母亲在工作场所受到的歧视，Claire Cain Miller 指出，"受过大学教育的女性 25 岁时的收入约为男性的 90%，45 岁时的收入约为男性的 55%。"Cain Miller, "The Gender Pay Gap Is Largely Because of Motherhood," *New York Times*, May 13, 2017。

关于用福利和移民政策维持用人阶层，见 Romero, *The Maid's Daughter*，和 Grace Chang, *Disposable Domestics: Immigrant Women Workers in the Global Economy* (Cambridge, MA: South End Press, 2000)。

8　珍妮所在的学区允许雇员每年因各种需要——疾病、家庭紧急情况、看牙医或婴儿和产后身体的需求——休 10 天带薪假。联邦《家庭和医疗休假法》(1993) 规定在孩子出生或被领养后的 12 周内雇主不得解雇员工，但没有规定继续支付工资。"Family and Medical Leave Act," US Department of Labor。

9　关于信任在家政人员和照护工人的雇主的雇佣实践中起到的作用，见 Hondagneu-Sotelo, *Doméstica*, chapter 3。

10　关于美国育儿系统的质量和费用的双重问题，见 Quartz, *Squeezed*。关于在美国育儿的成本，见 "The Cost of Childcare in Texas"，和 Howard, "The Costs of Childcare"。关于对美国育儿系统的精彩讨论，见 Gloria Riviera 2021 年的播客节目 *No One Is Coming to Save Us* (Lemonada Media)。

11　Mead, "The US Is a Laggard on Child Care."

12　尽管如此，美国女性和她们的拥护者一直在不仅限于人工流产和节育的领域挑战父权制对其性方面的控制。从对带有种族歧视和残疾歧视色彩的女性强制绝育的抗议，到现代对宫颈膜片检查的普及以及母乳友好的工作和公共场所的倡导，女性明白生育权包含一系列不同的体验。关于将"选择"作为生育权的论述策略的陷阱，见 Rickie Solinger, *Beggars and Choosers: How the Politics of Choice Shapes Adoption, Abortion, and Welfare in the United States* (New York: Hill and Wang, 2001)；和 Ladd-Taylor, "MotherWorship/Mother-Blame"。

13　关于强制绝育，见 Lisa Ko, "Unwanted Sterilization and Eugenics Programs in the United States," PBS.org, January 29, 2016; Rich, *Of Woman Born*, "Introduction"。

14　在这个国家，黑人女性和福利的关系是两个极端：一方面是歧视和禁止享有，另一方面是对懒惰的"福利女王"的仇视言论。关于 20 世纪 70 年代的福利运动，见 Premilla Nadasen, *Rethinking The Welfare Rights Movement* (New York: Routledge, 2012)。关于确保贫穷有色人种女性从事家政和服务工作的动因，见 Chang, "Undocumented Latinas"。关于基于阶级和种族对"好"母亲的论述和制度构建，见 Ladd-Taylor, "MotherWorship/Mother-Blame"。

15　尽管女性主义普遍将母职置于一边，但围绕该主题的坚实写作传统为思考母职提供了强有力的框架。关于母职研究的学术领域，见 Samira Kawash, "New Directions in Motherhood Studies," *Signs* 36, no. 4 (2011): 969–1003。另见 Andrea O'Reilly 在 Demeter Press 及其伙伴 *Journal of the Motherhood Initiative* 和国际母亲行动和学术协会所做的工作。在大众文化领域，不断有书籍，包括最近的 *All the Rage: Mothers, Fathers, and the Myth of Equal Partnership* by Darcy Lockman (New York: Harper Collins, 2019) 呼吁为母亲提供更多的支持。Joan Blades and Kristin Rowe-Finkbeiner's *The Motherhood Manifesto: What America's Moms Want—And What to Do About It* (New York: Nation Books, 2006) 一书衍生出纪录片，又衍生出社会运动。

16　Cynthia Hess, Tanima Ahmed, and Jeff Hayes, "Providing Unpaid Household and Care Work in the United States: Uncovering Inequality," Institute for Women's Policy Research, January 2020; Romero et al., "Care Work in a Globalizing World."

17　Sharon Hays 在 *The Cultural Contradictions of Motherhood* (New Haven, CT: Yale University Press, 1996) 中提出了"高强度母职实践"的概念，在书中她描述了一种以孩子为中心，情感、生理和经济上都消耗极大的育儿方式。Judith Warner 的畅销作品 *Perfect Madness: Motherhood in an Age of Anxiety* (New York: Riverhead Books, 2005) 也探讨了这一现象。另见 Anna Kuroczycka Schultes, "Mothering Woes: 'Mothering' and the Mother–Au Pair Relationship," in *An Anthropology of Mothering*, ed. Michelle Walks and Naomi McPherson (Toronto: Demeter Press, 2011), 266–277。

18　还有人指出了为了一名女性的自由雇用家政或照护人员的做法具有特定讽刺意味：父权制的权力结构在工作关系中得到维系。Romero, *The Maid's Daughter*; Tronto, "The Nanny Question."

第三部分　价值命题

1　Gloria Anzaldúa, *Borderlands/La Frontera: The New Mestiza* (San Francisco: Aunt Lute Books, 1987), 108.

2　非裔美国女性从事家政服务的历史包括南方奴隶制的遗留问题、北方解放后的招募以及 20 世纪中后期的减少——从 20 世纪 20 年代到 1980 年，从事家政行业的非裔美国女性的比例从三分之一下降到 5%。在西南部，在美国的墨西哥女孩被将其劳动归为一种宝贵的美国价值观教育的学校培训和政府工作项目引入家政服务。Romero, *Maid in the USA*。关于美国种族和家政服务的历史概述，见 Nakano Glenn, "From Servitude"。

3   关于"可就业母亲",见 Chang, "Undocumented Latinas"。关于"福利女王",见 Ladd-Taylor, "Mother-Worship"。关于"定锚婴儿",见 Newton, *Illegal*。

4   Hill Collins 描述了一种以另母——"通过分担母职责任而帮助亲生母亲"并集体承担社会再生产责任的女性——的社群为中心的非裔美国女性母职理想。"The Meaning of Motherhood," 278。另见 Dani McClain, *We Live for the We: The Political Power of Black Motherhood* (New York: Bold Type Books, 2019)。Denise Segura 发现墨西哥移民女性对自己作为养家的母亲的身份感到骄傲,经美国文化价值过滤她们在美国出生的女儿对这种价值的看法模棱两可。See also *Latina/Chicana Mothering*, ed. Dorsía Smith Silva (Toronto: Demeter Press, 2011)。

第六章　孩子们

1   girlsnotbrides.org 称,在萨尔瓦多 26% 的女孩在 18 岁之前结婚,6% 在 15 岁之前结婚。"El Salvador," Girls Not Brides。

2   《移民改革和控制法》1986 年被通过;《尼加拉瓜调整和中美洲救济法》1997 年被通过。

3   "*Mojado*"意为"湿背",是对经过里奥格兰德的水域穿越边境的人的蔑称。

4   照护伦理是一种道德哲学,在其中照护实践的道德性被通过"细致入微的叙事"解读,这种叙事承认权利和正义的原则的同时以关系为先。其影响不仅限于亲密的个人关系,还延伸到广泛的社会结构和全球背景。Virginia Held, *The Ethics of Care: Personal, Political, and Global* (Oxford: Oxford University Press, 2006); Tronto, "The Nanny Question." Eva Feder Kittay 在 "The Moral Harm of Migrant Carework: Realizing a Global Right to Care," *Philosophical Topics* 37, no. 2 (Fall 2009): 53–73 中将这些看法娴熟地翻译成了人权的语言。

5   这样的互动延续了一种围绕性别、种族、社会阶级和公民身份的相对特权构建的社会体系。发现不尊重西班牙语裔保姆不会造成严重后果就是认识自己相对所有贫穷西班牙语裔女性的地位。Mary Romero 在 *The Maid's Daughter* 中揭示了雇主的孩子和家政雇员之间这种社会再生产的运作机制,尤其强调了尊敬仪式(rituals of deference),这种仪式会强化孩子对每个人的社会地位的认知。

6   2001 年梦想法案被首次提出以来,关于移民改革的政治格局的不断变化催生了该法案的多个版本,最近的是 2019 年的议案，在特朗普和拜登就 2012 年奥巴马的儿童入境暂缓遣返命令进行激烈的较量——前者主张废除该命令，后者则希望保住它——之后，2019 年的提案再度受到关注。这些措施旨在赋予被非法带入美国的孩子合法身份，给他们学习、工作或在军队服役的机会和获取公民身份的通路。移民政策研究所估计这一立法将会影响多达 230 万人。"The DREAM Act, DACA, and Other Policies Designed to Protect Dreamers," American Immigration Council, September 3, 2019。关于个人叙事，见 Jose Antonio Vargas, Dear America: Notes of an Undocumented Citizen (New York: Harper Collins, 2018)。

7　研究记录了与移民有关的恐惧对移民社区中的孩子的健康和发育产生的负面影响。Samantha Artiga and Petry Ubri, "Living in an Immigrant Family in America: How Fear and Toxic Stress Are Affecting Daily Life, Well-Being, and Health," Kaiser Family Foundation, December 13, 2017; Wendy Cervantes, Rebecca Ullrich, and Hannah Matthews, "Our Children's Fear: Immigration Policy's Effects on Young Children," Center for Law and Social Policy (CLASP), March 2018。除了恐惧感造成的伤害，害怕被抓会让移民远离学校和医院，2017 年特朗普改变政策并做出姿态之后就发生了这样的事情。Monica Rhor, "Trump's Immigrant Crackdown Brings 'Blanket of Fear' to Houston Schools," *Houston Chronicle*, December 21, 2017。

8　工作场所突击检查历史上一直是美国移民执法的粗暴工具。研究发现对被遣返的恐惧和移民社群的身体和情感健康有直接的联系，有证移民和无证移民都是如此。Karen Hacker et al., "The Impact of Immigration and Customs Enforcement on Immigrant Health: Perceptions of Immigrants in Everett, Massachusetts, USA," *Social Science & Medicine* 73, no. 4 (2011): 586–594。Jorge Ramos 在其著作 *A Country for All: An Immigrant Manifesto* (New York: Vintage Books, 2010) 的第一章 "The Invisibles" 中详述移民突击检查消耗的资源成本和造成的恐惧。特朗普政府执政期间，突击检查是众多制造普遍恐惧的策略之一，恐惧本身被用作一种粗暴的威慑工具。Michelle Mittelstad, "Shaping a Narrative of 'Crisis' at Border, Trump Administration Takes Muscular Action," Migration Policy Institute, December 19, 2018；Ruben Vives, "'I Left My Tacos on the Table and Took Off Running': Immigrants Remember the Workplace Raids of the 1980s," *Los Angeles Times*, January 9, 2017。

9　奥巴马政府没有驱逐更多的移民，而是将策略转向范围更小的优先事项：对最近越境者的正式驱逐和对有犯罪记录的未经授权移民的有针对性的驱逐。因此，边境抓捕和遣返上升了，而对已经在美居留的非公民的驱逐大幅下降。Muzaffar Chishti, Sarah Pierce, and Jessica Bolter, "The Obama Record on Deportations: Deporter in Chief or Not?," Migration Policy Institute, January 26, 2017。

10 Sarah Pierce, "Immigration-Related Policy Changes in the First Two Years of the Trump Administration," Migration Policy Institute, May 2019. Mittelstad, "Shaping a Narrative of 'Crisis.'"

11 2002 年创立的国土安全部下设移民和海关执法局和海关和边境保护局，前者负责在国内执行移民政策，后者负责边境巡逻。

12 政策分析人士证实，这种行动源于一项"明确的、有针对性的政策"，该政策旨在引起移民群体的普遍焦虑。Randy Capps, Muzaffar Chishti, Julia Gelatt, Jessica Bolter, and Ariel G. Ruiz Soto, "Revving Up the Deportation Machinery: Enforcement under Trump and the Pushback," Migration Policy Institute, May 2018.

13 在一项 2018 年的研究中，一名老师回忆她班上有一名 4 岁女孩害怕特朗普把她的母亲送回墨西哥。老师解释道："她母亲甚至并不来自墨西哥。"Cervantes et al., "Our Children's Fear." Monica Rhor 讲述了特朗普就任总统之初孩子们陷入恐惧的故事：一名七年级学生坐着一动也不动，害怕海关执法局官员会把他从课堂上抓走；一名五年级学生因为担心父母被遣返，问老师要铲子去挖出她藏在后院里的钱。Rhor, "Trump's Immigrant Crackdown."

14 2017 年 2 月国土安全部部长为响应特朗普 1 月 17 日颁布的行政命令，向边境保护局、海关执法局和难民安置局（Office of Refugee Resettlement, ORR）当局发送了一份备忘录，该备忘录概述了这项新政策，"Memorandum," US Department of Homeland Security, February 20, 2017。该备忘录响应了特朗普 1 月 17 日颁布的行政命令，"Presidential Executive Order 13767: Border Security and Immigration Enforcement Improvements," US Department of Homeland Security, January 25, 2017。

15 1997 年的《弗洛雷斯协议》源于一名 15 岁女孩在圣迭戈一家拘留中心不安全的环境中被无限期关押的案件。协议要求在边境被拘留的移民儿童关押时间不得超过 20 天；他们须被释放，交由父母、亲属或适当的监护人监护。2015 年，由于抵达边境的无人陪伴的未成年人数量持续增加，奥巴马政府请求豁免该协议的时间限制但未能成功。特朗普执政期间，该协议因政府的"零容忍"政策而成为持续行政攻击的目标。"The History

of the Flores Settlement and Its Effects on Immigration," National Public Radio, June 22, 2018。

16　对这些收容中心和长期庇护所的调查显示存在忽视和虐待的情况。无论如何，该系统对健康的长期影响都会显现出来。医学和社会学研究人员发表的大量证据表明，无期限拘留和分离会导致母亲和儿童的抑郁、焦虑和自杀念头加剧和严重的心理和发育伤害。Michael Garcia Bochenek, "Trump's Order Changes One Harmful Approach for Another," Human Rights Watch, June 21, 2018; Rachel Kronick, Cécile Rousseau, and Janet Cleveland, "Asylum-Seeking Children's Experiences of Detention in Canada: A Qualitative Study," *American Journal of Orthopsychiatry* 85, no. 3, May 2015, https://doi.org/10.1037/ort0000061; Sara Mares, "Fifteen Years of Detaining Children Who Seek Asylum in Australia—Evidence and Consequences," *Australasian Psychiatry*, December 8, 2015, https://doi.org/10.1177/1039856215620029。

17　前美国公民及移民服务局的任务宣言是："美国公民及移民服务局通过向我们的客户提供准确和有用的信息，授予移民和公民福利、促进对公民身份的认识和理解和确保移民系统的诚信，保证美国作为移民国家的承诺。"截至 2018 年 2 月，美国公民及移民服务局的任务宣言是："美国公民及移民服务局负责管理国家的合法移民系统，通过有效和公平地裁定移民福利申请，同时保护美国人，保护祖国和尊重我们的价值观来维护其诚信和承诺。"

18　"Family Separation by the Numbers," ACLU; Miriam Jordan and Caitlin Dickerson, "More Than 450 Migrant Parents May Have Been Deported Without Their Children," *New York Times*, July 24, 2018。截至 2018 年 11 月，难民安置局收容了 1.4 万多名移民儿童。Tal Kopan, "More Than 14,000 Immigrant Children Are in U.S. Custody, an All-Time High," *San Francisco Chronicle*, November 16, 2018。

19　Sonia Nazario, *Enrique's Journey: A Six-Part Times Series*, *Los Angeles Times*, 2002, "Chapter Two: Badly Beaten, a Boy Seeks Mercy in a Rail-Side Town," September 30, 2002; "Chapter 6: At Journey's End, a Dark River, Perhaps a New Life," October 7, 2003。Nazario 还出版了讲述这个故事的图书 *Enrique's Journey: The Story of a Boy's Dangerous Odyssey to Reunite with his Mother* (New York: Random House, 2006)。

20　Joanna Dreby, "Children and Power in Mexican Transnational Families," *Journal of Marriage and Family* 69, no. 4 (2007):

1050–1064; Salazar Parreñas, *Children of Global Migration*.

21 Julia Wrigley 在 *Other People's Children* 中讨论了家长关于雇用和自己社会阶级背景更相似的育儿服务提供者的相对优势的考虑。

22 Barbara Ehrenreich and Arlie Hochschild, *Global Woman*, "Introduction," 12。Mary Romero 在 *The Maid's Daughter* 中对家政工人子女的研究揭示了这些孩子对价值建立的深刻认识——关爱是一种被消费的商品，某些育儿方式是部分人的特权。

23 Joanna Dreby, *Divided* 和 "Children and Power in Mexican Transnational Families," Salazar Parreñas, *Children of Globalization*; Romero, *The Maid's Daughter*.

24 Held, *The Ethics of Care*, 108–109.

25 Viviana Zelizer 在 *The Purchase of Intimacy* 中提出，亲密和交易在我们的"互联生活"中不可避免地相互交融，催生了旨在于爱和金钱交会处划出道德边界的持续性的关系工作（relational work）。

第七章　爱与劳动

1 德鲁的小学反映了休斯敦更广泛的西班牙语裔社群的状态，该社群逐渐形成了一种统一的墨西哥人身份，这种身份与墨西哥这个国家的关联很薄弱，随着时间的推移，被与一种工薪阶层的、种族化的身份联系在一起，因此"墨西哥人"与国籍关系不大，与在美国的特定社会经历更加相关。

2 Rhacel Salazar Parreñas 研究跨国家庭中的性别问题，追踪了女性重新定义性别角色的自由度的提升和试图让女性继续扮演传统角色的社群对她们的强烈压制之间的矛盾。她发现跨国家庭和社群的所有成员——包括母亲们自己——都认为即便移民了母亲仍有义务管理她们孩子日常生活的情感和生活需求，这让她在情感上和心理上一直牵挂故乡，然而身在外地的父亲只承担汇款回家的责任。见 Salazar Parreñas, *Children of Globalization*。

3 我们的"道德人格"根植于我们的人际关系中，无论我们带着怎样的自主性参与其中。*The Ethics of Care*, 45. Diana Tietjens Meyers, "Narrative and Moral Life," in *Setting the Moral Compass*, ed. Cheshire Calhoun (London: Oxford University Press, 2004), 288–305。

4 当时休斯敦房屋清洁的行价是每幢房屋 75 美元。在美国家政工作的历史上计件和计时工作的区别很重要，这种区别与住家保姆和日间保姆的区别是影响雇员相对权力的重要因素。在 *Maid*

in the USA 中，Romero 将两者区分为基于时间的 "劳动能力"（labor power）和基于技能的 "劳动服务"（labor services），后者允许工人控制自己的工作时间和方式。

5　Zelizer, *The Purchase of Intimacy*.

6　Emma Chichester Clark, *I Love You, Blue Kangaroo!* (New York: Doubleday Books for Young Readers, 1999).

7　Rich, *Of Woman Born*, 23.

8　Feder Kittay, "The Moral Harm of Migrant Carework."

第八章　讲述故事

1　联合国消除对妇女歧视委员会 2017 年的一份报告揭示了萨尔瓦多性别暴力的社会和法律原因：社会规范助长暴力文化，允许年幼女子和年长男子之间的性关系和婚姻，并期望妻子服从丈夫；家庭虐待、性侵犯和杀害女性的调查和定罪率较低；缺乏针对猖獗的性别暴力和犯罪团伙贩运女孩的保护战略；法律认可怀孕是 18 岁之前结婚的合法理由；堕胎被一律定为违法行为。见 "Concluding Observations on the Combined Eighth and Ninth Periodic Reports of El Salvador," UN Committee on the Elimination of Discrimination Against Women, March 3, 2017。该地区普遍存在对性别暴力有罪不罚的现象。2015 年，萨尔瓦多的女性暴力死亡率在全球排名第三，洪都拉斯排名第五。Jeffrey Hallock, Ariel G. Ruiz Soto, and Michael Fix, "In Search of Safety, Growing Numbers of Women Flee Central America," Migration Policy Institute, May 30, 2018.

2　移民经历被证明会改变移民女性与婚姻的关系，因为她们对权力和自主权的增加以及文化身份受到的挑战作出了反应。Jennifer Hirsch, "'En el norte la mujer manda': Gender, Generation, and Geography in a Mexican Transnational Community," in *Women and Migration in the U.S.–Mexico Borderlands: A Reader*, ed. Denise Segura and Patricia Zevella (Durham, NC: Duke University Press, 2007), 438–455。

3　"Concluding Observations on the Combined Eighth and Ninth Periodic Reports of El Salvador"; Moloney, "In El Salvador, Girls Under 12 Most at Risk of Getting Pregnant by Rape: U.N. Study."

4　尽管萨拉没有遇到组织者，全国家政工人联盟等组织正是通过这种手段——在本地公园或其他聚集地与女性沟通——为集体行动争取支持。

5　在这次采访的文字稿的空白处，负责转录胡列塔的采访的工作人员写道：典型的墨西哥移民梦想；我来自的小城满是这种小房子。随着生活朝着移民希望的另一个方向发展，如今这些房屋被空置。

6 墨西哥西班牙语字典给出了 *rancho* 一词常见的释义——用于农业和饲养动物的一大片土地；该土地上空置或有人居住的住宅。罗莎给出了口语化的解释："我们说农场指的是小镇，非常小的城镇，但在墨西哥我们也用'农场'指代人养奶牛和马等动物的地方。"

7 老家的吸引力在流亡和移民文学与诗歌中很常见——家乡和在那里度过的时光都成回忆，移民普遍对此感到怀念，在他们看来，记忆中的家乡是完美理想的，而外国的习俗和不同的价值则是错误的。

8 关于作为一种移民模式的跨国主义，见 Nina Glick Schiller, Linda Basch, and Cristina Szanton Blanc, "From Immigrant to Transmigrant: Theorizing Transnational Migration," *Anthropological Quarterly* 68 (1999): 48–63。

9 美国黑人母亲的文化形式打破了这种态势，这种文化形式形成了以社区为基础进行母职实践的强大传统并为我们所有人带来了变革的潜力。See McClain, *We Live for the We*。

10 在她对 20 世纪末家政劳动的研究中，Ibarra 指出了这个被移民、种族等级制度和赋权机会定义的"阴影产业"带来的"痛苦与可能性"。Ibarra 对被她称为"新家政劳动者"的能动性的深入理解的主要关注点是对这些女性遇到的"选择参数"的细致理解。María Ibarra de la Luz, "Mexican Immigrant Women." 关于对墨西哥和西印度群岛移民保姆的多层经济能动性的讨论，见 Romero, *The Maid's Daughter*, and Brown, *Raising Brooklyn*。

结语　我身边的棕肤母亲

1 本节的标题是对 Ann Crittenden 作品 *The Price of Motherhood* 的刻意隐射，该书阐明了相较于父亲，女性因成为母亲付出的经济代价。

2 学者们雄辩地阐述了女性跨国移民从事家政工作固有的道德伤害。值得关注的包括 Eva Feder Kittay, "The Moral Harm in Migrant Carework" 和 Joan Tronto, "The 'Nanny' Question"。关怀伦理为理解和应对这种有害现状的道德层面提供了一种框架，因为其以我们的人际关系为背景构建我们的人格。就其关系焦点而言，它与康德主义和功利主义道德哲学有着根本的不同，后者只关注自主、自利的个人。方向的改变具有变革的潜力。

3　本节的标题是对 Viviana Zelizer 作品《亲密关系的购买》的刻意隐射，该书探讨了亲密关系和经济交易的混合。

4　全国家政工人联盟正在与其他倡导者积极合作，争取在各州实施《全国家政工人权利法案》，以确保这些规定得到实施，并进一步推进家政工作的专业化。在全球层面，国际劳工组织于 2011 年通过了一项公约，详细规定了一系列广泛的工人保护措施，这一成就主要是通过家政工人组织的努力取得的。截至本文撰写之时，已有 30 个国家——不包括美国——批准了该公约，其中最近批准的是墨西哥。Ratifications of C189–Domestic Workers Convention, 2011, International Labour Organization。在地方层面，加利福尼亚州家政工人联盟和休斯敦的信仰与正义工人中心一直在稳步努力支持其成员。

5　感谢 Sergio Chávez 多次与我的学生分享他的经验、热情和幽默。

6　西班牙语和多数罗曼语使用两种，有时三种，直接称呼形式，它们的用法差异众多。尽管不同地区和社会阶级的使用规则各不相同，但最基本的规则是，"*tú*" 用于亲密的朋友、同辈之间，"*usted*" 用于称呼陌生人和长辈，标志着尊重和社会距离。

图书在版编目（CIP）数据

母亲的选择：看不见的移民保姆与女性工作 /（美）
伊丽莎白·卡明斯·穆尼奥斯著；邵逸译 . -- 北京：
中国工人出版社 , 2024. 9. -- ISBN 978-7-5008-8512-2

Ⅰ. D771.286.8

中国国家版本馆 CIP 数据核字第 20245S2U86 号

著作权合同登记号：图字 01-2022-5836

MOTHERCOIN: THE STORIES OF IMMIGRANT NANNIES by ELIZABETH
CUMMINS MUÑOZ
Copyright ©2022 by Elizabeth Cummins Muñoz
This edition arranged with Dystel, Goderich & Bourret LLC
through BIG APPLE AGENCY, LABUAN, MALAYSIA. Simplified Chinese
edition copyright: 2024 China Worker Publishing House
All rights reserved.

母亲的选择：看不见的移民保姆与女性工作

出 版 人	董　宽	
责 任 编 辑	邢　璐	
责 任 校 对	张　彦	
责 任 印 制	黄　丽	
出 版 发 行	中国工人出版社	
地　　　址	北京市东城区鼓楼外大街 45 号　邮编：100120	
网　　　址	http://www.wp-china.com	
电　　　话	（010）62005043（总编室）	
	（010）62005039（印制管理中心）	
	（010）62001780（万川文化出版中心）	
发 行 热 线	（010）82029051　62383056	
经　　　销	各地书店	
印　　　刷	宝蕾元仁浩（天津）印刷有限公司	
开　　　本	880 毫米 ×1230 毫米　1/32	
印　　　张	10.625	
字　　　数	220 千字	
版　　　次	2024 年 10 月第 1 版　2024 年 10 月第 1 次印刷	
定　　　价	68.00 元	

本书如有破损、缺页、装订错误，请与本社印制管理中心联系更换
版权所有　侵权必究